신유학사상과 조선조 유교정치 체제

강광식 지음

2012
백산서당

책머리에

　조선조는 신유학(新儒學: neo-confucianism)을 신봉하는 사족 중심의 역성혁명을 통해서 개창되었다. 이러한 사실은 역사적으로 중요한 의미를 갖는 것이었다. 유교이념이 신왕조 개창의 정당성을 뒷받침하는 근거로 원용되는 데 그치지 않고 유자(儒者)를 정치의 주체로 삼는 유교국가(儒敎國家) 체제의 역사적 출범을 보게 되었기 때문이다.

　유교의 기본적 기능은 "나라를 다스리는 것"(理國)이라고 규정되기도 하거니와, 통치질서가 유교이념으로 뒷받침되고 운영된 역사적 전통은 비단 조선조에만 국한된 것은 아니었다. 삼국시대 초기에도 예컨대 군신 간의 인(仁)이나 충(忠) 등 유교적 규범이 원용된 사례를 여러 문헌에서 찾아볼 수 있다. 따라서 유교이념의 경세적 기능은 삼국시대부터 줄곧 이어져 온 우리의 오랜 역사적 전통임을 알 수 있다. 그러나 조선조의 경우는 그것이 군신관계를 규율하는 한정된 기능에 그치지 않고 사회·정치질서를 두루 포괄하는 체제이념으로 원용되었다는 점에서 특별한 역사적 의미를 갖는 것이었다.

　유교국가화의 지향을 표방하면서 개창된 조선조가 유자를 정치의 주체로 삼는 법제적 기반으로서 이른바 경국대전(經國大典) 체제를 구축하는 한편으로 체제운영의 이념적 지표로서 신유학 사상에 바탕을 둔 도학정치(道學政治)의 실현에 역점을 두게 되었음은 주지의 사실이다. 그러나 이러한 도학정치 이념이 당시의 정치주체들 간에 왕정 운영의 실천적 준거로서 자각적으로 수용·원용되기까지는 그 후 상당한 우여곡절을 겪어야 했다. 여기서 말하는 우여곡절이란 15세기 중엽부터 16세기 중엽에 이르기까지 약 1세기 동안 신왕조 개창 초기의 정치과정을 격동 속에 몰아넣었던 일련의 사건, 즉 세조의 왕위 찬탈사건(1455)을 비롯해서 무오(1498)·갑자(1504)·기묘(1519)·을사(1545) 등의 연속된 사화(士禍)를 지칭하거니와, 이러한 정치적 격돌을 겪는 과정에서 유자들은 집단적인 희생을 치르면서 군왕을 비롯한 정치주체의 자기규율 문제를 날카롭게 의식하게 되었고, 그 결과로서 그들은 왕정 운영 전반의 문제를 신유학적 사유체계를 준거로 삼아 자각적으로 다루는, 이른바 '왕정 운영의 도학화'를 위한 유교국가화의 기틀을 세우게 되었다. 그리고 이와 같은 정치사회화 과정의 전개와 더불어 그 동안 상당한 수준으로 진흥을 보게 된 영남(嶺南)·기호(畿湖) 양대 사학을 중심으로 학계에서도 신유학사상 체계에 대한 심층적 이해가 이루어지게 됨으로써, 16세기 후반 선조대부터는 왕정 운영 전반의 문제가 학리적으로는 물론 현실적으로도 신유학사상 고유의 지향에 따라 전개되는 양상을 보여주게 되었다.

그러면 여기서 말하는 유교국가화의 이념적 지향을 지칭하는 신유학사상의 도학적 지향이란 구체적으로 어떤 것인가?

신유학이란 주자학(朱子學: 朱子性理學)의 별칭으로서, 주자가 한당유학의 잡다한 요소를 이른바 '사서삼경(四書三經) 체제'로 정제화하는 한편 이를 정교한 성리학적 규범체계로 재구성한 것이다. 따라서 그것은 공맹(孔孟)사상을 기본 바탕으로 삼고 있으면서도 현실의 실천적 측면에서는 군왕을 비롯한 정치주체에게 '수기치인(修己治人)의 행도(行道)'를 엄격히 요구하는 매우 규범성이 높은 변혁사상에 해당한다. 그러므로 이처럼 규범성이 높은 변혁사상이 조선조 개창의 지도이념으로 설정된 것은 사상사적으로 매우 중요한 의미를 갖는 것이었다. 그것은 당시 조선조사회의 현실적 여건에 비추어 엄청난 변혁을 요구하는 것이었기 때문이다. 이런 맥락에서 조선조 왕정체제가 정착되기까지 유자들이 보여준 험난한 역정과 더불어 그 과정에서 얼마나 막대한 희생의 대가를 지불하게 되었는지를 잠시 회고해 볼 필요가 있을 것이다.

회고하건대 조선조 개창 시 참여파나 비참여파를 불문하고 유교정치 이상의 실현을 위한 이념적 준거로서 모두가 신유학을 신봉하면서도 구체적인 경세론(經世論)에 있어서는 서로 현격한 차이를 보여주고 있었다. 중소지주 출신이라는 사회적 배경을 공유하고 있던 유자들은 주지하듯이 고려조사회를 개혁하려는 신흥세력으로 부상되어 있었던 때에 이미 강경론과 온건론으로 대립된 견해를 보여주고 있었다. 특히 이들은 신왕조 개창문제를 둘러싸고 이른바 혁명론(革命論)과 강상론(綱常論)으로 대립하여 참여파와 비참여파로 갈라서게 되었고, 또 그러한 양상은 신왕조가 개창된 이후에도 한동안 계속되어 참여적 훈구파(勳舊派)와 재야 사림파(士林派) 간의 대립관계로 그 맥락이 이어지게 되었다. 뿐만 아니라, 이들이 추구하는 경세론적 입장 역시 서로 판이한 양상을 보여주게 되었다. 전자가 관료 중심의 중앙집권체제를 선호하여 형정(刑政)수단을 전면에 내세우는 법률적·행정적 교화에 치중하는 경세론적 입장을 취하고 있었던 데 비하여, 후자는 도학이념의 순수성을 견지하는 사림 중심의 분권체제를 선호하여 예치·덕치라는 문화적·정신적 교화에 역점을 두는 경세론적 입장으로 이에 맞서는 양상을 보여주게 되었다. 그리하여 신유학사상의 이념적 지향에 보다 밀접한 사림세력이 왕정 운영을 주도하게 되기까지는 연속된 사화의 파란을 겪는 등 급격한 체제변혁에 따르는 응분의 진통과 희생의 대가를 지불해야 했던 것이다.

　조선조 개창의 지도이념으로 수용된 신유학사상은 본고장 중국의 영향을 받고 또 여러 면에서 모방된 측면도 있지만, 거기에는 조선조사회의 성격과 체질이 매개되어 취사선택되는, 일종의 문화적 변용(文化的 變容: acculturation) 양상을 보여주게 마련이다. 그리고 그러한 문화적 변용 양상은 왕정 운영을 주도하는 지배적인 정치세력의 성향과 분포 여하에 따라 다시 분화되는 동태적 성격을 나타낸다. 그러므로 조선조에 수용된 유교정치 사상과 유교정치 체제의 동태를 살피는데 있어서는 바로 이와 같은 사상의 계기적 발전 양상에 주목하여 그 동태성을 파악하는 데 유의할 필요가 있다.

　이 책은 한국의 전통사상과 전통문화에서 근간을 이루고 있는 유교사상과 유교 정치문화가 어떤 것인지를 체계적으로 탐구해 보려는 노력의 일환으로 성고된 것으로서, 저자가 한국학중앙연구원(구 한국정신문화연구원)에 재직하는 동안에 발표했던 논문들을 바탕으로 이를 수정·보완해서 엮은 것이다. 그리고 이 책은 『신유학사상과 조선조 유교정치문화』(집문당, 2000)·『유교정치사상의 한국적 변용』(백산서당, 2009)에 이어 세 번째로 펴내는 단행본으로서, 여기에 수록된 글들은 당초부터 단행본 구상의 일환으로 쓴 것이 아니다. 따라서 여기서는 당초의 원문을 그대로 옮기지 않고 이 책의 전체적인 편집 구도에 맞춰 주제와 내용에 다소 수정을 가하였다. 그러나 여기서 원문의 중심적 논지만은 그대로 살리도록 노력하였다.

끝으로 출판계의 어려운 여건에도 불구하고 이 책의 출판을 기꺼이 맡아 맵시 있는 책을 만들어 주신 백산서당 김철미 주간님을 비롯한 편집부 직원 여러분에게 특별히 감사의 뜻을 전하고 싶다. 그밖에 많은 분들의 도움과 조언으로 이 책을 펴내게 되었지만 최종적인 책임은 어디까지나 저자에게 있으므로, 미진한 부분은 언제라도 수정·보완하겠다는 마음가짐으로 사계 전문가들의 엄정한 비판과 독자 여러분의 기탄없는 편달을 바랄 뿐이다.

2012년   월

저자 강광식 씀

신유학사상과 조선조 유교정치 체제 / 차 례

▷ 책머리에 · 3

| 제1장 | 신유학사상과 조선조 개창의 정치사상사적 함의: 신유학사상의
체제적 확산과 왕정 운영의 도학화 ·· 13
　1. 문제의 제기 · 13
　2. 신유학사상의 조선조 수용과 유교적 왕정체제의 정립 · 17
　3. 신유학적 담론의 체제적 확산과 왕정 운영의 도학화 · 29
　　1) 사화기 신유학적 담론의 체제적 확산과 그 정치사상사적 함의 · 32
　　2) 당쟁기 도학적 정치문화의 변용 양상과 그 정치사상사적 함의 · 46
　4. 맺는말 · 60

| 제2장 | 신유학사상과 조선조 붕당정치: '왕정 운영의 도학화'를 지향한 사
화와 당쟁의 정치문화적 배경 ·· 65
　1. 문제의 제기 · 65
　2. 사화기 정파정치의 특징적 전개과정과 붕당관의 갈등 · 73
　　1) 정파정치의 대두와 그 특징적 양상 · 73
　　2) 훈척·사림 양대 정파의 중심적 가치정향과 붕당관의 갈등 · 82
　3. 당쟁기 정파정치의 특징적 전개과정과 붕당관의 정착·변용 · 92
　　1) 붕당정치의 대두와 그 특징적 양상 · 92

2) 붕당정치의 정착과 붕당관의 분화·변용 · 106
  4. 맺는말 · 123

| 제3장 | 조선조 유교정치 체제의 지배구조: 지배연합의 동태성 분석 · 129
  1. 문제의 제기 · 129
  2. 조선조 유교정치 체제의 지배구조를 보는 이론적 시각 · 132
  3. 조선조 유교정치 체제의 특징적 지배구조 · 145
  4. 조선조 역대 지배체제의 권력구조: 지배연합의 동태성 분석 · 152
   1) 분석틀 · 153
     ⑴ 지배연합 형성의 소재와 근거 · 153
     ⑵ 지배연합의 구성요소와 주요 전략집단의 성향 · 156
     ⑶ 지배연합의 역사적 준거 모형 · 161
   2) 역대 지배체제의 지배연합 성향과 그 변천 과정 · 162
     ⑴ 체제 개창·정비기(태조~성종) · 164
     ⑵ 체제 조정기(성종~명종) · 169
     ⑶ 체제 확립기(선조~정조) · 174
     ⑷ 체제 쇠퇴기(순조~순종) · 182
  5. 맺는말 · 184

| 제4장 | 신유학사상의 조선시대 변용 양상과 그 정치문화적 함의 ··· 191
  1. 문제의 제기 · 191
  2. 성리학의 심화에 따른 인식론적 입장의 분화와 그 정치문화적 함의 · 195
  3. 의리정신의 고양에 따른 명분론적 비판의식의 심화와 그 정치문화적 함의 · 198
  4. 예 숭상 풍토의 만연에 따른 명분론적 형식주의 의식의 고착화와 그 정치문화적 함의 · 203

5. 맺는말 · 209

| 제5장 | **신유학사상과 조선 후기 유교적 세계관의 변용 양상** ········ 213
  1. 서 론 · 213
  2. 신유학사상의 연속성 맥락에서 본 유교적 세계관의 변용 양상 · 222
    1) '화이지변'의 문명론적 도통의식과 그 시대적 변용 양상 · 226
    2) '의리지변' 및 '군자소인지변'의 경세의식과 그 시대적 변용 양상 · 240
  3. 신유학사상 변이의 맥락에서 본 유교적 세계관의 변용 양상 · 248
    1) 화이관의 내적 변이와 그 구체적 전개 양상 · 250
    2) 경세관의 내적 변이와 그 구체적 전개 양상 · 258
  4. 맺는말 · 276

  ▷ 참고문헌 · 281
  ▷ 찾아보기 · 290

제1장

신유학사상과 조선조 개창의 정치사상사적 함의:
신유학사상의 체제적 확산과 왕정 운영의 도학화

1. 문제의 제기

조선조는 신유학을 신봉하는 사족 중심의 역성혁명을 통해서 개창되었다. 이러한 사실은 역사적으로 중요한 의미를 갖는 것이었다. 신유학의 도학(道學)이념이 새 왕조의 개창을 정당화하는 명분으로 표방되는 데 그치지 않고 그것이 정치질서는 물론 사회질서 전반을 재구성하는 지도이념으로 원용되었으며, 그 연장선상에서 수기치인(修己治人)의 행도(行道)를 자임하는 유자(儒者) 집단이 사회·정치질서 전반을 주도하는 유교국가(儒敎國家) 체제의 역사적 출범을 보게 되었기 때문이다.

그러나 조선조의 유교국가 체제가 그 이념적 지향에 부응하는 체제운영상의 면모를 갖추는 데는 상당한 회임기간이 소요되었음을 주목할 필요가 있다. 조선조가 이른바 '경국대전(經國大典)

체제'로 지칭되는 유교국가 체제의 법제적 기반을 갖추는 데도 15세기 말 성종(成宗)대에 이르기까지의 상당한 기간이 소요되었으며, 특히 체제운영의 실제적 국면을 좌우하는 주도세력의 정치문화에서는 법제적 기반이 갖춰진 이후로도 상당한 기간이 경과한 뒤에야 도학적 정향으로 통합·정착되는 양상을 보여주게 되었기 때문이다. 유교국가 체제의 이념적 지표가 된 주자학(朱子學)이 관학으로서 권장되고 또 고양되기는 하였지만, 그 지식체계가 사회적으로 널리 확산되기까지에는 영남·기호 양대 사학(私學)의 진흥을 기다려야 했으며, 그리고 도학사상이 단순한 지식으로서뿐만 아니라 체제운영의 실천적 준거로서 자각적으로 수용·원용되기까지는 4대 사화(士禍)와 같은 정치적 파란을 거쳐야 했다. 요컨대 조선조의 유교국가 체제가 신유학의 도학이념에 부응하는 실제적 면모를 갖추게 된 것은 유자(儒者)를 자처하는 재지사족(士族)들의 정치적 부상을 배경으로 하였거니와, 그들은 공도(公道)의 실현을 자임하는 이념집단으로 결속되어 향촌질서의 개편을 주도하는 한편, 이른바 '왕정 운영의 도학화(道學化)'를 지향한 일련의 개혁운동을 전개하면서 중앙정계에 진출하여 16세기 말 선조(宣祖)대부터는 그들이 왕정 운영 전반을 주도하는 붕당정치(朋黨政治)의 시대를 열게 되었다.

그런데 여기서 특히 주목할 필요가 있는 것은 재지사족들이 제기한 개혁운동이 처음부터 '왕정 주도'(王政 主導)라는 정치적 결과를 겨냥한 것은 아니었다는 점이다. 그들은 새 왕조 개창기 벽두부터 참여한 기득권세력과는 달리 한동안 왕정 참여를 기피한 채 지방에 은거하고 있었으므로, 당초에는 정치에 별다른 관심이 없었다. 그러던 것이 조선조 개창에 참여한 특권적 훈척사족(勳戚士族)들이 세월의 경과와 더불어 권귀화(權貴化)되고 또 세력집단화됨에 따라서 왕실을 위협하는 한편 재지사족들의 향권(鄕權)을 위협하게 됨에 따라 그들은 자구책의 일환으로 정치세력화의 필요성을 인식, 특권적 훈척세력에 대항하는 개혁운동을 전개하게 되었다. 앞서 언급한 4대 사화는 도학 이념집단을 자처하는 다수의 사족집단이 이른바 사림(士林)으로 정치세력화됨에 따라 기존의 훈척세력과 마찰을 빚게 된 데서 비롯된 조선조 초유의 정파정치(政派政治) 사례에 해당하거니와, 여기서 사림세력은 사리(私利)를 탐하는 권귀적 성향의 훈척세력을 비판하는 한편 자신들의 정치적 입지를 정당화하기 위한 사상적 무기로 '왕정 운영의 도학화'라는 기치를 내걸고 일련의 개혁운동을 전개하게 되었다. 그리고 그 연장선상에서 그들은 사림세력의 집단적 왕정 참여를 정당화하는 이념적 무기로서 구양수(歐陽脩)・주자(朱子)의 '군자유붕론'(君子有朋論)을 내세워 일종의 군신공치주의(君臣共治主義) 성향의 개혁운동을 전개하게 되었다(강광식 2009, 85-87).

그러나 이들이 전개한 개혁운동의 행로는 결코 순탄하지 않았다. 훈척세력은 이른바 '붕당불충론'(朋黨不忠論)으로 대표되는 전통적인 붕당관에 의거하여 사림세력을 탄압하는 기화(起禍)의 구실로 원용함으로써 일대 정치적 파란을 일으키게 되었기 때문이다. 그러나 '사리 배제'와 '공도 실현'이라는 도학정치의 이념적 정당성은 언제나 사림세력 편에 있었으므로 연속된 사화의 희생을 치른 끝에 그들의 입장은 마침내 정론(正論)의 위치를 점하게 되었다. 그리고 이에 수반하여 그들이 집단적으로 왕정에 참여하는 이른바 붕당정치(朋黨政治)가 16세기 후반 선조대부터 왕정 운영의 중심적 정치과정으로 정착을 보게 되었다.

이상에서 신왕조 개창기에 왕정 운영에서 한동안 소외되어 있던 재지사족들이 이른바 '사림'이라는 정치세력으로 집단화해서 왕정 운영을 주도하게 되는 과정에 대해서 개략적으로 살펴보았거니와, 이 글은 이러한 과정에서 제기된 일련의 개혁운동에 주목하여 그 사상사적 함의를 체계적으로 조명하는 데 목적을 두고 있다. 따라서 여기서는 우선 신유학을 숭상하는 사족이 조선조 개창에 참여하여 유교국가 체제를 수립하기 위해 수행한 일련의 체제개편 과정부터 개략적으로 살펴본 다음, 그들 고유의 사상적 기반에 해당하는 '도학적 담론'(道學的 談論)의 체계적 확산과정을 두 단계로 나누어 차례로 살펴보려고 한다. 먼저 사림세력이 기존의 특권적 훈척세력에 대항하여 격돌을 벌이기 시작한 이른바 '사화기'(士禍期)의 개혁운동에 주목하여 그 사상적 함의를 살피고, 다음으로 사림세력이 왕정 운영을 주도하게 된 '당쟁기'(黨爭期)의 개혁운동에 주목해서 그 사상적 함의를 살피게 될 것이다.

2. 신유학사상의 조선조 수용과
유교적 왕정체제의 정립

　신왕조 개창 이후 세종대에 이르기까지의 조선조는 왕조의 체제적 기반을 정비하는 과정이었다고 할 수 있다. 이 과정을 거치는 동안 조선조는 실로 상당한 우여곡절을 겪게 되었다. 그것은 무엇보다도 다양한 출신 배경을 가지고 있던 주도세력들 사이에 상당한 갈등 양상을 보여주고 있었기 때문이다.

　우선 조선조 개창에 참여한 주도세력은 이성계(李成桂)를 중심으로 한 일군의 무인세력과 정도전(鄭道傳)·조준(趙浚) 등을 중심으로 한 일군의 문인세력이 연합된 것이었다. 이성계는 당초 고려조의 유력한 집안과 혼인을 통해 인척관계를 가지고 있었기 때문에 그의 주변에는 많은 무인들이 모여 있었고(박천식 1985, 33-73), 특히 그들 중에는 동북면 지방토호 출신의 향리들이 왜구의 토벌을 비롯한 여러 전쟁에서 공을 세워 첨설직(添設職)을 통해 관리로 등용되면서 그의 수하에 모여 있었다. 그들은 당시 고려조의 중앙 귀족과는 출신 배경부터 달랐기 때문에 정치적 이해관계도 다를 수밖에 없었다.

　한편 정도전·조준 등의 문인세력들 간에도 그 출신 배경에 상당한 단층이 있었다. 즉 조준(趙浚)·김사형(金士衡)·정총(鄭摠)

등은 고려조의 명문거족 출신이었지만 정도전(鄭道傳)·이직(李稷) 등은 비교적 한천한 향리의 후예였다. 그러나 그들은 거의 대다수가 과거를 통해 관리로 등용되었다는 공통점과 더불어 신유학적 소양을 공유하고 있었기 때문에 서로 제휴하여 공동전선을 형성할 수 있었다.

이처럼 서로 다른 출신 배경과 신분상의 차이점에도 불구하고 그들은 신왕조 개창을 위해 서로 연합해서 정치적으로 결집될 수 있었다. 그들은 대체로 당시의 정치권력으로부터 소외되어 있었던 만큼 현상 타파를 위한 필요에서 고려조사회의 개혁에 다 같이 공감하고 있었기 때문이다. 그리하여 이성계를 중심으로 한 무인집단과 정도전 중심의 급진적 문인집단이 서로 제휴해서 일종의 지배연합을 결성할 수 있었다.

그러면 이처럼 정치적으로 결집된 신흥세력이 신왕조 개창에 성공할 수 있었던 배경적 조건은 구체적으로 어떤 것이었던가?

12세기 후반부터 무신집권(武臣執權) 시대를 경험하게 된 고려조는 약 1세기(13세기 중엽~14세기 중엽) 동안의 몽고간섭기를 거쳐 왕정복고를 이루게 되었지만, 고려조 전래의 제도적 기반은 이미 붕괴되고 사회적 모순이 극도로 심화되어 있었다. 귀족, 사원, 관료에 의한 토지겸병이 자행되어 농민과 지주 및 통치계급 사이의 알력이 심화되고, 국가재정이 심각하게 고갈되어 있었다. 뿐만 아니라 토지겸병에 의한 사설 농장의 확대는 국가소유의 공전(公田)을 감소시켜 신진관료들에 대한 전지·녹봉 지급이 어렵게 됨에 따라 대토지를 소유한 권문세가에 대한 신진관료들의 불만이 고조되어 있었다. 그리고 이와 같은 사회적 상황 속에서 대륙에서는 원·명(元·明) 교체가 예견되고 있었기 때문에 그 여파가 고려조의 동요를 더욱 증폭시키는 결과를 초래하게 되었다. 이와 같은 사정을 감안하면, 신진관료들의 개혁의지가 현실 타개의 대안으로 표출되기 시작한 것은 오히려 당연한 시대적 추세였다고 할 수 있다.

이상에서 14세기 후반 고려조의 사회·정치적 상황에 대해서 개략적으로 살펴보았거니와, 이러한 시대적 상황에서 원(元)으로부터 전래된 신유학사상은 신진관료들에게 주요한 사상적 무기로 인식되어 적극 수용되기 시작하였다. 사실 당시 고려조사회를 뒷받침하고 있었던 지도이념의 양대 지주는 불교와 유교였지만, 불교는 이미 사원경제의 비대화로 타락의 극치를 보여주고 있었을 뿐 아니라 불사로 인한 국가재정의 낭비도 극심한 상태였다. 유교 역시 도덕과 교화라는 실천적 측면은 도외시되고 사장(詞章)과 '부화무실(浮華無實)의 학'(學)으로 변모하여 사회교화에 아무런 도움을 주지 못하고 있었다. 이와 같은 상황에서 원나라로부터 도입된 신유학은 사회교화의 실천 측면을 강조하는 사상적 성격을 강하게 지니고 있었던 만큼, 당시 고려조사회의 부패상에 울분을 토로하고 있던 신진관료들에게는 신유학이야말로 매우 유용한 사상적 무기로 원용될 수 있었다.[1]

---

1) 여말선초 당시의 학풍을 신유학 일변도로 보는 것은 무리가 있다는 견해가 있다. 사실 개혁의 필요성이 요청되던 당시에는 신유학적 사조뿐 아니라 '명심'(明心)을 강조하는 육학(陸學)과 더불어 주(朱)·육(陸)의

그러나 신유학을 숭상하는 당시의 유자들 사이에는 고려조사회에 대한 개혁의 필요성에는 인식을 같이하면서도 그 방법을 둘러싸고 크게 두 세력으로 분열되어 있었다. 두 세력 간의 이러한 대립이 그 후 신왕조 개창 문제를 놓고 참여파와 비참여파로 나뉘게 되는 결과를 가져왔고,2) 조선조 개창 후에는 훈구파와 사림파가 대립하게 되는 단초가 되었다.

여기서 혁명론(革命論)을 주장하던 참여파는 자신들의 정치・경제적 이해관계에서 개혁을 시도하고 새로운 왕조를 개창하기에 이르렀으나, 그에 못지않게 사회정의를 실현하고 이상사회를 건설해 보려는 목적이 있었다. 그리하여 혁명파는 정도전을 중심으로 새로운 정치체제를 정비하기 시작하였다. 그는 맹자(孟子)의 군경민중론(君輕民重論)을 계승, 상고사상에 입각한 위민・중민사상(爲民・重民思想)을 피력하였다(정도전,『경제문감』).

정도전을 비롯한 신왕조 개창자들은 중국 당우삼대(唐虞三代)의 유교적 이상국가를 재현해 보려는 정치적 지향을 나타내게 되었다. 정도전은 그러한 목표를 달성하기 위해 덕치와 함께 형정수단의 필요성을 인정하면서 통치체제로는 재상 중심의 중앙집권적 관료국가 건설을 당면목표로 설정하였다. 그리하여 그는 그러

장점을 절충하고 거기에 전통사상과 문물을 융합해서 '격물치지'와 '공리'(功利)를 함께 강조하는 여학(呂學) 등 다양한 학풍이 포용되고 있었다는 주장이 있다. 문철영(1984, 30-55) 참조.

2) 여말선초 신유학적 담론의 형성・분화과정과 그 구체적 양상에 대해서는 전락희(1998, 18-67) 참조.

한 요청의 정치적 실현을 제도화하기 위하여 『조선경국전』(朝鮮徑國典), 『경제육전』(經濟六典), 『속육전』(續六典) 등을 간행하였다. 그러나 그는 군주를 중앙집권체제의 구심점으로 내세우면서도 "人主之職在擇一相…… 人主之職在論一相"(정도전.『조선경국전』, 치전)이라 하여 군주의 절대권을 부인하고 재상이 실권자임을 내세웠다. 요컨대 군주는 세습되는 까닭에 강·약, 혼·명의 차이가 있을 수 있으므로 진유(眞儒)·현상(賢相)이 실제 정치의 중심이 되어야 한다는 논리였다. 그러나 이러한 논리가 후일 이방원(李芳遠)에 의한 정변(戊寅靖社)의 빌미가 되었다.

정도전은 조준 등과 더불어 여말 개혁을 주도한 핵심 인물로서 신왕조 개창을 위한 기본 구상을 제시하면서 동시에 왕조 초기 통치질서를 바로잡는 과정에서 정치적·군사적 실권을 장악하게 되었다. 그의 영향으로 좌·우 시중(侍中) 및 중추원(中樞院) 등 주요 관직은 물론 각 도의 관찰사까지도 문신들에 의해 점유되었다.

이처럼 정도전·조준 등의 문신들에 의한 국가권력의 독점은 그들로부터 소외된 세력, 특히 무장들의 강력한 반발을 초래하게 되었다. 그리고 이와 관련하여 변계량(卞季良) 등은 정권과 병권의 분리를 주장하면서 병권은 마땅히 종실에 귀속되어야 한다고 주장하였다. 이와 같은 사정에 비추어 볼 때, 정도전·조준 등에 의한 국가권력의 독점은 당초 병권을 분점하고 있던 왕자들과 무장들에게는 도저히 용납될 수 없는 처사로 인식되어 반발을 불러오게 마련이었다. 그럼에도 불구하고 정도전은 '표전사건'(表箋事件)을 계기로 군제개혁에 더욱 박차를 가하여 요동 공략을 건의

하면서 사병혁파를 제기하였다. 당시 사병을 통수하고 있던 무장이나 왕자들에게는 정도전의 이러한 조치가 자신들의 지위를 심각하게 위협하는 급박한 상황으로 인식되었다. 그리고 그와 같은 사태는 그들이 소유하고 있는 병권만의 양보로 끝나지 않을 수 있다는 의구심을 불러일으키게 되었다. 게다가 이방원 등 개국에 공이 컸던 왕자들은 개국공신에 봉해지지도 않았을 뿐더러 세자책봉 경합에서도 탈락된 바 있기 때문에 문신세력의 의도대로 방치하게 될 때 그들의 지위가 더욱 위태롭게 될 것은 자명한 일이었다. 제1차 '왕자의 난'은 바로 이처럼 급박한 위기에 대한 무장 및 왕자들이 일으킨 정변이었다(정두희 1989, 24-30).

그러나 정변에 성공한 이방원은 정도전이 구상하고 있던 재상 중심의 집권적 관료국가와는 구별되지만 왕을 중심으로 한 집권적 관료국가를 만들기 위해 사병혁파를 단행하고 자신이 태종(太宗)으로 즉위하면서 46명의 좌명공신(佐命功臣)을 책봉하였다. 여기서는 종친, 외척 및 무장들이 크게 도태되고 대신 문신의 노력을 바탕으로 그는 강력한 왕권을 확립함과 동시에 유교적 정치체제의 정비를 도모하여 이상적 유교정치에 근접하는 정치를 펼치게 되었다. 유교정치의 이상인 왕도정치는 왕권과 신권이 균형을 이루게 될 때에 가능한 것인데, 왕권 중심이냐 신권 중심이냐를 놓고 우여곡절을 겪었던 조선조는 세종대에 이르러 왕권과 신권이 비교적 균형을 이루었다. 세종은 초기에는 승정원(承政院)을 중용하여 의정부(議政府)나 대간(臺諫)을 견제하였고, 후기에는 의정부서사제(議政府署事制)를 부활시켜 문종(文宗)대에 대비했으나 그때에는 집현전 학자들을 중시함으로써 의정부를 견제하였다. 이처럼 세종은 왕의 권위를 유지하면서 한편으로는 각종 문화사업을 전개함으로써 유교정치 체제의 구축과 사회교화에 힘쓰게 되었다. 그리고 여기서 특히 주목되는 것은 유자들을 포섭하기 위한 법제화 작업과 더불어 체제이념의 사회적 확산을 위한 교화정책이 체제확립을 위한 기본정책으로서 강화되었다는 점이다.

태조(太祖) 이성계는 자신을 왕으로 추대했던 배극렴(裵克廉)·정도전·조준 등 44명을 개국공신으로 봉하고, 과전법에 의해 토지와 노비를 그들에게 제공하였다. 그리고 그 밖에 포섭 가능하고 필요한 인재들을 원종공신(原從功臣)에 봉함으로써 왕정체제 공고화에 주력하였다. 그럼에도 불구하고 정치의 실권은 여전히 개국공신들의 수중에 있었다.

실권을 장악한 유교 관료들은 위에서 잠시 언급한 대로 유교적 이상국가의 건설이라는 정치적 목표의 실현을 위해 우선 법전 편찬으로 정치의 근본으로 삼고자 하였다. 그리하여 정도전은 태조 3年(1394) 『조선경국전』을 편찬하였고, 태조 5년(1396)에는 왕명을 받들어 『경제육전』을 편찬하였다.

『조선경국전』은 국호와 국통에 관한 설명을 비롯하여 6전(치전, 부전, 예전, 정전, 헌전, 공전)체제 하에 관제, 군사, 호적, 농상, 상공, 의식, 과거 등 모든 제도와 정치의 요체를 새롭게 규정하면서 정치의 근본을 인(仁)에 두고 재상 중심의 강력한 중앙집권적 관료체제를 추구할 것을 명시하고 있다. 『경제문감』(經濟文鑑)은 중국 역대 관제의 연혁과 직무 등을 기록한 것으로서 관리의 복무 지침서로 삼기 위한 것이었고, 『경제문감별집』(經濟文鑑別集)은 중국 역대 제왕의 치적과 고려 역대 왕의 치적을 기록하여 왕의 귀감으로 삼기 위한 것이었다. 그리고 『경제육전』은 위화도회군(1388) 이후 태조 6년까지의 교서와 조례를 수집·편찬한 것이었다. 이로써 신왕조의 문물제도가 어느 정도 정비됨에 따라 이를 바탕으로 유교정치 이념에 입각한 제도화 작업이 이루어지게 되었다. 그러나 이처럼 의욕적으로 추진되던 제도화를 통한 유교정치이념의 사회적 확산 작업은 왕자의 난을 겪으면서 중단되었다. 그것은 제도화 작업을 추진하던 문인세력이 왕자의 난을 통해 대부분 주살되고 신왕조 개창에 참여하지 않았던 세력은 여전히 출사를 기피했기 때문이다. 그리하여 체제구축과 유교정치 이념의 사회적 확산 작업은 세종의 출현을 기다려야 했다.

세종대에 이르러 유교이념의 사회적 확산에 가장 크게 기여한 것은 집현전이었다. 젊고 유능한 학자들인 집현전관은 사가독서(賜暇讀書) 등의 여러 가지 특전과 신분보장을 받으면서 학문에 전념할 수 있었고, 세종 당대에는 다른 부서로 이동되는 경우도 거의 없었다. 그럼에도 그들은 경연이나 서연을 통해 정치문제에 관하여 진언할 기회를 가질 수 있었고 군왕과 긴밀한 관계를 유지할 수도 있어 세종은 여러 가지 다양한 정치적 목적을 달성할 수 있었다. 그러나 집현전 학자들의 본무는 어디까지나 고제연구(古制硏究)와 편찬사업 등 학술적인 연구활동에 있었다.

조선조 초기 유교정치가들이 이상으로 여겼던 고제는 삼대(夏, 殷, 周)의 제도였다고 할 수 있다. 그것은 정도전이 『경제문감』에서 주(周)의 관제를 가장 상세히 기록하고 있는 데서 확인될 수 있다. 이처럼 정도전에 의해 시작된 고제연구는 정종(定宗)이나 태종대에도 시도된 바 있지만, 세종대에 이르러서야 본격적으로 전개될 수 있었다. 특히 집현전에 의한 고제연구는 세종 10년(1428)부터 시작되었다. 당시 예조와 의례상정소(儀禮詳定所)에서는 유교의 의례와 제도의 큰 테두리를 연구하였고, 집현전에서는 주로 그것을 시행하기 위한 세부적이고 기술적인 문제를 다루었다.

세종대에 정비된 유교적 의례·제도는 대체로 여러 가지 간행사업으로 나타나게 되었다. 그 중에서도 특히 유교이념의 사회적 확산을 위한 간행사업으로는 『효행록』(孝行錄), 『삼강행실도』(三綱行實圖), 『오례의주』(五禮儀註) 『세종조상정의주』(世宗朝詳定儀註) 등의 편찬이었다. 「효행록」과 「삼강행실도」는 유교적인 사유나 생활에 익숙하지 못한 사서(士庶)에게 유교의 윤리를 깨우쳐 주기 위한 목적에서 간행된 것이었는데, 특히 삼강행실의 강조는 중앙집권적 관료국가 체제의 정비와 깊은 관련이 있었다. 그것은 상하 수직관계를 강조한 규범이었기 때문이다. 그리고 『오례의주』나 『세종조상정의주』는 국가의 유교적 의례·제도의 정리사업이었다. 후자가 유교정치 이념의 사회적 확산과 관련된 제도화라면, 전자는 이념의 사회적 확산을 위해 경서의 언해, 주해작업을 아울러 실시했고 『소학』(小學)의 보급과 『주자가례』(朱子家禮)의 실시가 아울러 권장되었음을 유의할 필요가 있다.

이와 같은 갖가지 간행사업은 유교정치 문화의 확산을 통하여 국가의 통치기반을 확고히 하기 위한 것이었다. 그리하여 신유학을 통치이념으로 설정하고 출범한 조선조는 세종대에 이르러 여러 가지 문물제도를 정비하면서 유교정치 체제로서의 면모를 착실히 갖춰 나가게 되었다.

한편 조선조 개창을 둘러싸고 혁명론(革命論)과 강상론(綱常論)으로 대립되어 있었던 의리론(義理論)은 강상론이 의리의 정당성을 부여받고 정몽주(鄭夢周)와 길재(吉再)의 충절을 높임으로써 의리론의 방향을 도학적인 것으로 확정짓게 되었다. 그것은 혁명의 정당성을 주장했던 주도세력이 권력을 장악하게 되면서 비판 기능을 상실하여 권력의 옹호세력으로 남게 되었던 데 반하여 강상론자는 전 왕조에 집착, 권력과 분리된 유교이념의 실현을 주장하는 저항세력으로 남게 됨으로써 의리의 정당성을 유지했다고 볼 수 있기 때문이다(금장태 1987, 99). 그리고 이러한 강상론적 의리의 정당성은 세조의 왕위 찬탈에 대한 사육신과 생육신의 저항정신으로 다시 확인되면서 조선조 신유학의 특성을 다시금 드러내게 되었다.

세종은 재위 말기에 의정부서사제(議政府署事制)를 부활시키게 되었는데, 그 서사제는 단명한 문종(文宗)에 이어 어린 단종(端宗)이 즉위하자 의정부 권신들의 권한을 비대화시키는 결과를 가져오게 되었다. 세종 사후 집현전 학자들은 다른 부서로 전출이 많았는데 의정부 권신들의 독주는 그들의 이해와 상반되는 것이었고, 수양대군(首陽大君) 등의 종친들에게도 상당한 위협이 되었다. 결국 의정부의 독주는 정치적 비판의 대상이 되었고, 수양대군 일파는 그 상황을 왕권 회복을 도모하는 기회로 삼아 계유정난(癸酉靖亂)을 일으키게 되었다.

그러나 왕위를 찬탈한 세조(世祖)에 대한 유신들의 보편적 감정은 부정적이었다. 이미 세종대에 강상론적 의리가 정당한 것으로 유신들 사이에 인정되고 있던 상황에서 발생한 계유정난은 사육신, 생육신 등의 절의파를 탄생시킴으로써 조선조 신유학상의 의리론 방향을 재확인시켰다.

정변에 성공한 세조는 왕권의 항구적인 안정과 왕조의 터전을 굳건히 하고자 확고한 국가질서에 대한 규정의 필요성을 절감하고 『경국대전』의 편찬을 명령하였다. 이것은 성종(成宗)대에 완성을 보았는데 그때까지 간행된 기존의 여러 법전은 물론 당시 시행되고 있던 수교, 조례 등을 망라, 취사선택하여 성립된 것이었다. 이로써 세조는 자기의 정치적 정통성을 과시하고 동시에 강력한 중앙집권제를 확립하게 되었다.

이처럼 여말의 혼란 상황을 극복하기 위해 급진적 개혁을 주도하던 혁명론자들은 신왕조를 개창하고 새로운 제도의 수립과 새로운 정치이념인 신유학사상의 사회적 확산을 위한 일련의 작업을 정력적으로 추진하였다. 새로운 제도는 강력한 중앙집권적 관료국가 건설을 목표로 추진되었는데, 그 과정에서 왕권과 신권이 서로 우위를 점하기 위한 투쟁이 발생하였다.

신왕조 개창기에 신·구 왕조의 교체작업은 고려조의 도평의사사(都評議使司)가 주관하였는데, 이 기관은 신왕조 개창과 더불어 이성계를 추대한 개국공신의 합좌기관(合坐機關)이 되어 정치적 실권을 장악, 왕권을 압도하는 지배적인 역할을 담당하였다.

더구나 정도전·조준 등은 당초의 구상대로 재상 중심의 중앙집권제를 도모하면서 모든 인사권을 독점하는 한편 종친과 무신들의 사병을 혁파하여 병권까지 독점하려고 하였다. 그것은 결국 이방원의 정변을 유발시키게 되었고, 그 결과 왕권 우위의 정치체제가 성립을 보게 되었다. 태종(太宗)은 여러 가지 개혁정치를 실시하였으나 그 주조는 무단정치였고, 육조직계제(六曹職階制)에서 보듯이 왕권강화에 주력하였기 때문에 신유학사상의 사회적 확산은 큰 성과를 거두지 못하였다. 그러나 세종대에 이르러서는 괄목할 수준으로 법제적 기반을 갖추게 되었다. 이 시기에 이루어진 『국조오례의』와 『세종조상정의주』의 간행은 국가의 의례·제도 정리사업으로서 왕권 중심의 중앙집권적 관료국가의 건설에 목표를 둔 것이었고, 일반 사서(士庶)를 대상으로 한 『효행록』이나 『삼강행실도』 등의 편찬은 그러한 수직적 상하관계를 백성들에게 인식시키기 위한 교화정책의 일환으로 이루어진 것이었다. 그리하여 중앙집권적 왕정체제의 구축을 목표로 한 제도화 작업과 더불어 유교정치 이념의 사회적 확산을 위한 작업은 세종대에 이르러 그 터전이 마련되었고, 세조대로부터 성종대에 걸친 『경국대전』의 간행과 함께 제도화 작업은 일단 완성을 보게 되었다. 그러나 유교이념에 의한 사회교화 정책은 많은 사림이 희생을 치르게 된 사화기를 거친 뒤에야 비로소 나름대로 효과가 나타나게 되었다.

3. 신유학적 담론의 체제적 확산과 왕정 운영의 도학화

 조선조의 개창과 더불어 신유학사상이 새로운 체제의 통치이념으로 설정됨에 따라 일찍부터 이를 관학(官學)으로 보급하게 되었다. 그리고 의리의 실천궁행을 강조하는 사림이 현실정치에 관심을 갖게 됨에 따라 신유학의 도학적 측면이 강조되고, 그 도학정신에 따른 지치주의적 지향이 왕정 운영에 큰 영향을 미치게 된 것은 당연한 추세였다고 할 수 있다. 왜냐 하면 신유학사상이란 원래 성명론(性命論)과 의리론(義理論)으로 구성되는 독특한 사상체계로서, 거기서 의리론이 현실문제와 관련한 유교적 가치규범의 실천적 지향을 체계화한 것이라면, 성명론은 그 의리론의 철학적 근거를 밝히는 인식론 내지 방법론에 해당한다고 할 수 있기 때문이다. 그리고 이러한 신유학의 실천적 지향을 지칭하여 '도학'(道學)이라 하거니와, 도학이야말로 현실문제와 밀접한 관련이 있는 유교적 수기치인(修己治人)의 중심 과제에 해당한다고 할 수 있다.
 그러나 여기서 다시 주목할 필요가 있는 것은 신유학사상의 실천적 측면에 해당하는 도학적 지향이 사림사회에서 처음부터 의식적으로 정치현실에 표출된 것은 아니었다는 점이다. 그것은 재지사족이 '사림'(士林)으로 세력화되고 신유학에 대한 지식사회의 이해체계가 확산·심화됨에 따라 현실문제와 직접 결부된 사안에서만 표출될 수밖에 없었다.

사림세력이 도학적 지향을 기치로 내세우게 된 것은 훈척세력의 침해에 대한 방어적 차원의 반응에 지나지 않았다. 즉 그들은 당초 재지세력으로서 향권을 옹호하기 위한 필요에서 '유향소복립운동'(留鄕所復立運動)·'향약보급운동'(鄕約普及運動)·'소학진흥운동'(小學振興運動) 등을 전개하는 한편 자신들의 명분적 입장을 강화하기 위한 필요에서 이른바 '군자소인지변'(君子小人之辨)의 논리로 훈척세력의 불법·비리를 비판하는 것이 전부였다. 예컨대 성종(成宗)의 사림등용 정책에 따라 언론삼사에 출사하게 된 김종직(金宗直) 일파가 언관활동의 일환으로 훈척세력을 논박하는 학리적 근거로 삼았던 것은 아른바 도학적 공도론(公道論)에 바탕을 둔 '군자소인지변'(君子小人之辨)의 논리였다. 그리고 이러한 전통은 이후 사림사회에 그대로 계승되어 훈척세력을 '탐욕스런 소인배' 또는 '속물'로 규정하여 신랄한 비판을 가하게 되었고, 훈척세력은 이에 대항하여 사림을 '경박한 붕당의 무리'로 규정, 기화(起禍)의 구실로 삼게 되었다.

어쨌든 도학적 지향의 이러한 개혁운동은 성종대에 나타나기 시작하여 어느 정도 결실을 보여주게 되었다. 성종은 훈척세력의 발호를 견제하기 위한 필요에서 사림을 중용하면서 공론(公論)정치를 표방하게 되었다. 그러나 그것은 어디까지나 왕권 강화책의 일환으로 훈척세력을 견제하기 위한 방편에 지나지 않았으므로 사림의 정치적 주도나 진정한 의미의 공론정치라는 관점에서는 상당히 미흡한 것이었다. 보다 본격적인 개혁운동은 그 후 4대 사화(士禍)의 연속된 파란을 겪는 과정에서 더욱 근본적이고 급진적인 양상을 보여주게 되었다. 여기서 특히 조광조(趙光祖)에 의한 급진적 개혁운동은 이후의 개혁운동에 하나의 전범으로 받아들여져 계승되는 양상을 보여주게 되었다.

조광조로 대표되는 사림계 개혁운동의 사상적 기반은 학문과 정치의 일치를 통해 이른바 '내성외왕'(內聖外王)의 유교적 이상을 실현하자는 도학사상에 두고 있었다. 따라서 여기서는 도학의 연마를 치자의 조건으로 확립하는 것과 시폐(時弊)의 교정을 통해 정의를 실현하는 것이 개혁 내용의 초점을 이루었다. 전자와의 관련에서는 경연(經筵)이나 간쟁(諫諍)을 통해 군왕에 대한 도학교육을 강화하는 것과 더불어, 과거(科擧)에 도학적 요소를 도입하는 등 도학을 관료의 자질로 강조하는 것이었으며, 후자와의 관련에서는 수취의 개선을 통한 민생의 안정을 도모하는 것이었다. 그리고 여기서는 폭정으로 말미암아 위축된 사기(士氣)의 진작이 중요한 내용으로 강조되었다는 점을 주목할 필요가 있다.

위에서 보았듯이 사림계 개혁운동이 조광조에서 비롯된 도학정치사상에 기반을 두게 되었음은 주지의 사실이거니와, 그것은 그 후 이황(李滉)과 이이(李珥)를 거치면서 영남·기호의 양대 사림을 매개로 그 지적 이해체계가 확산·심화되게 되었다. 그리하여 16세기 말 선조(宣祖)대부터는 이러한 전통에 바탕을 둔 도학정치가 왕정 운영의 상도(常道)로 인식되어 현실화되는 양상을 보여주게 되었다.

이상에서 신왕조 개창에 참여한 사족이 '사림세력'으로 성장하여 왕정 운영에 참여하는 과정에서 보여준 지배적인 정치언어로서 신유학적 담론의 변용 양상에 대해 개략적으로 살펴보았거니와, 이하에서는 이런 맥락에 유의, '왕정 운영의 도학화'를 지향한 일련의 개혁운동에 주목해 그 사상사적 함의를 구체적으로 살펴보기로 한다(강광식 1998, 71-123).

1) 사화기 신유학적 담론의 체제적 확산과 그 정치사상사적 함의

조선조 왕정체제는 그것이 이른바 경국대전 체제로 지칭되는 제도적 확립을 보게 되는 성종(成宗)대에 이르러 왕정 운영 전반에 걸쳐 여러 가지 폐단과 한계점을 드러내게 되었다. 그 중에서도 특히 주목되는 것은 왕정 운영을 직접 담당하는 관료사회의 동태인데, 이들은 이 시기에 정치세력화됨과 더불어 권귀화 양상을 노골적으로 드러내게 됨으로써 이념적으로는 물론 현실적으로도 심각한 폐단을 나타내고 있었다는 점이다.

조선조 개창기에 왕정에 참여한 관료층이 당초 역성혁명을 긍정하는 사족들에 국한되었음은 주지의 사실이다. 따라서 그들은 참여를 거부한 채 향촌사회에서 은거하던 강상의리파(綱常義理派)에 비하여 체제이념의 수용·실천에 피상적 양상을 보여주게 마련이었다. 이런 사정은 그 후 세종대의 문치·교화정책(文治·敎化政策)에 힘입어 참여의 저변이 크게 확대되는 변화를 보여주게 되었지만, 세조대의 계유정난(癸酉靖難) 등 연속된 왕정의 변란을 겪는 과정에서 양출된 갖가지 명칭의 훈신(勳臣)과 척신(戚臣)이 관료사회의 주축을 이루게 됨에 따라 관료집단의 권귀화 양상은 더욱 심화되게 마련이었다. 이와 같은 상황에 직면하여 이른바 '사림파'(士林派)로 지칭되는 김종직(金宗直) 일파가 성종대에 중앙정계에 진출하게 된 것은 중요한 계기적 의미를 갖는 것이었다. 사림파의 정치적 부상은 그들의 정치적 의식성향이나 세력기반에 비추어 기존의 집권 훈척세력과 뚜렷한 대조를 이루고 있어 왕정 운영상 새로운 전기를 가져오는 계기를 이루었기 때문이다.

이들 사림파는 주지하듯이 경제적으로는 재지 중소지주층이 주류를 이루고 있었고, 학문적·사상적으로는 정주학(程朱學)에 크게 공감하여 학연을 통해 강한 결속력을 보여주고 있었다. 따라서 이들의 정치적 부상은 그 자체로서 왕정 운영을 이념적 지향에 보다 근접시키는 전기를 가져오게 마련이었고, 동시에 그들의 왕정 참여는 장차 기존의 훈척세력에 대항하는 정파정치의 전개를 예시하는 것이었기 때문이다. 이런 맥락에서 볼 때 재야사림을 대표하는 김종직 일파가 언론삼사를 근간으로 왕정 운영에 직접 참여하게 된 성종대는 정치사적으로 중요한 전환점이었다고 할 수 있다. 이들의 정치적 활동이 활발히 전개됨에 따라 집권 훈척세력과 마찰을 빚게 되어 4대 사화의 정치적 파란이 야기되기는 하였지만, 이를 계기로 조선조의 왕정체제는 단순한 관료정치로부터 정파정치의 형태로 전환을 보게 되었으며, 그 연장선상에서 왕정 운영의 중심적 정치과정이 점차 도학화하여 이른바 붕당정치의 전도를 열어 주게 되었기 때문이다.

이상에서 사림파의 정치적 부상과 더불어 정파정치가 왕정 운영의 불가피한 정치과정으로 대두하게 된 배경에 대해서 살펴보았거니와, 이후 연속된 사화의 정치적 파란을 연출하게 되는 일련의 정치과정은 훈척세력과 사림세력으로 대별되는 양대 정파의 상이한 정치적 입장을 첨예하게 반영, '왕정 운영의 도학화'를 지향한 개혁운동의 역동성을 나타내는 역정이었다고 할 수 있다.

훈척세력과 재야 사림세력의 상이한 입장은 우선 그들의 세력기반과 정치적 성향에서 보다 구체적으로 표출되었다. 훈척세력은 그들의 중심적 세력기반이 군왕을 둘러싸고 있는 중앙의 관변에 있었던 만큼, 그들이 추구하는 정치적 성향은 대체로 관료제를 근간으로 한 중앙집권적 성향을 나타내게 마련이었다. 이에 비하여 사림의 경우에는 향촌사회에 세력기반을 두고 있었기 때문에 그들의 정치적 관심은 일차적으로 향촌사회 운영의 자율성 확보에 있었다. 성종대에 김종직 일파가 전개한 유향소복립운동이나 중종(中宗)대 조광조 일파가 소학진흥운동과 더불어 향약보급운동을 강력히 추진한 것은 이를 반증하는 대표적인 사례에 해당하거니와, 이러한 일련의 향촌질서 재확립운동은 사림의 세력기반 강화와 도학이념의 사회적 확산으로 연결되는 정치운동의 성격을 가지고 있었기 때문에 훈척세력에게 심각한 위협이 될 수밖에 없었다. 이런 맥락에서 볼 때 4대 사화는 바로 이러한 상황에서 훈척세력이 그들 자신의 사활을 걸고 보여준 일대 반격이었다고 할 수 있다.

이하에서는 바로 이상과 같은 맥락에 유의하여 제반 운동을 매개로 전개된 양대 정파의 대응 양상을 고찰해 봄으로써 이 시기 개혁운동의 특징적 전개과정을 구체적으로 살펴보기로 한다.

먼저 성종대에 김종직 일파가 전개한 유향소복립운동의 경우를 보기로 하면, 그것은 세조 말에 혁파된 유향소를 다시 부활시키자는 것이었다.3) 그것은 단순한 제도의 부활이 아니라 주례(周禮)의 향사례(鄕射禮)·향음주례(鄕飮酒禮)를 실천할 장소로서 유향소를 부활시키자는 주장이었다. 여기서 말하는 두 가지 의례는 '효제충신·호례불란자'(孝悌忠信·好禮不亂者)와 '연고·유덕·재행자'(年高·有德·才行者)를 각기 앞세워 향촌질서를 유교적 교화방식으로 순화시키자는 것으로서, 이를 통하여 재야사림의 정치적 세력기반을 강화하려는 것이었다.

유향소복립운동은 성종 14년에 김종직의 발의로 시작되었다. 이 운동은 훈척 계열에 속하는 인사들이 반대하여 난항을 거듭하다가 성종 19년에 이르러 비로소 채택될 수 있었다. 이러한 결정은 훈척세력이 반대의사를 철회하게 됨에 따라 이루어진 것이 아니거니와, 거기에는 역이용할 복선이 깔려 있었다. 세조대에 유향소가 혁파되었을 때 그 상급 기구로 중앙 관인이 관여하는 경재소(京在所) 제도는 그대로 존치되었는데, 이 제도를 이용하면 관

---

3) 유향소는 지방수령을 규찰하고 향리를 진퇴시키는 기능을 가진 일종의 지방자치기구로서, 그것은 개국 초기부터 전국적으로 조직되어 있었다. 그러나 유향소는 중앙집권체제 강화책의 일환으로 두 차례(태종 6년 및 세조 말)나 혁파되는 우여곡절을 겪었다. 이에 대한 보다 상세한 고찰은 이태진(1973) 참조.

품이 높은 그들이 각지의 유향소를 장악하여 이용할 수 있을 것이라는 판단이 그것이었다. 실제로 복립된 유향소는 거개가 관권을 매개로 훈척세력의 수중에 들어가게 되었다. 훈척세력은 각자의 연고지를 택하여 스스로 그 경재소의 임원이 됨으로써 해당 지역 수령과의 연계 하에 자파 호족들을 유향소의 임원으로 삼아 자신들의 세력기반으로 활용하였다.

　사태가 이처럼 반전된 상황에서 유향소는 본래의 취지대로 운영되지 않게 마련이었다. 따라서 사림세력은 오히려 유향소의 혁파를 제기하게 된 데 반하여 훈척세력은 오히려 그 혁파를 반대하는 입장을 취하게 되었다. 이러한 상황에서 김종직이 군수로 부임해서 신유학적 분위기를 크게 조성할 수 있었던 함양 지방만 하더라도 훈척세력의 거두인 유자광(柳子光)의 수중에 장악되는 사태가 야기되자, 이 지방의 사림계 인사들은 사마소(司馬所)를 따로 만들어 대항하는 처지에 이르게 되었다.

　유향소복립운동이 실패하게 되자 사림세력은 이후부터 개혁운동의 방향을 바꾸어 훈척세력의 권귀적 성향을 비판하는 언론활동에 역점을 두게 되었다. 김종직 일파는 주로 삼사에 포진하여 성종 21년경부터 훈척세력에 의한 대토지 소유, 사적인 인사, 군사 방면의 수포행위 등 제반 불법·비리행위를 신랄하게 비판하기 시작하였다. 무오사화(戊午士禍)는 바로 이런 공격으로 궁지에 몰린 훈척세력이 연산군(燕山君)대에 이르러 정치적 보복행위를 가하게 된 결과 야기된 것이었다. 이 과정에서 훈척세력이 사마소와 관련된 모든 것을 혁파하는 조치를 취하게 된 것은 이 정쟁이 단순한 권력

투쟁을 넘어 체질을 달리하는 두 정파가 왕정 운영과 사회질서 개편문제를 둘러싸고 대립하게 된 개혁운동의 한 단면이었다.

무오사화 이후 유향소는 중앙의 경재소와 더불어 훈척세력에 의한 수탈기구로서의 면모를 더욱 현저하게 나타내게 되었고, 특히 경재소를 매개로 한 그들의 비리는 중앙뿐 아니라 지방에까지 구조적으로 확산되는 경향을 보여주게 되었다. 그리하여 연산군대 후반에 이르러서는 제도상으로 자격이 없는 왕자와 대군들까지 관여하는 양상을 보여주게 되었다.4) 갑자사화(甲子士禍)는 바로 이와 같은 상황을 배경으로 저항적인 잔여 사림세력을 거세하기 위한 조치로 야기된 것이었다.

무오·갑자 양대 사화를 거치는 동안 사림세력의 기세는 크게 꺾이게 되었지만, 공도의 실현이라는 그들의 이념적 지향에 대한 사회적 반향은 훈척세력의 비행이 심화될수록 증폭되는 양상을 보이게 되었다. 그리하여 영남지방에 국한되어 있었던 그들의 세력권이 연산군의 학정을 거치면서 기호지방에까지 확산되는 추세를 보이게 되었고, 이를 배경으로 사림세력은 중종반정(中宗反正) 이후 10년 만에 조광조를 필두로 다시 중앙정계에 진출하여 중요한 정치활동을 전개하게 되었다.

조광조는 이른바 '도학정치의 창도자'로 지칭되거니와, 그가 주도한 중종대의 정치활동은 왕정 운영 전반을 도학화하려는 것이었다. 그 구체적인 예로 그는 우선 현철군주론(賢哲君主論)에 입

---

4) 『연산군일기』, 권49, 연산군 9년 1월 기유조 참조.

각한 현량과(賢良科)의 설치를 주장하는 한편 소학보급운동과 향약보급운동을 전개하였다. 전자와의 관련에서는 이른바 '숭도학·정인심·법성현·흥지치'(崇道學·正人心·法聖賢·興至治)의 명제 하에 왕도정치(王道政治)의 이상 실현을 위해 군왕에게도 성인의 경지에 이를 수 있도록 수기의 실천을 요구하는 한편, 군왕을 바르게 보필할 신료를 등용하는 방도로 현량과의 설행을 주장하였거니와, 그것은 곧 왕정체제 운영의 전 과정을 도학화함으로써 사림세력의 정치적 입지를 강화하려는 것이었다. 그리고 소학보급운동은 이와 같은 그들의 이념적 지향을 사회적으로 확산·심화시켜 도학정치 전개의 사회·정치적 저변을 확대하려는 것이었으며, 그리고 향약보급운동을 통하여 전국 각지의 향촌질서까지 이러한 이념적 지향에 의거하여 재편하려는 것이었다. 중종 13년에 『소학』 1,300부가 간행되고 『소학언해』가 나오게 된 것은 이러한 사정을 반영하는 것이었다.

아른바 '소학중 일사'(小學中 一事)에 지나지 않는 향약보급운동이 이 시기 사림세력에 의해 강력히 추진된 것은 유향소를 훈척세력이 장악하고 있던 당시의 사정에 비추어 중요한 의미를 갖는 것이었다. 향약은 유향소복립운동에서 주요 의례형식인 향사례·향음주례와 유사한 향촌 교화기능을 가지고 있었거니와, 따라서 사림세력은 그들의 이념적 지향과 무관해진 유향소를 향약보급으로 대체하여 향촌질서를 개편하고, 그것을 바탕으로 훈척세력이 장악하고 있는 향촌사회의 세력기반을 탈환하는 의미가 있었기 때문이다.5) 이런 맥락에서 조광조 일파가 추진한 향약보급운동은 훈척세력의 민감한 반응을 초래하게 됨으로써 그것은 곧 기묘사화(己卯士禍)를 초래하는 직접적인 원인이 되었다.

향약보급운동은 기묘사화를 계기로 그것을 추진하던 주도세력이 몰락하게 됨으로써 단명에 그치고 말았다. 그러나 그것의 사회적 파급효과는 괄목할 만한 것이었다. 향약이 시행된 범위가 영남지방은 물론 충주・온양 등 기호지방에도 광범한 분포를 보여주게 되었으며, 그것의 사회교화적 기능도 당대에는 상당히 긍정적으로 평가되었다.6)

이러한 향약운동은 그 후 중종 20년 사림파의 재등장으로 일시 재현되는 계기를 갖게 되었으나 을사사화(乙巳士禍)를 계기로 다시 위축되는 운명에 처하게 되었고, 선조의 즉위를 계기로 사림세력이 집권적 입장에 서게 되면서 재현되는 기미를 보이게 되었지만, 이때에는 이미 여씨향약(呂氏鄕約)을 시행하는 방법상의 문제에 대한 논란이 제기되고 있었기 때문에 지역의 사정에 따라 선별적으로 적용한다는 방침을 취하게 되었다. 이러한 사정은 그동안의 향약 시행이 행정력에 의해 일률적으로 이루어짐으로써 물의를 빚게 된 부작용에 대한 반성을 나타낸 것이기도 하지만, 보

---

5) 향약보급운동의 구체적인 전개과정과 그 정치적 함의에 대한 상세한 고찰은 이태진(1983); 김필동(1989, 229-248) 참조.

6) 이러한 사실은 『중종실록』에서 자주 확인할 수 있다. 예컨대 "여씨향약이 교화에 크게 관계가 있어 불화하던 형제가 화합하고 패역하던 자가 고쳐서 양순해졌다."『중종실록』, 권34, 중종 13년 9월 임인조; "덕업으로 서로 권면함으로써 습속이 점차 변하여 지난날처럼 야박하지 않다."『중종실록』, 권35, 중종 14년 4월 무진조.

다 중요한 사실은 사림세력이 정치적 지배세력으로 부상함에 따라 그들의 주된 정치적 관심이 다른 방향으로 전환하게 된 저간의 사정을 반영하는 것이었다. 훈척세력과 사림세력의 대립관계는 선조대에 이르러 사림세력의 총체적 승리로 귀결되어 왕정 운영 전반을 주도하는 정치적 헤게모니를 장악하게 되었음은 주지의 사실이거니와, 이에 수반하여 사림세력의 구심점이 분화 양상을 나타내게 되어 그것이 학파별 서원설립운동(書院設立運動)으로 전환되는 양상을 보여주게 되었기 때문이다. 그리하여 선조대부터는 그들의 세력확대 노력의 일환으로 전국 각지에서 서원이 급속히 발전하게 되었거니와,7) 여기서 서원은 사림계 각 학파의 정치적 결속을 다지는 근거지의 기능을 갖게 되었고, 따라서 그것은 이른바 붕당정치(朋黨政治)로 지칭되는 조선 후기의 정치과정과 밀접한 관계를 갖게 되었다.

이상에서 향촌사회에 은거하던 재야사림이 기존의 집권적 훈척세력에 대항하여 개혁운동을 전개하던 특징적 양상에 대해서 살펴보았거니와, 그것은 곧 '왕정 운영의 도학화'를 지향한 일련의 체제개혁 운동이었다고 할 수 있다. 그리고 이러한 사정은 앞에서도 잠시 언급하였듯이 서로 경합관계에 있는 양대 세력 사이의 기본적인 가치정향상의 차이를 반영하는 것이었다고 할 수 있다. 이런 맥락에서 아래에서는 양대 세력 간에 서로 대조되는 가

---

7) 서원설립운동의 구체적 전개양상과 그 정치적 함의에 대한 상세한 고찰은 정만조(1989a, 77-119) 참조.

치정향의 상충적 양상을 좀 더 구체적으로 살피기로 한다.

훈척·사림 양대 세력 사이의 입장 차이는 학문적 정향의 차이뿐 아니라 현실정치와 관련한 기본 입장의 차이로 표출되게 마련이었다. 학문을 출세의 수단으로 간주하여 사장만을 일삼는 훈척세력에게는 '수기치인'(修己治人)이라는 유교정치 본연의 가치정향이 그들의 처신에 별다른 영향을 주지 못하게 마련이었으므로, 따라서 그들이 수행하는 정치적 역할이란 군왕에 대한 맹목적 충성과 그것을 수단으로 사리사욕을 추구하는 속물적 성향을 다분히 나타내게 마련이었다. 이에 비하여 사림세력의 경우에는 우선 출사 이전에 '위기지학'(爲己之學)으로서 자신의 수기에 역점을 두는 행태를 보여주게 마련이었고, 나아가 정치에 참여하는 경우에는 경연에서의 강론이나 간쟁, 삼사의 언관활동 등을 통하여 공도(公道)의 사회정치적 구현에 진력하는 방향으로 자신의 소임을 설정하는 양상을 보여주게 마련이었다. 따라서 이들이 현실의 정치과정에서 대면하게 되는 경우에는 상호 불상용의 정치적 격돌을 벌이게 마련이었다. 연속된 사화는 그 대표적인 사례에 해당하거니와, 구체적인 정황은 사화마다 각기 다르지만, 다음에서 보는 바와 같이 유교적 정치과정에 대한 기본적 가치정향의 차이가 공통적인 원인으로 작용하였음을 주목할 필요가 있다.

앞서 잠시 언급되었듯이 성종대는 정파정치가 처음 대두하게 된 시기에 해당하거니와, 재야사림 등용정책에 따라 언론삼사에 출사하게 된 김종직 일파는 그들에게 부여된 언관활동을 통하여 훈척세력의 불법·비리를 논박하는 것을 주된 정치적 목표로 삼앉다. 이때 이들이 논박하는 학리적 근거는 신유학사상의 도학적 공도론에 바탕을 둔 '군자소인지변'(君子小人之辨)의 논리였다. 이러한 논리를 구사하게 된 전통은 이후의 신진 사류에게도 그대로 계승되어 훈척세력을 '탐욕스런 소인배' 또는 '속물'로 규정하여 신랄한 비판을 가하게 되었고, 훈척세력은 이에 대항하여 사림을 '경박한 붕당의 무리'로 규정, 기화의 구실로 삼게 되었다. 연속된 사화에서 기화의 중심적 역할을 담당한 유자광(무오사화), 임사홍(갑자사화), 남곤(기묘사화) 등이 모두 사림으로부터 '소인배'로 지칭되던 인물이었음은 이런 사정을 단적으로 반영하는 것이었다.

그러면 여기서 말하는 '군자소인지변'의 논리는 정치적으로 어떤 함의를 갖는 것이었나?

사화의 정치적 격돌이 연속되는 과정에서 사림세력이 일관해서 정치적 무기로 사용하게 된 '군자소인지변'의 논리는 송대에 구양수(歐陽脩)와 주자(朱子)가 당시의 정파정치 현상과 관련해서 제기한 이른바 '군자유붕론'(君子有朋論)과 '인군위당설'(引君爲黨說)에 전거를 둔 것이었다. 구양수는 붕당을 구분하여 공도의 실현을 주로 추구하는 '군자의 당'과 사리사욕을 탐하는 '소인의 당'으로 대별, 전자를 '진붕'(眞朋), 후자를 '위붕'(僞朋)이라 규정했는데, 그는 이러한 분별을 바탕으로 "군왕이 진붕의 승세를 유지한다면 정치가 저절로 이끌어질 수 있다"고 주장하였다(『宋史』, 권 319, 열전 제18 <구양수조>). 그리고 주자 역시 구양수의 이러한 군자유붕론에 입각하여 "붕당이 있는 것을 염려할 것이 아니라 그 붕당이 '군자의 당'이라면 승상도 그 당에 들기를 주저하지 말아야 하며, 나아가 군왕도 그 당이 되게끔 승상이 이끌어야 한다"는 이른바 '인군위당설'을 제기한 바 있다(『주자대전』, 권28, <與留丞相書>).8) 사림세력에 의한 '군자소인지변'의 논리는 바로 이와 같은 구양수·주자의 붕당론에 근거를 둔 것이었다. 따라서 사림세력이 이러한 논리를 내세우게 된 것은 그들의 주장이 공도의 실현에 목적을 두고 있는 것인 만큼 이념적으로 정당하며, 이러한 이념적 정당성에 기반을 둔 그들의 집단적인 정치활동은 '불충'이 아니라 오히려 추장되어야 할 '합도학적 활동'임을 공식화하려는 것이었다고 할 수 있다.

그러나 이에 대응하는 훈척세력의 입장은 전거부터 상이하였다. 그들이 비판적인 사림세력을 구축하기 위해 기화의 구실로 삼은 것은 이른바 『대명률』(大明律)의 <간당조>(奸黨條)9)에 근거를 둔 것으로서, 그것은 신료들 임의로 '작당'하는 행위는 그 자체를 '불충'으로 규정하여 죄악시하는 전통적 붕당관을 적용한 것이었다. 『경국대전』에 의하면 이른바 '용대명률'(用大明律)이라 하여 형률(刑律)의 운용에 대명률을 준용할 것을 규정하고 있거니와, 훈척세력은 사림세력의 집단적인 정치활동을 구축하기 위한 방편으로 이러한 '붕당불충론'을 원용하게 되었던 것이다.

---

8) 구양수·주자의 붕당론과의 관련에서 조선조 사례를 분석적으로 고찰하고 있는 연구로는 정만조(1989b, 86-91) 참조.

9) 『大明律』, 吏律, <奸黨條>에서 규정하고 있는 '붕당불충론'의 근거는 다음과 같다. "在朝官員 交結朋黨 紊亂朝政者 皆斬 妻子爲奴 財産入官."

이상 '군자소인지변'의 논리가 유교정치 개혁론과의 관련에서 갖는 정치적 함의를 개략적으로 살펴보았거니와, 그것은 곧 붕당정치를 왕정 운영방식으로 공식화하는 데 궁극적인 지향을 둔 것이었다고 할 수 있다. 그러나 여기서 각별히 유의될 필요가 있는 것은 사림세력의 정치적 부상과 더불어 구사되기 시작한 '군자소인지변'의 논리가 처음부터 붕당정치에 공식적인 지향을 두고 있었던 것은 아니라는 점이다. 성종대에 이 논리가 김종직 일파에 의해 처음으로 구사되기 시작하였지만, 이때는 훈척세력의 불법·비리와 권귀적 행태를 논박하는 논리적 근거로서 한정된 의미밖에 없었으며, 그 후 연산군대의 양대 사화를 거쳐 중종대에 이르러 조광조 일파에 의해 다시 구사된 이 논리는 이른바 '진군자·퇴소인'(進君子·退小人)이라는 용인책(用人策)의 근거로서 붕당정치론에 근접하는 양상을 보여주고 있었을 뿐, 그때만 하더라도 붕당으로 지목되는 혐의를 회피하려는 경향이 지배적이었기 때문에 역시 붕당정치를 공식화하려는 것과는 상당한 거리가 있었다. 요컨대 부정적 붕당관이 지배적이던 당시의 정치문화적 상황 속에서 붕당정치가 공식화되는 데는 상당한 회임기간이 요구되었다. 여기서는 바로 이러한 맥락에 유의하여 사화기 붕당관의 변용 양상을 좀 더 구체적으로 살피기로 한다.

왕정 운영방식과의 관련에서 군자유붕론의 관점이 처음 제기되기 시작한 것은, 위에서도 잠시 언급되었듯이 중종대부터라고 할 수 있다. 중종대에 조광조 일파를 비롯한 사림세력이 다시 정계에 진출하여 훈척세력의 탄핵을 추진하는 한편 자파의 세력기반을 확충하기 위하여 전래의 '군자소인지변'의 논리를 제기하였던 것인데, 여기서는 그 주지가 이른바 '진군자·퇴소인'의 용인책에 있었다. 예컨대 그들은 군왕의 임무가 군자와 소인을 변별하는 데 있다고 전제하고, 군자를 순용(純用)하지 못하고 동수병용(同收並用)하는 경우에는 사정(邪正)이 서로 섞이고 충언·참설이 함께 분분하여 소인이 발호하도록 함으로써 나라를 난망케 할 것이라는 논지를 제기하였다(『중종실록』 권30, 중종 12년 10월 을축조: <홍문관부제학 김정 등의 상소>).

그러나 이와 같은 사림계 관료들의 주장은 반정공신을 비롯한 거개의 관리들에게 민감한 반발을 일으키게 되었다. 그들은 우선 사림세력이 내세우는 '군자·소인'의 변별 기준이 어느 한편의 주관적 판단에 기초를 두고 있는 만큼 공정하지 못하다고 비판하면서 이른바 "자기와 같은 자는 선인(善人)이요 자기와 다른 자는 악인(惡人)인가?"(수원부사 이성언의 주장)라는 논지를 내세워 조광조 일파를 붕당으로 지목하려는 의도를 보여주게 되었다.10)

사태가 이와 같이 전개되자, 사림계 관료들은 이에 대비하는 보다 적극적인 대응논리를 강구할 필요성을 느끼게 되었다. 그들에게는 우선 훈척세력이 의도하는 '붕당혐의'(朋黨嫌疑)에서 벗어나는 일이 시급히 요구되었고, 나아가 스스로 자임하는 군자집단으로서의 정치적 정당성을 확보하여 그들의 입지를 옹호하는 일이

---

10) 이와 같은 논지는 뒤에 조광조 일파 축출 시에 핵심적 죄목으로 원용되었다.

절실한 과제로 제기되었다. 그리하여 조광조 일파는 바로 이러한 필요에 부응하기 위하여 이른바 "소인이 군자를 모함하려고 할 때는 반드시 붕당 운운한다"는 논리를 제기하면서 구양수의 진붕론과 유사한 군자유붕론의 논리를 전개하게 되었다.11) 그리고 이러한 논리의 연장선상에서 중종 13년 조광조 자신이 "군자와 군자는 도(道)를 같이하며 붕(朋)을 이룬다"고 전제하고, 군자의 결합인 '붕'(朋)이 사리를 도모하는 소인의 결합을 나타내는 '당'(黨)과 구별할 필요가 있다는 주장(『중종실록』 권32, 중종 13년 2월 신미조)을 내세워 구양수의 군자유붕론을 공식적으로 제기하게 되었다.

2) 당쟁기 도학적 정치문화의 변용 양상과 그 정치사상사적 함의

신유학에서 중요시하는 공도의 실현을 소임으로 자처하는 재야사림이 연속된 사화의 파란을 겪으면서 이념집단으로 결속되어 훈척세력에 필적하는 정치세력으로 성장하게 되었음은 앞에서 살펴보았다. 이들이 결속된 정치세력으로서 중앙의 왕정에 주도적으로 참여하게 된 것은 역사적으로 중요한 의미를 갖는 것이었다. 조선조 개창 이래 상당한 기간 동안 참여를 거부하던 신유

---

11) 예컨대 당시 사림계 관료로 출사하고 있던 참찬관 윤세호(尹世豪)는 한 경연석상에서 주자·정자까지 붕당으로 지목되었던 역사적 사례를 거론하면서 소인배가 군자를 모함할 때 상투적으로 구사하는 '붕당 혐의'에 유의할 것을 중종에게 환기시킨 바 있다. 『중종실록』 권27, 중종 12년 2월 기사조 참조.

학 정통세력이 왕정에 직접 참여하게 되었다는 사실 이외에, 이를 계기로 왕정 운영과 관련된 모든 정치과정이 도학화되는 양상을 보여주게 되었으며, 이에 수반하여 그들이 근거지로 삼고 있던 향촌사회에 이르기까지 도학적인 질서로 개편되었기 때문이다. 따라서 사림정치가 본격적으로 개시되는 선조대부터는 왕정 운영양상 역시 여러 면에서 전시대와 구별되는 독특한 양상을 보여주게 마련이었다.

사림정치에서는 무엇보다도 도학적 명분을 확보하는 일이 중요한 과제였다. 사화기에 훈척세력을 비판하는 무기가 되었던 이른바 '군자소인지변'의 논리도 따지고 보면 도학의 중심명제인 '의리지변'(義理之辨)을 인격적 양상에 적용한 것에 지나지 않는 것이었다. 따라서 의리(義理)를 존숭하고 이욕(利慾)을 천시하는 것은 도학정치의 생리로서 그 존재의의에 해당하는 것이었다. 그러나 여기서 다시 유의할 필요가 있는 것은, 사림이 의리존숭(義理尊崇)의 가치정향을 기본노선으로 견지하고 있다고 해서 그들이 현실의 정치과정에서 언제나 이해관심으로부터 초연할 수 있는 것은 아니라는 점이다. 사림세력도 현실의 정치과정에서 주도권을 확보하기 위한 경쟁을 벌이는 경우에는, 예컨대 군왕을 자기 편에 끌어들이기 위한 이른바 '회천'(回天) 경쟁에 집착하거나 또는 자파의 권력신장 문제와 직결되는 인사권이나 언로 장악에 실로 비상한 관심을 경주하게 마련이었다. 그럼에도 불구하고 이들에게 있어서는 그와 같은 현실정치의 이해관심이 언제나 의리의 실천이라는 도학적 명분과의 연관 속에서만 정치적으로 쟁점화되는 독특한 양상을 보여주게 되었다.

이상에서 선조대 이후의 왕정 운영에서 보여주게 된 특징적 양상에 대해 살펴보았거니와, 그것은 요컨대 정치과정의 도학화라는 사림정치의 기본적 지향을 반영한 것이었다. 사림정치에서는 의리의 실천이라는 도학적 가치정향이 중요시되었으므로 현실정치의 이해관계를 매개로 치열하게 주도권경쟁을 전개하는 경우에도 도학적 명분을 확보하는 일이 언제나 초미의 과제였다. 따라서 그 과정에서 야기되는 정파 간의 연속적 분열현상이란 따지고 보면 그러한 명분론적 입장의 차이를 나타내는 학연(學緣)에 따른 분파로서, 신유학의 양대 산맥에 해당하는 퇴계학파와 율곡학파의 정치적 분파 양상은 그 대표적인 예가 될 것이다.12) 그리하여 학연에 따른 이러한 분파 양상이 때로는 격렬한 대립관계로 발전하여 정국을 경색시키거나 파국으로 몰아가는 경우가 없었던 것은 아니지만, 붕당정치 본연의 생리인 상호비판의 공존적 원리를 부정하는 경우는 극히 특수한 사례에 국한되었다.13) 이러한 왕정 운영방

---

12) 16세기를 거치는 동안 성리학이 융성하여 당시의 사림사회에 주리·주기의 인식론적 분화 양상이 제기되었음은 주지의 사실이다. 이러한 인식론적 입장의 차이는 곧 현실의 세계관·정치관의 차이로 나타나게 되었다. 그리하여 예컨대 퇴계학파의 주리론적 입장에서는 정치주체의 내면적 도덕성을 강조하여 수기의 실천에 우선적인 역점을 두어 현실정치에서 이탈하려는 경향을 보였고, 율곡학파의 주기론적 입장에서는 객관적 상황을 중시하여 수기와 더불어 치인을 강조하는 경세론적 입장을 견지, 현실정치에 임하는 기본자세에서 서로 뚜렷한 대조를 보여주었다. 강광식(1992, 21) 참조.
13) 예외적인 특수사례로서 '정여립사건' 연루자에 대한 옥사(모역 혐의)

식은 구양수의 '군자유붕론'과 주자의 '인군위당설'에 이념적 준거를 둔 붕당정치의 원리에 입각한 것으로서, 그것은 기본적으로 도학적 가치정향을 공유하고 있는 정파 간의 공존과 상호비판을 중심적 정치과정으로 공인한다는 인식을 나타낸 것이다.

여기서 다시 주목되는 것은, 붕당정치가 지배적인 정치과정으로 공인됨에 따라 왕정에 대한 인식도 이전 시대와 달라졌다는 점이다. 사화기까지만 하더라도 관료제적 왕정체제의 운영이 기본적으로 군왕에게서만 비롯되는 것으로 신봉되어 재상에 의한 인정보필(仁政輔弼)의 비중조차 자주 거부되는 경우가 잔존하는 형세였지만, 붕당이 정상시되고 공도의 구현을 위한 도학정치가 지배적인 정치과정으로 정착됨에 따라 신료집단의 역할비중이 상대적으로 높아지게 되었다. 인정을 베푸는 주체가 군왕임은 부정되지 않았지만, 정치의 중심이 되는 군왕에게도 도학적 '수기치인론'에 입각한 수기의 실천이 보다 강력하게 요구되었으며, 사림에 의해 집약되는 공론의 중시가 치평(治平)의 전제조건으로서 요구되었다.14) 이러한 요구가 전시대에도 없었던 것은 아니지만 제

나 인조반정 시 대북세력의 제거(패륜행위 응징) 등에서 보면 극단적인 보복행위를 나타내는 붕당정치가 성숙되기 이전 단계의 초기적 한계를 나타내고 있다. 강광식(2009, 117) 참조.

14) 이러한 요구는 율곡의 붕당 관련 상소문에서 다음과 같이 함축되고 있다. "사림이란 나라의 원기이다. 사림이 성하여 화합하면 나라가 잘 다스려지고, 사림이 격하여 나뉘면 그 나라가 어지러워지며, 사림이 패하여 없어지면 그 나라는 망한다."『율곡전서』권7, 疏箚 <辭大司諫兼洗滌東西疏>; "공론이란 나라의 원기이니 공론이 조정에 있으면 그 나라

도적으로나 이념적으로 훨씬 구체화되고 강조되는 차이를 보여주게 되었다. 이러한 변화는 이황·이이의 단계에서 정치 운용의 지침서를 군왕에게 제시하는 형태로까지 발전하게 되었다. 『성학십도』(聖學十道)와 『성학집요』(聖學輯要)는 바로 이러한 형세 하에서 찬진된 것이었다.

이상에서 공도의 실현을 소임으로 자처하는 사림세력이 현실 정치의 주도권을 장악하게 됨에 따라 이른바 '군신공치주의'(君臣共治主義)라는 도학적 왕정 운영방식이 정착되게 된 배경을 살펴 보았다. 그러나 여기서 다시 주목될 필요가 있는 것은 그러한 과정이 처음부터 순탄하게 발전적인 방향으로만 전개된 것은 아니라는 점이다. 붕당정치 현상에 대한 인식만 하더라도 사림 득세 이후 상당한 기간 긍정·부정의 양론이 혼재하는 갈등 양상을 보여주게 되었으며, 그리고 붕당정치가 공인된 정치과정으로 정착을 보게 된 이후에는 경쟁적 정파 간의 대립관계가 경직화되는 극도의 난맥상을 자주 보여주게 됨에 따라 그 구체적 운용 방식을 둘러싸고 다양한 쟁론이 제기되었기 때문이다. 이러한 맥락에서 이하에서는 사림정치의 실제적 전개과정에서 보여주게 된 특징적 변용 양상을 구체적으로 살펴보기로 한다.15)

가 다스려지고, 공론이 여항에 있으면 그 나라가 어지러워지며, 만약 위아래 어디에도 공론이 없으면 그 나라가 망한다." 「율곡전서」 권7, 疏箚 <代白參贊仁傑疏>.

15) 붕당 관련 논의의 역사적 전개과정에 대해서는 정만조 교수의 다음과 같은 논문에서 상세하게 다뤄지고 있으므로, 각 시기별 주요 논의점의

선조대 이후 사림정치의 실제적 전개과정에서 현실문제로 제기된 새로운 왕정 운영방식으로서 붕당론은 다음 세 단계의 변용 양상을 보여주게 되었다. 붕당 긍정론이 정론으로 공식화되는 선조대 초기의 붕당론이 그 첫 번째 단계이며, 붕당정치가 초기의 미성숙 단계를 거쳐 인조대에 본격적으로 가동됨에 따라 그 구체적 운용 방식을 둘러싸고 현실문제로 제기된 이른바 조제·조정론(調劑·調停論) 중심의 붕당론이 두 번째 단계이며, 그리고 세 번째 단계는 17세기 말 예송(禮訟) 이후 붕당정치가 극도로 경직화됨에 따라 그것을 극복하기 위한 방안으로 제기된 숙종대 말 이래 영·정조대의 탕평론이다. 이하에서는 이를 차례로 살펴보기로 한다.

사림세력의 정치참여를 정당화하는 붕당론은 선조대 초기만 하더라도 정론으로 공식화되지 못하고 있었다. 그때까지만 하더라도 구신(舊臣)세력의 정치적 영향력이 상당한 수준으로 잔존하고 있었기 때문이다. 따라서 이러한 상황에서 제기된 영의정 이준경(李浚慶)의 붕당 관련 유소(遺疎)는 상당한 파문을 일으키게 되었다. 그의 유소 내용 자체는 이른바 '파붕당지사'(破朋黨之事)의 필요성을 강조한 것에 지나지 않지만(『선조수정실록』 권6, 선조 5년 7월 <이준경졸기>), 이에 대한 선조의 반응이 "만약 붕당이 있다면 조정은 어지러워진다"는 우려로 나타나게 됨에 따라(『선조실록』 권5, 선조 5년 7월 경인조) 그것은 또 다시 사화의 단서가 될 수 있다는 점에서

내용과 그 추이를 고찰하는 데서는 이를 주로 참조하였다. 정만조(1989, 79-129); 정만조(1992, 83-149) 참조.

사림계의 경각심을 크게 자극하게 되었고, 이를 계기로 삼사를 비롯한 재야 사림세력의 규탄 상소가 일제히 제기되었다. 이이(李珥)의 붕당소(朋黨疏)는 바로 이런 상황에서 제기된 것이었다.

이이의 붕당소는 붕당 현상 그 자체를 조정문란의 요인으로 보는 이준경의 붕당소에 대한 반론 형식으로 제기된 것으로서, 그것은 당시 사림사회의 입장을 대변하는 붕당 긍정론의 논지를 명쾌하게 제시한 것이었다. 즉 그의 붕당소에 의하면, 붕당이란 그 비판론자들이 생각하는 것처럼 조정을 문란하게 하는 요소가 아니라 뜻을 같이하는 군자들끼리 집단을 이루는 불가피한 현상으로서, 붕당 그 자체는 하등 죄악시될 필요가 없다는 것이며, 정작 중요한 것은 그 붕당이 '군자당'이냐 또는 '소인의 사당'이냐를 정확하게 변별하는 데 있다는 것이었다. 그리하여 그것이 "진실로 군자당이면 거기에 참여한 사람의 수가 많으면 많을수록 좋고, 소인의 사당이라면 한때도 용납할 수 없다"는 것이었다(『율곡전서』 권4, 소차 <논붕당소>; 『선조수정실록』 권6, 선조 5년 7월조). 요컨대 여기서 제기한 이이의 붕당론은 구양수와 주자의 붕당론에 근거를 둔 '군자소인지변' 위주의 붕당론으로서, 그것은 당시 이준경을 비롯한 구신세력의 사당 지목으로부터 사림세력을 보호하기 위한 붕당 긍정론이었다. 그리하여 이와 같은 그의 붕당론은 선조 8년에 『성학집요』의 <논군자소인>(論君子小人) 항목에서 보다 정리된 형태로 제시한 붕당론과 더불어 동·서 분당기의 붕당관을 대표하는 이론적 지주 역할을 담당하였다.

그런데 여기서 다시 주목되는 것은 선조 8년에 제시한 이이의 붕당론이 구양수·주자의 '군자소인지변'론에 따라 군자당의 정당성을 강조하고 있는 점에서는 선조 5년의 붕당소의 내용과 별다른 차이가 없는 것 같지만, 논리 전개의 기본적 지향에서는 당시의 시국 변화를 반영하여 단순한 붕당 긍정론을 넘어서는 적극적인 평가를 시도하고 있었다는 점이다. 즉 그는 『성학집요』에서 이른바 "당이 날로 성하여 군왕이 날로 성하면 나라가 날로 평안해진다"(黨益盛而君益盛 國益安)라는 보다 적극적인 논리를 전개함으로써 '군자당'과 '소인당'의 엄격한 변별을 전제로 붕당정치의 공식화를 촉구하는 주장을 펼치게 되었다. 이러한 사정은 사림계 인사가 삼사에 포진하여 언로를 공식적으로 장악하고 있었을 뿐 아니라 그들의 지지를 받는 박순(朴淳)·노수신(盧守愼) 등의 사림계 인물이 좌·우상의 자리를 점하게 됨으로써 정국의 주도권이 총체적으로 그들의 수중에 놓이게 된 정치상황의 변화를 반영하는 것이었다. 따라서 이 무렵부터 조선 사대부의 붕당관은 종래의 '사당(私黨)=죄목(罪目)'의 부정적 시각에서 벗어나 긍정적 인식의 방향으로 공식화되게 되었다고 할 수 있다.

그러나 이와 같은 '군자소인지변' 위주의 단순한 붕당관은 그 후 동·서 분당이라는 현실적인 상황에 구체적으로 적용될 수 있는 새로운 붕당론의 출현이 요청되게 되었다. 조제보합론(調劑保合論)으로 지칭되기도 하는 이이의 새로운 붕당론[16]은 바로 이러

---

16) 상세한 내용은, 『율곡전서』 권7, 소차 <대사간겸진세척동서소>; 『선조수정실록』 권13, 선조 12년 4월조 참조

한 상황에서 제기된 것이었다.

동·서 분당 이후 새로이 제시된 이이의 붕당론은 이른바 '타파동서·보합사류'(打破東西·保合士類)라는 기본적 지향을 내포하고 있었다. 그것은 구체적으로 동·서 간의 대립관계가 악화되어 선조 11년에는 이른바 '삼윤사'(三尹事)17)를 계기로 동서시비(東西是非)를 국시화(國是化)하려는 막다른 상황에 이르게 되었을 때 그 해소방안의 일환으로 제시한 것이었다. 따라서 그것은 당시 정파의 성격상 '군자소인지변'의 논리를 그대로 적용하는 데는 한계가 있었다. 당시 동인과 서인 사이에는 상대 세력을 소인으로 지목하는 명분론적 쟁론이 전개되고 있었지만, 이이의 견해로는 동인과 서인 모두 '사류'(군자집단)이므로 여기에 '군자붕·소인당'의 이분법적 흑백사정(黑白邪正)의 논리는 적용될 수 없고, 다만 개인적 차원의 시비명변(是非明辯)이 있을 뿐이라는 것이었다. 그리하여 그는 동·서 양대 정파가 일붕(一朋)이라는 기본적 전제 하에 그것을 실현하기 위한 구체적인 방법론으로서 이른바 양시양비론(兩是兩非論)과 조제수용론(調劑收用論)을 내세우게 되었다. 즉 동서명목(東西名目)의 기초가 된 심의겸(沈義謙)·김효원(金孝元) 간의 시비는 어디까지나 사사로운 시비에 지나지 않는 만큼 '양시양비'의 선에서 마무리하는 것이 사림의 분열을 막기 위해 바람직하며, 또한 막중한 국사와 민생문제의 해결을 위해서는 당

---

17) 동인계의 김성일(金誠一)·허엽(許曄)이 서인계의 중진 윤두수(尹斗壽)·윤근수(尹根壽)·윤현(尹鉉)이 지방관으로부터 뇌물을 받았다는 혐의를 걸어 탄핵한 일을 지칭한다.

론 위주의 인사정책보다는 당색에 구애되지 않는 조용책(調用策)이 바람직한바, 여기서는 서인 계열의 인재를 진용함은 물론 득세한 동인 계열에서도 과격론자나 '부회자'(附會者)라면 마땅히 배격되어야 한다는 것이었다.

이와 같은 이이의 붕당론은 이후의 붕당정치 과정에서 중요하게 원용되는 이정표 역할을 수행하게 되었지만, 세부적으로는 몇 가지 측면에서 한동안 논란과 왜곡의 대상이 되었다. 그 중에서도 특히 그의 '양시양비론'은 '시비명변'을 본령으로 여기던 당시 사림의 기본적 가치정향에서 일탈하는 것이었기 때문에, 당색과는 별도로 논란의 대상으로 지목되게 마련이었다. 예컨대 동인 계열에 속해 있으면서도 당시 비교적 객관적 입장을 견지하였던 김우옹의 경우에서 보면, 사림의 불화를 해소하여 조정을 안정시키기 위한 필요에서 동·서 시비에 '군자소인지변'의 논리를 일률적으로 적용하는 것이 바람직하지 않다는 점에서는 이이의 견해가 타당한 것으로 수긍할 수 있지만, 시비명변이 전제되지 않은 그의 조제론은 오히려 정국의 불안과 정치의 문란을 초래할 위험이 크다고 지적하고 있는 것을 볼 수 있다. 요컨대 김우옹의 주장은 동·서 시비를 '군자소인지변'으로 확대 적용하여 서인의 명목 자체를 소멸시키려는 기도는 바람직하지 못하지만, 그렇다고 하여 시비명변을 무시한 조제는 있을 수 없다는 것이었다(『동강선생문집』 권7, <玉堂論朋黨疎>).

위에서 보았듯이 동·서 분당 이후의 정치과정에서 안출되게 된 선조대의 붕당론은 '군자소인론' 내지 '시비명변론'을 이념적 준거로 하되 그 실제 적용 면에서는 이른바 '조제론'과 '조용론'으로 대별되는 기본 골격을 보여주었다. 이러한 기본 골격은 이후의 정치과정에서도 대체로 전승되었지만, 정치상황이나 특히 경쟁적 붕당 간의 쟁패 양상 여하에 따라 시기별로 다양한 변용을 보여주게 되었다. 예컨대 붕당정치가 순조롭게 전개되어 붕당 간 쟁패 양상이 상호비판의 공존적 지향을 보여주고 있을 때는 대체로 '조제론'의 적용이 우세하였고, 이에 반하여 붕당 쟁패 양상이 경직화되어 극도의 난맥상을 보여주게 됨으로써 군왕의 조정이 절실하게 요구되는 경우나 또는 군왕 자신이 왕권 강화책의 일환으로 붕당 타파의 지향을 강하게 보여주는 경우에는 '조정론'이 상대적으로 득세하는 경향을 나타내게 되었다. 따라서 극단적인 특수한 경우를 제외한다면 각 시대의 지배적인 붕당관은 대체로 '조제론'과 '조정론' 사이를 왕래하는 일종의 주기적 변용 양상을 보여주게 되었다고 할 수 있다.

그런데 여기서 특별히 주목되는 것은 극단적인 붕당관이 현실 정치를 지배하는 경우이다. 그 경우에는 붕당정치 그 자체를 파탄시키거나 소멸시키는 결과를 가져오게 된다는 점에서 양 극단이 서로 상통한다는 사실이다. 예컨대 효종(孝宗) 말에서 현종(顯宗)대의 이른바 예송정국에서 보여주듯이 산림(山林)을 대표하는 거유(巨儒) 집단이 대거 왕정에 참여하여 이념적 순수성을 표방, 군자소인론적인 붕당관에 집착하는 양상을 나타내게 되었을 때 붕당정치는 결국 경직화되는 운명을 보여주게 되었다. 그리고 또 다른 극단적인 사례는 숙종(肅宗)대의 환국(換局)정치를 거쳐 영·

정조(英·正祖)대에 정착을 보게 되는 이른바 탕평(蕩平)정국을 들 수 있거니와, 이처럼 탕평론이 현실의 정치과정을 지배하게 되는 경우에는 간헐적으로 제기되는 '조제론'이나 '조정론'이라는 것도 임시방편에 지나지 않으며, 종국적으로는 붕당정치의 제도적 기반에 해당하는 경연제도나 삼사제도를 총체적으로 무기력화시키는 결과를 가져오게 되었다.

이상에서 붕당정치로 지칭되는 왕정 운영의 도학화 과정과 그 변용 양상을 개관하여 보았다. 여기서는 이러한 맥락에 유의하여 각 시대의 특징적 변용 양상을 거시적 관점에서 정리해 보기로 하면 다음과 같다.

붕당정치의 개막과 더불어 선조대에 활발하게 전개되었던 붕당론은 광해군(光海君)대에는 군왕 자신의 조정책과 대북정권의 독주 속에 총체적으로 침체상을 보여주었다. 그러던 것이 인조반정과 더불어 붕당정치가 다시 본격적으로 전개됨에 따라 붕당론은 특히 집권 서인세력에 의한 남·소북계 조용문제와의 관련에서 활발하게 전개되기 시작하였다. 따라서 서인이 집권하던 효종대와 현종대에 이르기까지는 이러한 조용론의 테두리 안에서 '조제론'과 '조정론' 사이를 왕래하는 붕당관이 현실정치 과정을 주도하는 양상을 보여주게 되었다. 그러나 왕정 운영에 참여하는 정치주체들의 구체적인 붕당관에 있어서는 주장에 따라 다양한 차이를 보여주고 있었음을 주목할 필요가 있다.

인조(仁祖)대 이후 서인정권 하에서의 붕당 운영관은 특히 남인의 조용문제를 두고 군왕과 일반관료 및 산림계 사류들 간에 일정한 차이를 나타내고 있었다. 남인의 조용을 지지하던 군왕과 그 주변의 관료층은 대체로 이이의 조제론적 붕당관을 선호하는 양상을 보여주었던 데 반하여, 산림계를 대표하는 인사들은 도학적 명분을 내세워 조용 그 자체를 반대하면서 '군자소인론'에 집착하는 양상을 보였다. 그러나 군왕과 일반관료층이 조용론을 선호하였다고 해서 동일한 붕당관을 가지고 있었던 것은 아니다. 우선 양자 간에는 붕당정치 그 자체에 대한 기본적 인식에서 차이를 보였다. 일반관료층은 붕당정치의 존재를 인정하는 바탕 위에서 다만 그 현실적 폐단을 해소하기 위한 필요에서 조용론을 선호하는 입장을 취했지만, 군왕은 기본적으로 붕당이 <대명률 간당조>에 보이는 사당(私黨)이라는 인식에서 조용의 필요성을 강조했던 것이다. 따라서 군왕과 관료층 간에는 조용의 구체적인 방법에서도 상당한 차이를 보이게 마련이었다.

이상에서 인조대에서 현종대에 이르기까지 붕당 운영관의 변용 양상에 대해서 살펴보았거니와, 그것은 대체로 '조제론'이 우세한 양상을 보였다고 할 수 있다. 그러나 효종대에 북벌정책과의 관련에서 산림계 사류의 진출이 현저해지고 또 현종대 예송을 계기로 남인이 득세하여 서인의 위기감이 고조되면서 산림계를 대표하던 송시열(宋時烈)을 중심으로 '군자소인론'이 유력하게 대두되게 되었다.[18] 그리하여 숙종대에 이르러서는 군왕에 의한 환국

---

18) 송시열의 시비명변적 군자소인론은 평생의 정치활동을 관통하는 지침으로서, 서인 내부에서는 공신계에 대한 산림계의 비판과 공격을 정당화시켜 주는 논리였고, 후대 그 문인들이 주축이 된 노론 세력의 정치활

(換局)정치의 와중에서 서·남인 사이의 공격과 보복이 연속되면서 자파의 이념적 순수성을 강조하는 '군자소인론'이 현실의 정치과정 전반을 지배하는 양상을 보이게 되었다.

그러나 여기서 다시 주목되는 것은 숙종대 환국정치가 거듭되는 과정에서 '군자소인론'의 성행을 가져왔지만, 다른 한편으로 당폐의 완화와 정국 경색의 해소를 위한 노력의 일환으로 '조제론'이 다시 전개되었고, 그 연장선상에서 박세채(朴世采)의 이른바 황극탕평론(皇極蕩平論)이 제기되었다는 점이다.[19] 붕당론과의 관련에서 이 시기에 탕평론이 제기되었다는 것은 이후의 정치과정에 미친 실제적 영향에 비추어 매우 중요한 의미를 갖는 것이었다.

박세채의 황극탕평론은 다음 몇 가지 관점에서 왕정 운영방식의 변용에 중요한 전환을 예고하는 것이었다. 첫째, 그것은 이이의 조제론적 붕당론에서 기본적 논지의 단서를 잡고 있지만, 주자의 '인군위당설'에 대한 비판적 시각을 골격으로 삼고 있다는 점이다. 다음으로 그것은 당폐의 완화와 정국 경색의 해소를 위한 구체적 방법으로서 조용책을 적용함에 있어 군왕의 용사출척권(用捨黜陟權)과 시비판정권(是非判定權)을 붕당의 공론보다 우위에 둘 것을 강조하고 있다는 점이다. 요컨대 그것은 단순한 '조정

동에 이론적 무기가 되었다.『송자대전』권27, 서 <상백강 이강국> 참조
[19] 그는 숙종 9·14·20 세 차례에 걸쳐 당시 정치의 구제책으로서 황극탕평론을 제기하였다. 탕평론의 전개과정과 주요 논지에 대한 상세한 논의는 박광용(1985, 289-377) 참조.

론'을 넘어 군왕 자신이 '시비명변'과 '용사출척'의 전권을 행사해야 한다는 것을 기본 논지로 삼고 있는 것이다. 그리고 이러한 논지는 그 후 영조대를 거치는 동안 탕평정책으로 정착되어 당시로서는 당쟁의 폐해를 해소하는 데 중요한 기여를 하게 되었지만, 이는 붕당정치의 존립기반 그 자체를 소멸시키는 역할을 담당하게 되었다.[20]

영조대에 정착을 보게 된 탕평책은 그 후 정조대로 계승되어 더욱 강화되었다. 이 과정에서 경연제도와 삼사제도가 폐지되거나 무력화되어 붕당정치가 전개될 수 있는 유력한 제도적 기반이 소멸됨으로써 이후에는 붕당 간 상호 비판과 견제를 통한 붕당정치의 생리적 기능은 전적으로 군왕의 개인적 자질에 의존할 수밖에 없는 지경에 이르게 되었다. 척족 세도정치(戚族 勢道政治)가 대두는 바로 이러한 사태 전개의 귀결로서 야기된 것이었다.

4. 맺는말

조선조의 개창을 주도한 신흥사대부는 신유학이라는 혁신적 유교이념에 따라 강렬한 유교국가화 지향을 가지고 있었다. 따라

---

[20] 영조대 탕평책의 전개과정과 주요 논점에 대한 상세한 고찰은, 정만조(1985, 23-88) 참조.

서 당초부터 당우삼대(唐虞三代)의 이상사회 실현을 목표로 세도(世道)의 분화가 전제된 유교적 왕정체제로서의 기본적 지향을 가지고 있었다. 그러나 그런 지향을 구체화하는 데는 상당한 회임기간이 소요되었다. 무엇보다도 그것을 뒷받침할 주도세력의 사상적 성숙과 사회·정치적 성장을 기다려야 했기 때문이다.

여말 절의파의 학맥을 계승한 정통세력이 조선조 초기의 왕정 운영에서 상당한 기간 소외되었음은 주지의 사실이다. 이들이 지적 이해체계를 심화하여 사상적으로 성숙되기까지에는 영남·기호 양대 사학(私學)의 진흥을 기다려야 했다. 그리고 그들이 사림이라는 이념집단으로 결속되어 왕정 운영을 주도하는 정치세력으로 성장하기까지에는 4대 사화(士禍)와 같은 우여곡절을 거쳐야 했다. 그리하여 요컨대 유교 이념집단인 사림세력이 왕정 운영을 주도하는 지배세력으로 대두하게 됨에 따라 조선조는 비로소 유교정치 체제로서의 실제적 면모를 갖추게 되었다. 이런 맥락에서 볼 때, 사림이라는 이념집단의 역사적 존재양상과 그 위상은 조선조 왕정체제의 성격과 그 지배구조의 성향을 규정하는 핵심적 요인이었다고 할 수 있다.

먼저 조선조 초기에는 이른바 사족의 신분으로서 개별적으로 왕정에 참여하는 양상을 보여주고 있었던 만큼, 그들의 성향은 대체로 권력 지향적 양상을 보여주게 마련이었다. 세조~성종년간의 연속된 공신책봉 과정에서 보여주듯이 그 동안 양산된 훈신세력과 척리세력이 누적됨으로써 이러한 양상은 더욱 심화되었음을 보여주게 되었다. 따라서 이 시기에는 왕정체제 역시 그러한 상황적 여건을 반영하여 합유교적 왕정체제에서 다소간 일탈되는 사례를 자주 보여주게 되었다.

다음으로 훈척세력의 발호가 극심하게 드러나게 된 성종대에는 이들의 불법·비리를 비판하는 대항세력으로서 사림이 이념집단으로 결속되기 시작하여 그들을 대표하는 사류가 왕정에 참여하여 주로 언론삼사에 포진하게 되었다. 이 과정에서 이들 양대 세력이 충돌하여 사화가 발생하게 되었다. 그러나 사림세력은 4대 사화의 연속된 박해를 받는 과정에서 역설적으로 정치세력으로 더욱 결속되어 급기야는 왕정 운영을 주도하는 지배세력으로 부상하게 되었다. 따라서 이런 일련의 과정은 조선조 왕정체제가 합유교적 왕정체제로 체질을 조정하는 과정이었다고 할 수 있다.

세 번째로 선조대 이후에는 사림세력이 사회·정치적 헤게모니를 장악하게 됨에 따라 왕정 운영이 그들의 주도로 전개되게 되었지만, 현실문제에 대처하는 구체적인 입장의 차이에 따라 그들 내부에서 분화 양상이 제기되어 급기야는 정치적 이해관계나 사문관계를 중심으로 다기한 분파 양상을 보여주었다. 그리고 그들은 분파별로 각기 다른 붕당을 형성, 자파의 종장(宗長: 山林)을 구심점으로 결속관계를 강화하는 한편으로 중앙에 진출한 '사신'(士臣)을 매개로 정치적 영향력을 행사함으로써 상호 비판·견제의 경합 양상을 보여주게 되었다. 그러나 이러한 붕당정치는 호란 이후의 북벌정책과 관련하여 산림의 거유가 직접 중앙정계에 출사하게 되면서부터 국면 전환을 보여주게 되었다. 이들의 직접적인 왕정 참여는 군왕에게는 물론 경합관계에 있는 다른 붕당에게도 심각한 부담을 주게 되어 마침내 붕당정치 전체가 경직화되는 결과를 가져오게 되었기 때문이다. 숙종에 의한 환국정치나 영·정조에 의한 탕평책은 이런 사정을 배경으로 제기된 것이었다. 그러나 이러한 일련의 조치는 당초부터 붕당 타파의 기본적 지향을 가지고 있었기 때문에 종국적으로는 다원적 정파의 공존을 불가능하게 하는 결과를 초래하게 되었다.

끝으로 붕당정치를 뒷받침하는 제도적 장치가 탕평책의 연속적인 전개과정에서 사실상 인멸되게 된 정조대 말기부터는 모든 지배권이 군왕의 신임을 독점하는 특정한 권신에게 집중되어 세도(勢道)정치를 초래하게 되었다. 이러한 세도는 군왕 자신에 의한 개별적 견제가 실효성을 나타내고 있는 한에서는 그 폐해가 크지 않았지만, 그렇지 못한 경우에는 회수 불능의 권귀적 속성에 따라 합유교적 성향에서 완전히 벗어나게 마련이었다. 그래서 조선조의 왕정체제는 이후 60여 년간 척족세도가 전개되는 과정에서 유교적 왕정체제로서의 기본적 속성을 상실하게 되었다.

유교적 왕정체제는 위정자인 군왕과 종정자인 신료가 세도(世道)를 분할하여 행사하는 것을 기본적 속성으로 하거니와, 조선조 말기의 척족세도에서는 군왕의 위정자적 역할까지도 척족이 전횡하는 양상을 보여주었다. 그리하여 여기서는 유교 이념집단인 사림과 산림은 물론 일반 백성들까지도 총체적으로 왕정에서 유리되는 불행한 결과를 초래하게 되었다.

< 참고문헌 >

강광식. 1992. "조선조 유교정치문화의 구조와 기능."『한국의 정치와 경제』 제1집. 성남: 한국정신문화연구원.

강광식. 1998. "체제정비·난숙기의 개혁사상: 성리학적 담론의 체제적 확산과 왕정운영의 도학화."『조선시대 개혁사상 연구: 정치적 담론분석을 중심으로』. 성남: 한국정신문화연구원.

강광식. 2009. "당쟁기 개혁운동의 특징적 전개과정과 그 정치사상사적 함의."『유교정치사상의 한국적 변용: 조선조 사례연구』. 서울: 백산서당.

김필동. 1989. "조선 전기 향약의 보급과 그 사회적 의미."『한국의 사회와 문화』제10집. 성남: 한국정신문화연구원.

박광용. 1985. "탕평론의 전개와 정국의 변화."『조선조 정치사의 재조명』. 서울: 범조사

이태진. 1983. "사림파의 향약보급운동."『한국문화』제4집.

전락희. 1998. "체제 개창기의 개혁사상: 여말·선초 성리학적 담론의 형성과 그 개혁사상적 함의," 강광식 외.『조선시대 개혁사상 연구: 정치적 담론분석을 중심으로』. 성남: 한국정신문화연구원. 13-69.

정만조. 1985. "영조대 초반의 정국과 탕평책의 추진." 이태진 편.『조선시대 정치사의 재조명』. 서울: 범조사.

정만조. 1989a. "조선조 서원의 정치사회적 역할."『한국사학』제10집. 성남: 한국정신문화연구원.

정만조. 1989b. "16세기 사림계 관료의 붕당론."『한국학논총』제12집. 서울: 국민대한국학연구소

정만조. 1992. "조선시대 붕당론의 전개와 그 성격."『조선후기 당쟁의 종합적 검토』. 성남: 한국정신문화연구원.

제2장
신유학사상과 조선조 붕당정치:
'왕정 운영의 도학화'를 지향한 사화와 당쟁의 정치문화적 배경

1. 문제의 제기

조선조는 신유학을 신봉하는 사족 중심의 역성혁명을 통해 개창되었다. 이러한 사실은 역사적으로 중요한 계기적 의미를 갖는 것이었다. 신유학사상의 도학이념이 새 왕조의 개창을 정당화하는 명분으로 원용되는 데 그치지 않고 그것이 정치질서는 물론 사회질서 전반을 재구성하는 지도원리로 원용되었으며, 그 연장선상에서 수기치인(修己治人)의 행도(行道)를 자임하는 유자(儒者) 집단이 사회·정치질서 전반을 주도하는 유교국가 체제의 역사적 출범을 보게 되었기 때문이다.

그러나 조선조 유교국가 체제가 그 이념적 지향에 나름대로 부응하는 체제 운영상의 면모를 갖추는 데는 상당한 회임기간이 소요되었음을 주목할 필요가 있다. 조선조가 이른바 경국대전(經國大典) 체제로 지칭되는 유교국가 체제로서의 법제적 기반을 갖추

는 데도 15세기 말 성종대에 이르기까지 상당한 기간이 소요되었으며, 특히 체제운영의 실제적 국면을 좌우하는 정치주체들의 정치문화에 있어서는 법제적 기반이 갖춰진 이후로도 상당한 기간이 경과한 뒤에야 도학적 정향으로 통합·정착되는 양상을 보여주게 되었기 때문이다. 유교국가 체제의 이념적 지표가 된 신유학이 관학으로서 권장되고 고양되기는 하였지만, 막상 그것이 정치주체인 유자들 간에 체제운영의 실천적 준거로서 자각적으로 수용·원용되기까지는 실제 정치과정상의 우여곡절을 겪어야 했기 때문이다. 여기서 말하는 우여곡절이란 15세기 중엽부터 16세기에 이르기까지 조선조의 정치과정을 격동 속에 몰아넣었던 일련의 사건, 즉 세조의 찬위(簒位)사건을 비롯한 4대 사화(士禍)를 지칭하거니와, 이러한 정치적 격돌을 겪는 과정에서 유자들은 집단적인 희생을 치르면서 군왕을 비롯한 정치주체의 자기규율 문제를 날카롭게 의식하게 되었으며, 그 결과로서 그들은 체제운영 전반의 문제를 신유학의 도학적 가치정향과의 관련에서 자각적으로 다루는 이른바 도학정치 문화의 기틀을 세우게 되었다.

그런데 여기서 다시 주목되는 것은, 신유학사상에 내재하는 도학적(道學的) 가치정향이 체제운영의 실제적 국면을 규정하는 지배적 정향으로 정착되는 과정에서 유자들이 집단적으로 정치에 참여하는 이른바 붕당(朋黨)정치 현상이 심각한 쟁점으로 부각되게 되었다는 점이다. 사대사화는 주지하듯이 도학이념 집단을 자처하는 사림세력이 정치적으로 부상하게 됨에 따라 기존의 훈척세력과 마찰을 빚게 된 데서 비롯된 조선조 초유의 정파정치에 해당하거니와, 여기서 사림세력이 사리(私利)를 탐하는 권귀적(權貴的) 성향의 집권 훈척(勳戚)세력을 비판하는 한편 자신들의 정치적 입지를 강화하기 위하여 구양수(歐陽脩)·주자(朱子)의 군자유붕론(君子有朋論)에 입각한 붕당정치의 당위성을 제기하였던 데 반하여, 훈척세력은 신료들 간의 붕당현상을 죄악시하는 전통적인 붕당관에 의거하여 사림세력을 탄압하는 기화(起禍)의 구실로 원용함으로써 양대 정파 간에 상호 대립적 붕당관의 갈등 양상을 보여주게 되었다. 그러나 사리의 배제와 공도(公道)의 실현이라는 도학정치의 이념적 정당성은 언제나 사림세력에게 있었으므로 연속된 피화의 희생을 치른 끝에 그들의 붕당관이 정론의 위치를 점하게 되었으며, 이에 수반하여 사림세력이 현실정치의 헤게모니를 장악하게 된 16세기 후반 선조대부터는 붕당정치가 체제운영의 중심적 정치과정으로 정착을 보게 되었다.

이 글은 조선조 유교정치 체제의 특징적 정치과정에 해당하는 붕당정치가 어떻게 정착을 보게 되었는지를 정파정치와의 관련에서 조명하는 데 목적을 두고 있다. 따라서 이 글에서는 군자유붕론을 골자로 하는 구양수·주자의 붕당론이 정파정치의 구체적 전개과정에서 어떻게 수용되고 또 변용되었는지를 살피는 데 주력하게 될 것이다.

그러면 여기서 말하는 구양수·주자의 붕당론이란 유교정치과정의 도학화 양상과의 관련에서 구체적으로 어떤 함의를 갖는 것인가?

붕당이란 군신관계로 집약되는 유교정치 과정에 신료가 집단적으로 정치에 참여하는 것을 전제로 하여 그 존재의의가 인정되는 정파정치의 특수한 존재양식이라고 할 수 있다. 유교정치의 전통적인 관점에서는 주지하듯이 정치의 기능이 군왕의 전관 사항이라는 인식이 지배적이었으므로 신료의 역할이란 위정자인 군왕을 보필하는 종정자로서의 단순한 의미밖에 없었다. 예컨대 중국의 경우 당대(唐代)까지만 하더라도 이러한 정치과정론이 지배적이었으므로 군왕관에 상응하는 신료관이란 따로 인정되기 어려운 형편이었고, 따라서 신료들 간의 붕당현상이란 그 자체가 불충으로 죄악시되게 마련이었다. 그러던 것이 송대(宋代)에 이르러 정(程)·주(朱)의 성리학(性理學)에 근거하여 도학정치가 창도됨에 따라 사리를 탐하는 신료들보다 공도를 실현하기 위해 노력하는 신료들의 역할이 유교정치의 이상을 실현하는 데 중요하다는 인식의 전환을 가져오게 되었고, 그 연장선상에서 공도의 실현을 자임하는 신료들의 집단인 붕당의 정치적 기능이 새로이 평가되는 계기를 이루게 되었다.

 조선조의 경우 신유학사상의 도학이념이 당초 체제창 건의 지도이념으로 설정되었지만, 막상 도학적 체제운영 방식이라 할 수 있는 붕당정치가 중심적 정치과정으로 공인되기까지는 앞서 살펴본 대로 상당한 우여곡절을 거쳐 나름대로의 정치사회화 과정을 겪어야 했다. 신왕조 벽두에 정도전을 비롯한 역성혁명 주도자들이 재상 중심의 관료정치에 의한 체제운영 방식을 강하게 선호함으로써 신료의 정치적 역할을 강조하는 경향을 보여주었지만, 그것은 어디까지나 신료의 개별적 역할을 중요시한 것에 지나지 않는 것이었다. 이러한 맥락에서 사화의 정치적 파란이 거듭되는 속에서 제기된 정파정치 현상과 거기서 제기된 붕당론은 매우 중요한 계기적 의미를 갖는 것이었다고 할 수 있다. 그것은 우선 조선조의 체제운영 방식이 관료제로부터 정파정치로 이행되지 않을 수 없게 되었다는 형태론적 측면에 있어서뿐 아니라, 현실로 제기된 정파정치 현상을 도학정치 이념과 어떻게 연계시켜 체제운영양식으로 정착시키느냐 하는 실천적인 과제에 직면하게 된 것을 뜻하기 때문이다. 그리고 여기에서 제기된 붕당에 대한 긍정·부정의 양론은 훈척세력과 사림세력으로 대별되는 양대 정파의 유교정치 과정론을 각기 대변하는 것이기도 하였지만, 그것은 동시에 조선조의 체제운영 양식이 붕당을 죄악시하던 전통적인 붕당관에서 벗어나 보다 도학이념에 밀착된 체제운영 양식으로서 공인된 붕당정치로 이행하는 과정을 나타낸, 말하자면 도학적 정파정치의 조선조적 변용 양상을 보여준 것이었다고 할 수 있다. 이 글에서는 바로 이러한 맥락에 유의하여 붕당관의 갈등·변용 양상에 주목함으로써 사화기 정치문화의 특징적 양상을 우선 조명해 보려고 한다.

사화기를 거치는 동안에 이루어지게 된 붕당에 대한 이러한 인식의 전환은 조선조 유교정치 체제의 운영 양상에 중요한 변화를 주게 되었다고 할 수 있다. 그것은 군신관계로 집약되는 유교정치 과정에 신료들의 집단적 정치참여를 공인하는 것에 그치지 않고, 이른바 공도의 실현을 소임으로 자처하는 사림집단이 붕당을 매개로 현실적 체제운영의 헤게모니를 장악하게 하는 결과를 가져오게 되었으며, 그 연장선상에서 군신공치주의(君臣共治主義)의 도학적 정치과정이 중심적 체제운영 양식으로 정착을 보게 되었다고 할 수 있다.

그러면 여기에서 사림집단은 구체적으로 어떤 방식으로 현실적 정치과정을 주도하였던가?

사림집단이 군왕과의 관계에서 실질적으로 정치적 주도권을 행사하게 된 계기는 다음 두 가지로 대별해 볼 수 있다. 그 하나는 개별적인 것으로, 경연(經筵)에서의 진강(進講)이나 3사(三司)의 언관활동에 의한 간쟁(諫諍), 그리고 재야에서의 개별적 상소 등을 통하여 군왕에게 치도(治道)를 밝히거나 군왕 자신의 자의적 행동을 규제하는 것이며, 다른 하나는 집단적인 방식으로 출사자(出仕者)와 재야사림이 붕당을 형성하여 이른바 당론(黨論) 형식의 공론(公論)을 일으킴으로써 군왕에게 집단적으로 영향력을 행사하는 것이다. 그런데 현실에 있어서는 경연관(經筵官)의 강론(講論)이나 언관의 간쟁(諫諍)과 같은 출사자의 개별적인 활동도 소속 붕당의 당론을 대변하는 경우가 허다하였다는 점에 비추어 보면 양자는 서로 불가분의 연관성을 가지고 있었다고 할 수 있다. 따라서 붕당정치가 중심적인 정치과정으로 정착되게 된 선조대 이후에 있어서는 공도의 실현을 소임으로 자처하는 사림집단의 공론형성 기능이야말로 나라의 치란(治亂)을 좌우하는 중요한 요소로 간주되게 마련이었으며, 사림집단은 붕당을 매개로 한 공론형성 기제를 원용하여 군왕을 능가하는 정치적 주도권을 행사하게 되었다고 할 수 있다.

그런데 여기서 다시 주목할 필요가 있는 것은, 이러한 공론형성 기능의 중요성 때문에 그것을 주도하는 문제를 둘러싸고 사림집단 상호간에 치열한 경쟁을 전개하게 되었다는 사실이다. 이러한 사정은 동·서 분당이 이루어지게 된 선조대 이후의 정치과정에서 여실히 제기된 바 있거니와, 이른바 당쟁기로 지칭되는 이 시기에 있어서 붕당을 매개로 한 사림집단 간의 쟁패 양상은 표면적으로는 의리론(義理論)이나 예론(禮論)과 같은 도학적 규범을 준거삼아 명분을 독점하려는 양상을 보여 주고 있었지만, 실제의 내면상으로는 전조(銓曹)의 낭관(郎官)을 선정하는 인사권의 장악이나 또는 3사의 언관활동과 관련한 언로의 장악이 핵심적인 쟁패의 초점이었던 것이다. 그리하여 붕당정치가 지배적인 정치과정으로 작동하는 한에서는 군왕권을 강화하려는 정치적 시도 역시 이와 같은 공론형성 기능의 조절에 역점을 두게 되었다. 예컨대 숙종의 경우에는 붕당 간의 대립적 당론을 이용하여 신권(臣權)을 견제하는 데 주력하였으며, 붕당정치가 극도의 난맥상을 보여주고 있었던 영·정조대에는 이른바 탕평책(蕩平策)을 통하여 경합관계에 있는 붕당 간의 견제와 균형을 모색하는 데 부심하는 양상을 보였고, 특히 정조의 경우는 한 걸음 더 나아가 전통적 경연제도(經筵制度) 대신에 전각제도(殿閣制度)를 선호하는 경향을 보여주는 등 붕당을 배경으로 한 신료들의 간쟁권(諫諍權)을 누르고 군왕 자신의 권위를 강화하려는 적극적인 대책을 원용하기까지 하였다.

그러나 여기서 다시 주목할 필요가 있는 것은 붕당정치가 지배적인 정치과정으로 정착되어 있었던 상황 하에서도 군왕이 정치의 최종적인 책임자라는 인식은 결코 부정된 적이 없다는 점이며, 따라서 정국의 파탄에 직면하여 군왕이 붕당 사이 갈등의 조정자로서 수습에 나서는 것은 극히 당연시되었다는 점이다. 탕평책은 바로 이러한 맥락에서 붕당정치의 난맥상을 조정·해소하기 위한 방안으로 제기된 유교정치 운영상의 한 변용책이었다고 할 수 있다.

그러나 붕당정치가 지배적인 정치과정으로 운영되고 있는 상황 하에서는 탕평책의 기준 자체가 심각한 쟁점의 근원으로 제기되게 마련이었으며, 따라서 그 구체적인 적용 문제를 둘러싸고 다양한 쟁론이 제기되었음을 주목할 필요가 있다. 동·서 분당 이후 당쟁의 격화와 난맥상을 조정·해소하기 위한 방안으로 제기된 여러 조정론(調停論)에서 보듯이, 탕평책에는 크게 구분하여 당색(黨色)에 구애받지 않고 인재를 조용(調用)하여 파붕당(破朋黨)을 지향하려는 무조건적인 조제책(調劑策)과 더불어 정사숙특(正邪淑慝)·격탁양청(擊濁揚淸)의 변별을 전제로 인재를 조용하려는 변별론적 조제책으로 대별될 수 있거니와, 여기서 어떤 조제책을 적용하느냐 하는 문제는 실로 심각한 쟁점이 되게 마련이었다. 특히 군자유붕론에 바탕을 둔 도학적 붕당이론에서는 이른바 '진군자붕퇴소인당'(進君子朋退小人黨)의 가치전제가 항상 중요시되게 마련이었으므로 무조건적인 조제책이란 그 자체가 이념적 정당성을 결여하는 것으로 평가되게 마련이었으며, 또 변별론적 조제책의 경우에도 그것을 구체적으로 적용하는 데 있어서는 변별 차원의 문제와 관련하여 쟁론이 제기되기 마련이었다. 여기서 말하는 변별 차원의 문제란 붕당 차원의 변별이냐 또는 당인의 개별적 변별이냐를 문제 삼는 것으로서, 후자는 당인(黨人) 중에 정인군자만이 있는 것이 아니라 사특소인(私慝小人)도 함께 있을 수 있다는 전제에서 제기된 개별적 변별론에 해당한다고 할 수 있다. 이 글에서는 바로 이와 같은 맥락에 유의하여 붕당정치의 구체적인 전개과정에서 제기된 붕당관의 변용양상을 사화기와 당쟁기로 대별하여 그 특징적 양상을 차례로 조명해 보려고 한다(강광식 2000, 209-245).

2. 사화기 정파정치의 특징적 전개과정과 붕당관의 갈등

1) 정파정치의 대두와 그 특징적 양상

조선조의 유교국가 체제는 당초 역성혁명 주도자들이 주례의 6전체제를 전거로 관료제적 왕정체제를 선호하게 됨에 따라 체제운영이 중앙집권적 관료제를 근간으로 이루어지도록 짜여 있었다. 그리고 여기서 과전제는 이러한 관료제적 왕정체제를 뒷받침하는 경제적 기제로서 기능하도록 고안된 것이었다.

그러나 과전제는 그 후 체제운영 과정에서 전지의 한계와 지주제의 확산 추세에 따라 시행 후 반세기도 되지 않아 동요하기 시작하였고, 그 대체 방안으로 고안된 세조대 이래의 직전제 역시 성종대에 이르러서는 명맥조차 유지하기 어려운 한계상황에 이르게 되었다.[1]

그리하여 이른바 경국대전 체제로 지칭되는 조선조의 관료제적 왕정체제가 제도적으로 확립을 보게 되는 성종대에 이르러 체제운영의 실제적 국면에서는 한계점과 폐단을 여러 면에서 심각하게 드러내게 되었다.

그 중에서도 특히 주목되는 것은 체제운영을 직접 담당하는 관료집단의 동태로서, 이들은 이 시기에 정치세력화하여 권귀화 경향을 노골적으로 드러내게 됨으로써 이념적 및 현실적으로 심각한 폐단을 나타내고 있었다는 점이다.

조선조의 체제운영에 참여하는 관료집단이 당초에 역성혁명을 긍정하는 유자들에 국한되었음은 주지의 사실이다. 따라서 그들은 참여를 거부하는 재야사류에 비하여 체제이념을 수용·실천하는 데 있어서 피상적인 양상을 보여주게 마련이었다. 이러한 사정은 그 후 특히 세종대의 문치·교화정책에 힘입어 참여의 범위와 저변이 크게 확대되는 변화를 보여주게 되었지만, 세조대 이후 계유정난(癸酉靖難) 등 연속된 체제운영상의 우여곡절을 겪는 과정에서 양출된 갖가지 명칭의 훈신(勳臣)[2]과 척신(戚臣)이 주축을

---

1) 관료제적 왕정체제를 뒷받침하는 경제적 기제로서 조선 전기 토지제도의 변천 과정에 대한 상세한 고찰, 이경식(1987) 참조.
2) 계유정난 이후 양출된 훈신으로는 예컨대 단종 원년(1453)의 정난공신

이루게 됨에 따라 관료집단의 권귀화 경향은 더욱 심화되는 추세를 보여주게 마련이었다. 이와 같은 상황 하에서 이른바 사림파로 지칭되는 김종직(金宗直) 일파가 중앙정계에 진출하게 된 것은 실로 중요한 계기적 의미를 갖는 것이었다고 할 수 있다. 사림파의 정치적 부상은 그들의 세력기반에 있어서나 정치적 의식성향에 있어서 기존의 집권 훈척세력과 뚜렷한 대조를 이루고 있었기 때문에 체제운영상에 새로운 전기를 가져오는 계기를 이루었기 때문이다.

사림세력은 주지하듯이 경제적으로는 재지 중소지주층이 주류를 이루고 있었고, 학문적·사상적으로는 정주학에 크게 공감하여 학연을 통해 결속을 이루고 있었다. 따라서 이들의 정치적 부상은 그 자체로서 체제운영을 이념적 지향에 근접시키는 전기를 가져오게 마련이었고, 동시에 그들의 집단적 정치참여는 기존의 훈척세력에 대항하여 군왕을 매개로 정파정치를 전개하는 계기를 이루게 마련이었다. 이러한 맥락에서 볼 때, 재야 사림세력을 대표하는 김종직 일파가 언론삼사를 근간으로 체제운영에 직접 참여하게 된 성종대는 정치사적으로 중요한 전환점이었다고 할 수 있다. 사림세력의 정치적 활동이 활발히 전개됨에 따라 집권 훈척세력과 마찰을 빚게 되어 사대사화의 정치적 파란이 야기되기는 하였

(靖難功臣), 세조 즉위 시의 좌익공신(左翼功臣), 세조 13년(1467) 이시애의 난 평정 후의 적개공신(敵愾功臣), 예종 즉위 시(1468)의 익재공신(翊戴功臣), 성종 2년(1471)의 좌리공신(佐理功臣) 등을 들 수 있으며, 이들의 연인원은 무려 250여 명에 이르는 것으로 알려져 있다.

지만, 이를 계기로 조선조의 왕정체제는 단순한 관료정치로부터 정파정치의 형태로 체제운영 양상의 전환을 보게 되었으며, 그 연장선상에서 체제운영을 위한 중심적인 정치과정이 점차 도학화하여 이른바 붕당정치의 전도를 열어 주게 되었기 때문이다.

이상에서 사림세력의 정치적 부상과 더불어 정파정치가 체제운영의 불가피한 정치과정으로 대두하게 된 배경과 그 정치사적 함의에 대해서 살펴보았거니와, 이후 연속된 사화의 정치적 파란을 연출하게 되는 일련의 정치과정은 훈척세력과 사림세력으로 대별되는 양대 정파의 상이한 정치적 입장을 첨예하게 반영하는 것이었다고 할 수 있다.

훈척세력과 사림세력의 상이한 입장은 우선 그들의 상반된 세력기반과 권력적 정향에서 보다 구체적으로 표출되었다. 훈척세력은 그들의 중심적 세력기반이 군왕을 둘러싸고 있는 중앙의 관변에 있었던 만큼, 그들이 추구하는 권력적 정향은 대체로 관료제를 근간으로 한 중앙집권적 성향을 나타내게 마련이었다. 이에 비하여 사림세력의 경우는 향촌사회에 세력기반을 두고 있었기 때문에 그들의 정치적 관심은 일차적으로 향촌사회 운영의 자율성을 확보하는 데 두었다. 성종대에 김종직 일파가 전개한 유향소복립운동(留鄕所復立運動)이나 중종대에 조광조(趙光祖) 일파가 소학진흥운동(小學振興運動)과 더불어 향약보급운동(鄕約普及運動)을 강력히 추진한 것은 그 대표적인 사례에 해당하거니와, 이러한 일련의 향촌질서 재확립 운동은 사림세력의 세력기반 강화와 도학이념의 사회적 확산으로 연결되는 정치운동의 성격을 가지고 있었기 때문에 기존 훈척세력에게 심각한 위협이 될 수밖에 없었다. 사대사화는 바로 이러한 상황에서 야기된 훈척세력의 대응 양상이었다고 할 수 있다.

이하에서는 바로 이상과 같은 맥락에 유의하여 각 운동을 매개로 하여 전개된 양대 정파의 대응 양상을 고찰해 봄으로써 이 시기 정파정치의 특징적 존재 양상을 구체적으로 살펴보기로 한다.

먼저 성종대에 김종직 일파가 전개한 유향소복립운동의 경우를 보기로 하면, 그것은 세조 말에 혁파된 유향소를 다시 부활시키자는 것이었다.3) 그것은 단순한 제도의 부활이 아니라 주례(周禮)의 향사례(鄕射禮)·향음주례(鄕飮酒禮)를 실천할 장소로서 유향소를 부활시키자는 주장이었다. 여기에서 말하는 두 가지 의례는 "孝悌忠信 好禮不亂者"와 "年高·有德·才行者"를 각기 앞세워 향촌질서를 유교적 교화방식으로 순화하자는 것으로, 이를 통하여 사림세력의 정치적 세력기반을 강화하려는 것이었다.

유향소복립운동은 성종 14년에 김종직의 발의로 시작되었다. 이 운동은 훈척계열에 속하는 인사들이 반대하여 난항을 거듭하다가 성종 19년에 이르러 비로소 채택될 수 있었다. 이러한 결정은 훈척세력이 반대의사를 철회하게 됨에 따라 이루어진 것이거

---

3) 유향소는 지방수령을 규찰하고 향리를 진퇴시키는 기능을 갖는 일종의 지방자치기구로서, 그것은 개국 초기부터 전국적으로 조직되어 있었다. 그러나 유향소는 중앙집권체제 강화책의 일환으로 두 차례(태종 6년 및 세조 말)나 혁파되는 우여곡절을 겪었다. 이에 대한 상세한 고찰은 이태진(1973) 참조.

니와, 거기에는 역이용의 복선이 깔려 있었다. 세조대에 유향소가 혁파되었을 때, 그 상급기구로서 중앙관인이 관여하는 경재소(京在所) 제도는 그대로 존치되었는데, 이 제도를 이용하면 관품(官品)이 높은 그들이 각지의 유향소를 장악하여 이용할 수 있을 것이라는 판단이 그것이었다. 실제로 복립된 유향소는 거개가 관권을 매개로 훈척세력의 수중에 들어가게 되었다. 훈척세력은 각자의 연고지를 택하여 스스로 그 경재소의 임원이 됨으로써 해당 지역 수령과의 연계 하에 자파 호족들을 유향소의 임원으로 삼아 자신들의 세력기반으로 활용하였다.

사태가 이와 같이 반전된 상황 하에서 유향소는 본래의 취지대로 운영되지 않게 마련이었다. 따라서 사림세력은 오히려 유향소의 혁파를 제기하게 된 데 반하여 훈척세력은 그 혁파를 반대하는 입장을 취하게 되었다. 이러한 상황에서 김종직이 군수로 부임하여 성리학적 분위기를 크게 조성할 수 있었던 함양 지방만 하더라도 훈척세력의 거두인 유자광(柳子光)의 수중에 장악되는 사태가 야기되자, 이 지방의 사림계 인사들은 사마소(司馬所)를 따로 만들어 대항해야 하는 처지에 이르게 되었다.

유향소복립운동이 실패하게 되자 사림세력은 이후부터 정치활동의 방향을 바꾸어 훈척세력의 권귀적 성향을 비판하는 언관활동에 초점을 두게 되었다. 김종직 일파는 주로 삼사에 포진하여 훈척세력에 의한 대토지 소유, 사적인 인사, 군사 방면의 수포행위 등 제반 불법・비리행위를 성종 21년경부터 신랄하게 비판하기 시작하였다. 무오사화는 이러한 공격으로 궁지에 몰린 훈척세력이 연산군대에 이르러 정치적 보복행위를 가하게 된 결과 야기된 것이었다. 이 과정에서 훈척세력이 사마소와 관련된 모든 것을 혁파하는 조치를 취하게 된 것은 이 정쟁이 단순한 권력투쟁의 성격을 넘어 체질을 달리하는 두 정파가 체제운영과 사회질서 확립문제를 둘러싸고 대립하게 된 정파정치의 소산이었음을 나타내는 것이었다.

무오사화 이후 유향소는 중앙의 경재소와 더불어 훈척세력에 의한 수탈기구로서의 면모를 더욱 현저하게 나타내게 되었고, 특히 경재소를 매개로 한 그들의 비리는 중앙뿐 아니라 지방에까지 구조적으로 확산되는 경향을 보여주게 되었다. 그리하여 연산조 후반에 이르러서는 제도상으로 자격이 없는 왕자·제군까지 관여하는 양상을 보이게 되었다(『연산군일기』 권49, 연산군 9년 1월 기유조). 갑자사화는 이러한 상황을 배경으로 저항적인 잔여 사림세력을 거세하기 위한 조치로서 야기된 것이었다.

무오·갑자의 양대 사화를 거치는 동안 사림세력의 기세는 크게 꺾이게 되었지만, 공도 실현이라는 그들의 이념적 지향에 대한 사회적 반향은 훈척세력의 비행이 심화될수록 증폭되는 양상을 보여주게 되었다. 그리하여 그들의 세력권이 영남지방에 국한되어 있던 것이 연산조의 학정을 거치면서 기호지방에까지 확산되는 추세를 보이게 되었고, 이를 배경으로 사림세력은 중종반정 이후 10년 만에 조광조를 필두로 다시 중앙정계에 진출하여 중요한 정치활동을 전개하게 되었다.

조광조는 이른바 도학정치의 창도자로 지칭되거니와, 그가 주도한 중종대의 정치활동은 체제운영 전반을 도학화하자는 것이었다. 그 구체적인 예로서 그는 우선 현철군주론(賢哲君主論)에 입각한 현량과(賢良科)의 설치를 주장하는 한편 소학보급운동과 향약보급운동을 전개하였다. 전자와의 관련에서는 이른바 "숭도학(崇道學)·정인심(正人心)·법성현(法聖賢)·흥지치(興至治)"의 명제 하에 왕도정치의 실현을 위해 군왕에게도 성인의 경지에 이를 수 있도록 수기의 실천을 요구하는 한편 군왕을 옳게 보필할 신료를 등용하는 방도로서 현량과의 설행을 주장하였다. 그것은 곧 왕정체제 운영의 전 과정을 도학화함으로써 사림세력의 정치적 입지를 강화하려는 것이었다. 그리고 소학보급운동은 이와 같은 그들의 이념적 지향을 사회적으로 확산·심화시켜 도학정치 전개의 사회정치적 저변을 확대하려는 것이었으며, 그리고 향약보급운동을 통하여 전국 각지의 향촌질서까지 이러한 이념적 지향에 의거하여 재편하려는 것이었다. 중종 13년에 『소학』 1,300부가 간행되고 『소학언해』가 나오게 된 것은 이러한 사정을 반영하는 것이었다.

"소학중일사"(小學中一事)에 지나지 않는 향약보급운동이 이 시기에 사림세력에 의해 강력히 추진된 것은 유향소가 훈척세력의 장악 하에 있던 당시의 사정에 비추어 중요한 의미를 갖는 것이었다. 향약은 유향소복립운동에서 주요 의례형식인 향사례·향음주례와 유사한 향촌 교화기능을 가지고 있거니와, 따라서 사림세력은 그들의 이념적 지향과 무관해진 유향소를 향약보급으로 대체하여 향촌질서를 개편하고 그것을 바탕으로 훈척세력의 장악 하에 있는 향촌의 세력기반을 탈환하자는 의미가 있었기 때문이다.4) 이러한 맥락에서 조광조 일파가 추진한 향약보급운동은 훈척세력의 민감한 반응을 불러일으키게 마련이었고, 그것은 곧 기묘사화를 초래하는 직접적인 원인이 되었다.

향약보급운동은 기묘사화를 계기로 그것을 추진하던 주도세력이 다시 몰락하게 됨으로써 단명에 그치고 말았다. 그러나 그것의 사회적 파급효과는 매우 괄목할 만한 것이었다. 향약이 시행된 범위가 영남지방은 물론 충주·온양 등 기호지방에도 광범한 분포를 보여주게 되었으며 그것의 사회교화적 기능도 당대에는 상당히 긍정적으로 평가되었다.5)

이와 같은 향약보급운동은 그 후 중종 20년 사림파의 재등장으로 일시 재현되는 계기를 갖게 되었으나 을사사화를 계기로 다시 위축되는 운명에 처하게 되었고, 선조의 즉위를 계기로 사림세력이 집권적 입장에 서게 되면서 재현되는 기미를 보이게 되었지만, 이때는 이미 여씨향약(呂氏鄕約)을 시행하는 방법상의 문제에 대한 논란이 제기되고 있었기 때문에 지역의 사정에 따라 선별적으로 적용한다는 방침을 취하게 되었다. 이러한 사정은 그 동안의

---

4) 향약보급운동의 구체적 전개과정과 그 정치적 함의에 대한 상세한 고찰은 김필동(1989, 229-248); 이태진(1983) 참조.

5) 이러한 사실은 『중종실록』에서 자주 확인할 수 있다. 예컨대 "여씨향약이 교화에 크게 관계가 있어 불화하던 형제가 화합하고 패역하던 자가 고쳐져서 양순해졌다.『중종실록』권34, 중종 13년 9월 임인조; "덕업으로 서로 권면함으로 습속이 점차 변하여 지난날처럼 야박하지 않다" (동 권5, 중종 14년 4월 무진조) 등의 지적이 그것이다.

향약 시행이 행정력에 의해 일률적으로 이루어짐으로써 물의를 빚게 된 부작용에 대한 반성을 나타낸 것이기도 하지만, 보다 중요한 사실은 사림세력이 정치적 지배세력으로 부상하게 됨에 따라 그들의 주된 정치적 관심이 다른 방향으로 전환되게 된 저간의 사정을 나타낸 것이라는 점이다. 훈척세력과 사림세력과의 대립관계는 선조대에 이르러 사림세력의 총체적 승리로 귀결되어 그들이 체제운영 전반을 주도하는 정치적 헤게모니를 장악하게 되었음은 주지의 사실이거니와, 이에 수반하여 사림세력의 구심점이 분화 양상을 나타내게 되어 그것이 학파별 서원설립운동으로 전개되는 양상을 보여주게 되었기 때문이다. 그리하여 선조대 이후에는 그들의 세력 확대 노력의 일환으로 전국 각지에서 서원이 급속히 발전하게 되었거니와,6) 여기에서 서원은 사림계 각 학파의 정치적 결속을 다지는 근거지로서의 기능을 갖게 되었고, 따라서 그것은 이른바 붕당정치로 지칭되는 조선 후기 정치과정과 밀접한 관계를 갖게 되었다.

2) 훈척·사림 양대 정파의 중심적 가치정향과 붕당관의 갈등

이상에서 기존의 집권적 훈척세력과 신진 사림세력 간의 대립관계로 집약되는 사화기 정파정치의 특징적 양상에 대해 살펴보

---

6) 서원설립운동의 구체적 전개 양상과 그 정치적 함의에 대한 상세한 고찰은 정만조(1989, 77-119) 참조.

앉거니와, 이들 양대 세력은 학리적으로는 물론 현실정치에 임하는 기본적인 가치정향에 있어서도 서로 뚜렷이 대조되는 입장을 보여주고 있었다. 신유학을 숭상하는 사류가 일찍이 여말선초에 이미 분화되어 역성혁명을 긍정하는 참여적 관료집단과 저항적 재야사류로 갈라서게 되었음은 주지의 사실이거니와, 이들 양대 세력은 이와 같이 분파된 학맥을 각기 계승하고 있는 것으로 볼 수 있기 때문이다. 따라서 이들 양대 세력은 체제이념으로 설정된 신유학적 정향을 다 같이 공유하면서도 그 본질을 음미하고 체득하는 데 있어서는 질적인 차이를 보여주게 마련이었다. 주자학을 체제운영의 기본이념으로 표방하기는 집권적 입장에 있는 훈척 세력의 경우라 하여 예외가 될 수 없었지만, 그 이념에 대한 학문적 이해체계에 있어서는 피상적인 수용의 선에 그칠 뿐이었고, 따라서 현실적으로는 과거 준비에 유용한 사장(詞章)에 오히려 치중하는 학문적 성향을 현저하게 보여주게 되었다. 이에 비하여, 사림세력의 경우는 사정이 전혀 달랐다. 그들은 스스로 주자학의 정통적 입장에 있음을 자처하고 있었거니와, 실제적으로도 재야에 은거하면서 학문적 연마와 전수 노력을 통하여 학리적 이해체계를 심화시켜 왔기 때문에 이론적으로나 현실적으로 그 이념적 지향에 충실하려는 경향을 보여 왔다. 따라서 그들은 사장학(詞章學)을 천시하고 위기지학(爲己之學)으로서의 경학(經學)을 중시하는 학문적 성향을 보여주게 마련이었으며, 신유학이념의 사회적 확산과 그 구현을 위한 실천궁행의 정치사회적 문제의식에 있어서는 『대학』과 더불어 특히 『소학』을 중시하는 독특한 양상을 보여주게 되었다. 김종직 문하의 대표적 인물인 김굉필(金宏弼)이 스스로를 '소학동자'로 자처하였고, 그의 학맥을 이은 중종대의 조광조 일파가 이른바 도학정치의 전개를 위한 저변 확대책의 일환으로 소학진흥운동을 강력히 추진한 것은 바로 이러한 정치의식 성향의 발로였다.

이상에서 훈척·사림의 양대 세력에게서 발견되는 학문적 정향의 차이에 대해서 살펴보았거니와, 그것은 현실정치와의 관련에서는 정치적 가치정향의 차이로 표출되게 마련이었다. 학문을 출세의 수단으로 간주하여 사장만을 일삼는 훈척세력에게는 수기치인이라는 유교정치 본연의 가치정향이 그들의 처신에 별다른 영향을 주지 못하게 마련이었고, 따라서 그들이 수행하는 정치적 역할이란 군왕에 대한 맹목적 충성과 그것을 수단으로 사리사욕을 추구하는 속물적 성향을 다분히 나타내게 마련이었다. 이에 비하여 사림세력의 경우에는 우선 출사 이전에 위기지학으로서 자신의 수기에 역점을 두는 행태를 보여주게 마련이었고, 나아가 정치에 직접 참여하는 경우에는 경연에서의 강론이나 간쟁, 3사의 언관활동 등을 통하여 공도의 사회정치적 구현에 진력하는 방향으로 자신의 소임을 설정하는 양상을 보여주게 되었다.

이와 같은 정치적 가치정향의 상충성 때문에, 훈척세력과 사림세력이 현실의 정치과정에서 대면하게 되는 경우에는 상호 불상용의 정치적 격돌을 벌이게 마련이었다. 연속된 사화는 대표적인 사례에 해당하거니와, 구체적인 사정은 사화마다 각기 다르지만, 유교적 정치과정에 대한 기본적 가치정향의 차이가 공통적인 원인으로 작용하였음을 여기에서 특별히 주목할 필요가 있다. 이런 맥락에서 이하에서는 사화의 파란을 연출한 공통적인 원인으로서 양대 세력의 기본적인 정치적 가치정향의 차이에 대해 좀 더 구체적으로 살펴보기로 한다.

앞에서 고찰되었듯이 성종대는 정파정치가 처음으로 대두하게 된 시기에 해당한다. 재야사림의 등용정책에 따라 삼사에 출사하게 된 김종직 일파는 그들에게 부여된 언관활동을 통하여 훈척세력의 불법과 비리를 논박하는 것을 주된 정치적 사명으로 삼았다. 이때 이들이 논박하는 학리적 근거는 주자학의 도학적 공도론에 바탕을 둔 이른바 '군자소인지변'의 논리였다. 이러한 논리를 구사하게 된 전통은 이후의 신진 사류에게도 그대로 계승되어, 훈척세력을 '탐욕스런 소인배' 또는 '속물'로 규정하여 신랄한 비판을 가하게 되었고, 훈척세력은 이에 대항하여 사림세력을 '경박한 붕당의 무리'로 규정, 기화의 구실로 삼게 되었다. 연속된 사화에서 기화의 중심적 역할을 담당하였던 훈척계의 유자광(戊午士禍), 임사홍(甲子士禍), 남곤(己卯士禍) 등이 모두 사림으로부터 소인배로 지목되던 인물이었음은 이러한 사정을 단적으로 반영하는 것이었다.

그러면 여기서 말하는 군자소인지변의 논리는 어떤 중요성을 갖는 것이었는가?

사화의 정치적 격돌이 연속되는 과정에서 사림세력이 일관되게 정치적 무기로 사용하게 된 군자소인지변의 논리는 송대에 구양수와 주자가 당시의 정파정치 현상과 관련하여 제기한 이른바

'군자유붕론'(君子有朋論)과 '인군위당설'(引君爲黨說)에 전거를 둔 것이었다. 구양수는 붕당을 구분하여 공도의 실현을 주로 추구하는 '군자의 당'과 사리사욕을 탐하는 '소인의 당'으로 대별, 전자를 '진붕'(眞朋), 후자를 '위붕'(僞朋)이라고 규정한 바 있거니와, 그는 이러한 분별을 바탕으로 "군왕이 진붕의 승세를 유지한다면 정치가 저절로 이끌어질 수 있다"고 주장하였다.(『송사』권319, 열전 제18 <구양수조>). 그리고 주자 역시 구양수의 이러한 군자유붕론에 입각하여 "붕당이 있는 것을 염려할 것이 아니라 그 붕당이 '군자의 당'이라면 승상도 그 당에 들기를 주저하지 말아야 하며, 나아가 군왕도 그 당이 되게끔 승상이 이끌어야 한다"는 이른바 '인군위당설'을 제기한 바 있다.[7] 사림세력의 군자소인지변의 논리는 바로 이와 같은 구·주의 '군자유붕론·인군위당설'에 근거를 둔 것이었다. 따라서 사림세력이 이러한 논리를 내세우게 된 것은 그들의 주장이 공도의 실현에 목적을 두고 있는 만큼 이념적으로 정당하며, 이러한 이념적 정당성에 기반을 둔 그들의 집단적인 정치활동은 불충이 아니라 오히려 추장되어야 할 합도학적 활동임을 공식화하려는 것이었다.

그러나 이에 대응한 훈척세력의 입장은 전거에서부터 상이하였다. 그들이 비판적인 사림세력을 구축하기 위해 기화의 구실로 삼은 것은 이른바 『대명률』(大明律)의 간당조(奸黨條)[8] 에 근거를

---

7) 이에 대한 상세한 분석은 정만조(1989, 86-91) 참조.

8) 『대명률』, 이율 <간당조>에서 규정하고 있는 붕당불충론의 논거는 다음과 같다. "在朝官員 交結朋黨 紊亂朝政者皆斬 妻子爲奴 財産入官."

둔 것으로서, 그것은 신료들 임의로 작당하는 행위 그 자체를 불충으로 규정하여 죄악시하는 전통적인 붕당관을 적용한 것이었다. 『경국대전』에 의하면 이른바 '용대명률'이라 하여 형률의 운용에 대명률을 준용할 것을 규정하고 있거니와, 훈척세력은 사림세력의 집단적인 정치활동을 구축하기 위한 방편으로 바로 이러한 붕당불충론을 원용하게 되었다.

이상에서 군자소인지변의 논리가 유교정치 과정론과의 관련에서 갖는 정치적 함의에 대해 개략적으로 살펴보았다. 그것은 곧 붕당정치를 체제운영 방식으로서 공식화하는 데 궁극적인 지향을 둔 것이라고 할 수 있다. 그러나 여기서 각별히 유의될 필요가 있는 것은 사림세력의 정치적 부상과 더불어 구사되기 시작한 군자소인지변의 논리가 처음부터 붕당정치를 공식적으로 긍정하는 지향을 가지고 있었던 것은 아니라는 사실이다. 성종대에 군자소인지변의 논리가 김종직 일파에 의해 처음으로 제기되기 시작하였지만, 이때에는 훈척세력의 불법·비리와 권귀적 행태를 논박하는 논리적 근거로서 한정된 의미밖에 없었으며, 그 후 연산조의 양대 사화를 거쳐 중종대에 이르러 조광조 일파에 의해 다시 구사된 이 논리는 이른바 '진군자 퇴소인'이라는 용인책(用人策)의 근거로서 붕당정치론에 보다 근접하는 양상을 보여주고 있었지만, 그때만 하더라도 붕당으로 지목되는 '혐의'를 기피하려는 경향이 지배적이었으므로 역시 붕당정치를 공식화하는 것과는 상당한 거리가 있었다. 요컨대 부정적 붕당관이 지배적이던 당시의 정치문화적 상황 하에서 붕당정치가 공식화되는 데에는 상당한 회임기간이 요구되었으며, 그것은 결국 사화기라는 과도기를 거쳐 사림세력이 체제운영을 주도하게 된 선조대까지 기다려야 했던 것이다. 이하에서는 바로 이러한 맥락에 유의하여 사화기에 있어서 붕당관의 변용 양상을 좀 더 구체적으로 살펴보기로 한다.

체제운영 방식과의 관련에서 군자유붕론적 관점이 제기되기 시작한 것은 위에서도 언급되었듯이 중종대부터라고 할 수 있다. 중종대에 조광조를 비롯한 사림세력이 다시 정계에 진출하여 훈척세력에 대한 탄핵을 추진하는 한편 자파의 세력기반을 확충하기 위하여 전래의 군자소인지변 논리를 제기하였던 것인데, 여기에서는 그 주지가 이른바 '진군자 퇴소인'의 용인책에 있었다. 예컨대 그들은 군왕의 임무가 군자와 소인을 변별하는 데 있다고 전제하고, 군자를 순용하지 못하고 동수병용하는 경우에는 사정(邪正)이 서로 뒤섞이고 충언·참설이 함께 분분하여 소인이 발호하도록 함으로써 나라를 난망(亂亡)케 할 것이라는 논지를 제기하였다.

그러나 이와 같은 사림계 관료의 주장은 반정공신들을 비롯한 거개의 관리들에게 민감한 반발을 일으키게 마련이었다. 그들은 우선 사림세력이 내세우는 군자·소인의 변별 기준이 어느 한편의 주관적 판단에 기초를 두고 있는 만큼 공정하지 못하다고 비판하는 한편,[9] 이른바 "同己者 以爲善人 不同者 以爲惡人"이라

---

9) 대표적인 예로서 남곤(南袞), 권균(權鈞) 등의 주장을 들 수 있다. 남곤은 "今之謂君子者 豈皆眞君子矣"(『중종실록』 권27, 중종 12년 정월 기해조)라고 했으며, 권균은 "今之人且曰 君子小人進退不可不明辨云

는 논리를 내세워 조광조 일파를 붕당으로 지목하려는 의도를 보여주게 되었다.10)

사태가 이와 같이 전개되자 사림계 관료들은 이에 대비하는 보다 적극적인 대응논리를 강구할 필요성을 느끼게 되었다. 그들에게는 우선 훈척세력이 의도하는 붕당 혐의에서 벗어나는 것이 시급히 요구되었고, 나아가 스스로 자임하는 군자집단으로서의 정치적 정당성을 확보하여 그들의 입지를 옹호하는 일이 절실한 과제로 제기되었다. 그리하여 조광조 일파는 바로 이러한 필요에 부응하기 위하여 이른바 "소인이 군자를 모함하려고 할 때는 반드시 붕당운운한다"는 논리를 제기하는 한편 구양수의 진붕론과 유사한 군자유붕론의 논리를 전개하게 되었다. 즉 당시 사림계 관료로 출사하고 있었던 참찬관 윤세호(尹世豪)는 한 경연석상에서 주자·정자까지 붕당으로 지목되었던 역사적 사례를 들어 가면서 소인배가 군자를 모함할 때 상투적으로 구사하는 붕당 혐의에 유의할 것을 중종에게 환기시킨 바 있으며(『중종실록』 권27, 중종 12년 2월 기사조). 조광조 역시 또 다른 경연석상에서 연산조 때 기화의 구실이 되었던 붕당 죄목을 상기시키면서 "所謂朋黨云者 大爲

臣不知何人爲君子 何人爲小人乎 君子小人 固不可的知也"(『중종실록』 권30, 중종 12년, 10월 신유조)라고 하여 사림세력의 논지를 공박하고 있다.

10) 이러한 표현은 수원부사 이성진(李誠彦)의 주장에서도 구사된 바 있지만(『중종실록』 권300, 중종 12년 10월 임자조), 뒤에 조광조 일파를 축출할 때 원용된 핵심적인 죄목이기도 하였다.

可懼"라 하여 경계심을 피력하였던 것인데(『중종실록』 권32, 중종 13년 4월 정유조), 이러한 사실은 붕당불충론이 유력시되던 당시의 상황 하에서 붕당 혐의에서 벗어나기 위한 방어 논리의 성격을 단적으로 나타낸 것이었다. 그리고 그들은 이와 같은 방어적인 논리 전개의 연장선상에서 그들 자신의 집단적인 정치활동이 오직 공도를 실현하는 데 목적이 있음을 강조하는 이른바 군자유붕론의 논리를 제기, 그들의 정치적 입지를 옹호하는 입장을 취하게 되었다. 중종 13년 조광조 자신이 "군자와 군자는 도(道)를 같이하며 붕(朋)을 이룬다"고 전제하고 군자의 결합인 '붕'이 사리를 도모하는 소인의 결합을 나타내는 '당'과 구별될 필요가 있다는 주장(『중종실록』 권32, 중종 13년 2월 신미조)을 내세우게 된 것은 바로 이러한 사정을 반영하는 것이었다.

그러나 여기서 다시 주목할 필요가 있는 것은 이 시기까지만 하더라고 붕당 현상 그 자체를 부정적으로 보는 전통적인 붕당관이 지배적이었기 때문에 사림세력에 의한 붕당론이 본격적인 붕당론으로 발전하지는 못하였다는 점이다. 그럼에도 불구하고 이들의 연속된 주장을 통하여 제기한 도학 실천자로서의 군자나 붕우관계에 바탕을 둔 정파정치 논리는 조심스럽게나마 합리화될 수 있는 단서를 제시하는 역할을 하게 되었다. 선조대 이후에 전개되는 본격적인 붕당정치론은 바로 여기에서 비롯된 것이라고 할 수 있기 때문이다.

이상에서 사림계 관료들이 제기한 붕당론의 변용 양상과 그 정치적 함의에 대해서 살펴보았거니와, 이에 대립적 관계에 있었던

공신계 관료들의 붕당관은 근본적으로 상반된 입장을 보여주고 있었음을 확인할 수 있다. 이하에서는 이들이 보여 준 붕당관의 구체적인 양상을 살펴보기로 한다.

조광조 일파의 축출에 적용된 죄목이 "서로 붕비를 이루어 부기자(附己者)를 불러들이고 이기자(異己者)를 물리쳤다"는 붕당 혐의에 있었음은 주지의 사실이다. 따라서 공신계의 붕당관은 이른바 기묘사림의 처벌을 요구하는 일련의 논죄 과정에서 구체적으로 표출되게 마련이었다. 예컨대 기묘사화 직후 대간에서 올린 문제의 상소에서 보면, 그들은 붕당을 다음과 같이 두 가지로 구분하고 있다(『중종실록』 권37, 중종 14년 12월 을해조). 즉 그 하나는 한말(漢末) 환관들이 군자를 모함하기 위해 없는 죄를 주면서 붙인 이름과 실제가 다른 붕당이며, 다른 하나는 당 순종대에 유자후·왕비·왕숙문 등이 서로 붕비(朋比)를 이룬 실제적인 붕당으로서, 후자 역시 소인들의 작당에 지나지 않는다는 것이었다. 이러한 논리는 결국 소인집단뿐 아니라 군자집단 역시 모함의 형태이기는 하지만, 붕당의 유형에 포함시킴으로써 붕당 현상 그 자체를 총체적으로 죄악시하는 관점을 나타낸 것이었다. 그러나 여기에서 특히 주목되는 것은 공신계 관료의 붕당관이 기본적으로는 붕당 현상을 부정하는 입장을 취하고 있으면서도 소인배에 의해 모함된 명목상의 붕당과 소인배가 작당하여 만든 붕당을 구분하는 인식상의 중요한 변화를 보여주고 있다는 사실이다. 이러한 사실은 사림세력이 일관하여 제기한 군자소인지변의 논리가 훈척세력에게도 영향을 미쳐 붕당관의 변용을 가져오게 한 결과임은 두말할 나위가 없다.

　이상에서 중종대에 도학정치를 표방하면서 정계에 진출한 조광조 일파와 공신관료의 붕당론을 중심으로 그 변용 양상을 고찰해 보았거니와, 그것은 요컨대 본격적인 붕당정치론에 미치지 못하는 기본적인 한계점에도 불구하고 중요한 진전을 보여주었다고 할 수 있다. 정파정치가 처음 대두되고 있던 성종대 이래의 이른바 '붕당: 사당=불충'이라는 명제에서는 크게 벗어나지는 못했을지라도 자파의 정치집단화를 정당화하기 위한 현실적 수요에 부응한다는 관점에서는 양대 정파가 공통적으로 조심스럽게나마 붕당 긍정론에의 지향을 보여주게 되었기 때문이다. 이런 맥락에서 볼 때, 연속된 정치적 파란을 연출한 사화기는 조선조 유교정치 체제의 정치과정이 도학화되는 과정에서 불가피하게 거쳐야 할 과도기로서의 계기적 사명을 나름대로 수행하였다고 할 수 있다.

3. 당쟁기 정파정치의 특징적 전개과정과 붕당관의 정착·변용

1) 붕당정치의 대두와 그 특징적 양상

　주자학적 공도의 실현을 소임으로 자처하는 재야사림이 연속된 사화의 파란을 겪으면서 이념집단으로 결속되어 기존 훈척세력에 필적하는 정치세력으로 성장하게 되었음은 앞에서 살펴보았거니와, 이들이 결속된 정치세력으로서 체제운영에 직접 참여하게 된 것은 역사적으로 중요한 의미를 갖는 것이었다. 조선조 개창 이래 상당한 기간 동안 참여를 거부하던 주자학의 정통세력이 체제운영에 직접 참여하게 되었다는 사실 그 자체도 중요하지만, 이를 계기로 체제운영과 관련된 모든 정치과정이 도학화되는 양상을 보여주게 되었으며, 이에 수반하여 그들이 근거지로 삼고 있던 향촌사회가 총체적으로 정치권에 포함되는 체제 영역의 범사회적 확대를 가져오게 되었기 때문이다. 따라서 사림정치가 본격적으로 개시되는 선조대 이후에는 정파정치의 운영 양상 역시 여러 면에서 전시대와 구별되는 독특한 양상을 보여주게 마련이었다.

사림정치에서는 무엇보다도 도학적 명분을 확보하는 일이 중요시되었으므로 현실정치의 주도권을 장악하기 위해 상이한 정파 간에 정치적 쟁투를 벌이는 경우에도 언제나 이것이 초미의 과제였다. 사림세력이 사화기에 훈척세력을 비판하는 무기가 되었던 이른바 군자소인지변의 논리란 도학의 중심 명제인 의리지변을 인격적 양상에 적용한 것에 지나지 않거니와, 따라서 의리를 존숭하고 이욕을 천시하는 것은 그들의 생리이자 존재의의 그 자체를 의미하는 것이었기 때문이다. 그러나 여기에서 유의할 필요가 있는 것은 그들이 의리존숭의 가치정향을 기본노선으로 견지하고 있었다고 해서 그들이 현실의 정치과정에서 언제나 이해관심으로부터 초연해 있었다는 것은 아니라는 점이다. 사림세력들도 현실의 정치과정에서 주도권 확보를 위한 경쟁을 벌이는 경우에는, 예컨대 군왕을 자기편에 끌어들이기 위한 이른바 '회천'(回天)경쟁에 집요한 관심을 경주하였고 또 자파의 권력신장 문제와 직결되는 인사권이나 언로를 장악하는 데 실로 비상한 관심을 경주하는 양상을 보여주게 되었지만, 그러한 경우에 있어서도 그들은 현실정치적 이해관심을 언제나 의리의 실천이라는 도학적 명분과의 연관 하에서만 정치적으로 쟁점화하는 독특한 양상을 보여주었다는 점이다. 그리하여 사림정치에서는 전의 경우와 마찬가지로 현실정치의 이해관계를 매개로 치열한 경쟁을 벌이되 도학적 명분을 확보하는 데 관심의 초점을 두었으며, 이와 같은 명분과의 관련에서 정치적 쟁점이 제기되고 또 거기에서 정치적 분파 양상이 나타나게 되었다. 이런 맥락에서 이하에서는 먼저 붕당정치가 처음 대두하던 선조대의 초기적 양상을 살펴보기로 한다.

선조대에 있어서 사림세력 내부의 전배·후배 대립관계는 흔히 당쟁의 시발로 간주된다. 그것은 주지하듯이 당초 전조(銓曹) 낭관(郎官)의 인선문제를 둘러싸고 전개된 심의겸(沈義謙)과 김효원(金孝元) 간의 개인적 갈등관계에서부터 비롯된 것이었다. 그런데 그것이 당시의 시대적 조건과 관련한 사림세력 내부의 상이한 도학적 명분관과 결부됨으로써 단순한 개인적 갈등관계를 넘어서는 사회정치적 쟁점으로 발전하게 되었다. 여기서 말하는 시대적 조건이란 정사의 주요 의결권이 명종대 구신들에 의해 장악되고 있는 과도기적 상황을 지칭하거니와, 이러한 시대적 조건에 대처하는 문제를 둘러싸고 사림세력들 간에는 의리의 이념적 순수성을 지키면서 권력을 비판하는 데 정치참여의 역점을 두는 부류와 현실적 제약조건을 고려하여 타협적 참여자세를 견지하려는 부류로 분화 양상을 보여주고 있었던 것인데, 이러한 사림세력 내부의 상이한 입장이 때마침 제기된 심의겸·김효원 간의 갈등관계를 계기로 정치적 쟁점으로 표출되게 되었던 것이다. 즉 선조대에 새로이 진출한 후배 사류는 심의겸이 명종대에 사림계 인사들을 피화 직전에 구출한 공적에도 불구하고, 사림계열의 이념적 순수성을 확보하기 위하여 그가 사림계와 연관을 갖는 일이 용납될 수 없다는 강경한 입장을 견지하게 되었던 데 반하여, 박순·노수신 등 명종년간에 관료로 진출한 전배 사류들은 심씨 일족의 은덕을 입고 있어서 외척을 일체 배격하는 신진사류의 급진적인 주장에 동조할 수만은 없었다. 이와 같은 상황 하에서 율곡 이이(栗谷 李珥)를 중심으로 학파를 이루게 된 일단의 현실주의적 사류는 당시의 시국과 관련하여 신진사류들과는 다른 견해를 나타내게 되었다. 그들은 명종대 말에 중앙에 진출한 소수 전배 사류의 입장을 옹호, 당시의 대세가 사림계 우위의 '일붕'(一朋)의 상태에 근접하고 있다는 정세관 하에 후배 사류들이 주장하는 엄정한 자체 정화의 입장보다는 군주의 확고한 신임을 확보하는 데 주력하는 한편 사림의 중재를 각기의 장점을 살려 활용할 준비를 갖추는 일이 보다 바람직하다는 주장을 제기하였다.(『율곡전서』 권7, 소차, <辭大司諫兼陳洗滌東西疏>) 그러나 이이의 이러한 유화적 중재 노력에도 불구하고 구체제적 요소의 처리 문제를 둘러싼 사림세력 내부의 갈등관계는 끝내 해결의 실마리를 찾지 못하게 됨으로써 선조 8년(1575)에 이르러 동인과 서인으로 분파되고 말았다.

그런데 여기에서 다시 주목되는 것은 사림세력의 동·서 분당이 당시의 현실문제에 대처하는 도학적 명분관의 차이를 반영하는 데 그치지 않고 거기에 사문관계를 근간으로 한 학파적 계보가 세력기반으로서 밀접히 결부되어 지방에까지 확산되는 양상을 보여주게 되었다는 점이다.11) 동인계열의 주축을 이루고 있었던 이발·유성룡·김성일·김우옹·정인홍 등의 신진사류는 영남 출신이 대부분이었으며, 그들은 거의 김효원과 동문수학한 사류들이었다. 그들은 영남우도의 남명 조식(南冥 曺植)과 영남좌도에 포진한 퇴계 이황(退溪 李滉)의 문인들로서 이른바 영남학파를 근간으로 하는 세력분포를 가지고 있었다. 이에 비하여 서인계열은 박순·이이·성혼·윤두수·정철·김계휘 등을 주축으로 한 기호 출신의 기성 사류로서, 동·서 분당 당시에는 상대적으로 열세적 분포를 가지고 있었지만 율곡학파가 이에 가세함에 따라 균형을 이루게 되었다. 그리하여 사림세력이 체제운영의 주도권을 완전히 장악하여 동·서 양대 정파의 균형이 이루어지게 된 선조 14년부터는 그들 간의 상호 비판체제가 공식화되는 붕당정치의 본격적 개시를 보게 되었으며, 이후의 정파정치는 학파적 계보를 근간으로 여러 차례 다시 분파되는 양상을 보여주면서 우여곡절

---

11) 이러한 관련에서 향촌의 서원과 붕당은 서로 밀접한 관계를 가지고 있었다. 도학적 명분론이 붕당정치의 주류를 이룬 현종대 이후에는 서원이 향촌사림의 예론을 수렴하여 중앙정치의 갈등과 대립에 직접 참여하는 양상을 보여주게 되었던 것이다. 정만조(1989, 97) 참조.

을 겪게 되었지만 붕당정치의 기본적인 골격은 영·정조대에 이르기까지 계속 유지되었다.

이상에서 붕당정치가 대두하게 된 배경과 그 세력기반으로서 학파적 계보와 지역적 분포에 대해서 살펴보았거니와, 이러한 붕당정치는 선조 22년(1589) 동인이 집권한 가운데 맞게 된 정여립(鄭汝立)사건을 계기로 일대 시련을 겪게 되었다. 이 사건은 정여립을 비롯한 동인 내부의 일부 극단론자들이 연루되어 이를 계기로 동인이 남인과 북인으로 다시 분파되는 양상을 보여주게 되었거니와, 여기서 주목되는 것은 이 사건의 처리 문제를 둘러싸고 분화된 정파들 간에 극단적인 대립이 유발되어 붕당정치의 운용에 심각한 위협을 안겨 주게 되었다는 사실이다. 특히 이 사건의 기본 성격이 모역(謀逆) 혐의란 것은 정파로서의 붕당을 활용해야 할 군주의 입장에도 커다란 제약을 주어 붕당정치의 원칙 자체가 위협받는 형세로 발전하게 되었기 때문이다. 이 사건은 연루자가 모두 동인이었던 만큼 서인 측이 그 처리를 주관하게 되었지만, 그 처리과정의 공정성 문제가 심각한 쟁점으로 제기되어 서인은 북인의 강력한 공격을 받아 물러나게 되었고, 여기에 남인의 방관적 태도에 대한 북인 측의 불만이 고조되어 3대 정파의 공존을 어렵게 하는 요인으로 남게 되었다. 그리하여 선조대의 붕당정치는 그 후 임진왜란이라는 국가적 위기상황에 직면하여 일시 3대 정파 병존의 양상을 보였지만, 종전 무렵 서인은 군왕의 환심을 얻지 못해 부진을 면치 못하고 남인도 북인으로부터 주화(主和)의 인책 공격을 받아 실세하며 북인이 체제운영을 주도하는 형세를 보여주게 되었다.

여기서 주도권을 장악한 북인은 다시 육북(肉北)·골북(骨北)으로, 소북(小北)은 柳黨(탁소북)·南黨(청소북)으로 각기 분파되는 극도의 난맥상을 드러내게 되었다. 이러한 극심한 분파 양상에는 이념 노선상의 분화를 반영하는 일면도 있었지만, 근본적으로는 북인의 사상적 취약성과 관련한 도학적 가치정향의 비순수성을 반영하는 것이었다(이태진 1989, 189). 그리하여 북인 주도 하의 정국의 파란은 도학적 정치과정에서 경계하는 척신정권의 등장을 초래하기까지 하였다. 즉 유영경(柳永慶)을 중심으로 한 이른바 유당의 전횡이 바로 그것인바, 그는 소북계를 자처하고 있었으나 종척관계를 배경으로 사당화 경향을 노골적으로 드러내게 되었고, 심지어는 이미 세자로 지명된 광해군(光海君)을 계비 소생인 영창대군(永昌大君)으로 교체하려는 시도까지 보여주게 됨으로써 정치적 파란을 증폭시키는 역할을 자행하게 되었다.

광해군의 즉위와 더불어 득세하게 된 이산해, 이이첨, 정인홍 등 이른바 대북세력도 학연상의 기반이 취약한 점에서는 마찬가지였다. 이러한 약점 때문에 정인홍이 광해군 3년에 이른바 '회퇴변척'(晦退辨斥)을 제기하여 북인계 학연의 중심인 남명 조식의 학문적 지위를 드러내려고 하였지만, 오히려 퇴계 계열 뿐 아니라 율곡 계열까지도 합세한 사림의 거센 반발을 불러일으키게 됨으로써 대북정권 그 자체의 공론적 기반을 불안정하게 하는 결과를 초래하게 되었다. 광해군에 의한 폐모(廢母)·살제(殺弟)의 패륜행위가 자행되게 된 것도 바로 이러한 정권 기반의 불안정성에 기인하는 것이었다. 따라서 폐모 조치가 있은 지 5년 만에 반대세력에게 정변을 일으킬 수 있는 구실을 제공하여 마침내 인조반정으로 대북정권은 몰락하고 말았다.

  이상에서 정여립사건을 계기로 난맥상을 보인 붕당정치 양상, 특히 도학적인 사상적 입지가 상대적으로 취약한 북인 계열이 체제운영을 주도하게 됨에 따라 붕당정치의 생리적 전개가 극도로 위축되었던 형세에 대해 살펴보았다. 이러한 상황에서 야기된 인조반정의 성공은 붕당정치의 재현을 뜻하는 것이었다. 반정을 주도한 서인은 '숭용산림'(崇用山林)의 기치를 내걸고 사림사회의 학문적 중심인물을 중용하는 인사정책을 전개하였다. 그것은 도학적 정통성을 보다 강하게 견지해 온 퇴계 계열의 남인과 율곡 계열의 서인이 체제운영을 주도하여 붕당정치를 본궤도에 올려놓게 하는 계기를 가져오게 되었다. 그리하여 인조반정 이후 서·남인 중심의 붕당정치는 그 후 나름대로의 한계가 표출되지 않았던 것은 아니지만, 예송문제로 양대 정파 사이에 경직된 분위기가 생기기 전까지는 대체로 붕당정치의 생리적 조건이 준수되는 추세를 보였다. 병자호란 때의 이른바 '성하의 맹'(城下의 盟)으로 도학적 충의의 명분이 일대 시련을 겪게 되었지만, 사림사회는 반청의식의 고양과 효종대의 북벌계획 착수로 그 기반을 연명시킬 수 있었다. 그리고 집권적 서인세력 내부에서 주도권 경쟁이 야기되어 노서(老西)·소서(少西), 훈서(勳西)·청서(淸西), 원당(原黨)·낙당(洛黨)·산당(山黨)·한당(漢黨) 등의 다기한 분열 양상이 제기되기도 하였지만, 붕당정치의 기본적인 틀에서 벗어난 것은 아니었다. 다기한 분파 양상 속에서도 집권 서인은 계속 사림사회의 공론을 준수하는 기본적 자세를 견지하였을 뿐 아니라, 특히 중요한 의미를 갖는 것으로는 이 시기에 척신의 정치적 비중이 엄격히 억제되었고 또 상대 정파에 대한 극단적인 보복행위가 획책되지 않았다는 사실을 여실히 보여주고 있었다는 점이다. 이러한 사실은 붕당정치가 지배적인 정치과정으로 정착되게 되었음을 반영하는 것이었다고 할 수 있다.12)

그러나 붕당정치의 안정적 추세는 그 후 두 차례에 걸친 예송(禮訟)문제로 서인과 남인의 관계가 경직화됨에 따라 다시 극도의 난맥상을 보여주게 되었다. 이러한 의미에서 예송은 정치사적으로 중요한 의미를 갖는 것이었다.13) 도학정치의 중요한 속성을 나타낸 예송의 정치적 함의에 대해서는 뒤에 살피기로 하고, 여기서는 먼저 예송을 매개로 경직화 양상을 보여주게 된 붕당정치의 전개과정에 대해서 살펴보기로 한다.

사림계의 학문적 정통성을 대표하는 서인과 남인의 정치적 대립은 효종(孝宗) 말, 현종(顯宗) 초부터 가열되기 시작하였다. 효종 말년에 북벌계획 추진을 위해 산림의 도학자들이 대거 출사하게 되었음은 주지의 사실이거니와, 송시열·송준길·김수항·박세당·박세채 등의 서인계 인물과 허목·윤선도·권시·조경 등의 남인계 인물은 당대의 학계를 대표하는 인물들이었다. 따라서 이들의 정치참여는 바로 의리의 실천이라는 도학적 명분을 정치

---

12) 인조대 정파정치의 특징적 운영 양상에 대한 상세한 고찰은 오수창(1985, 66-76) 참조.
13) 예송의 배경과 경위에 대한 상세한 고찰은 이영춘(1992, 471-500) 참조.

과정에 철저히 결부시키는 분위기를 조성하게 마련이었다. 그런데 바로 이와 같은 분위기 속에서 효종이 죽자 그의 계모인 자의대비(慈懿大妃)의 복상(服喪)문제를 놓고 일대 논쟁이 벌어지게 된 것인데, 여기서 법통문제와 직결된 해석상의 쟁점14)이 제기됨으로써 그것이 생사문제가 걸린 정치적 대결관계로 확대되었다.

현종 원년에 있었던 제1차 예송(기해예송)에서는 서인의 기년설(朞年說)이 채택되었지만, 현종의 사부(윤선도)가 남인 계열이었던 만큼 이 문제는 뒤에 남인의 정치적 부상을 초래하는 결정적인 빌미가 되었다. 1차 예송에서 남인은 소두 윤선도(尹善道)가 유배에 처해지는 패배를 맛보게 되었지만, 이론적 당부를 둘러싼 남인계 사림의 공격이 집요하게 계속되어 현종 5년(1664)에 허적(許積)을 상신의 지위에 올려놓는 성과를 거두었다. 그리고 그 연장선상에서 재개된 현종 15년(1674)의 제2차 예송(갑인예송)에서는 남인의 주장이 관철되어 이를 계기로 남인계 사류가 대거 대간에 진출하게 되었고, 숙종(肅宗)의 즉위와 더불어 기해예송의 책임을 물어 송시열(宋時烈)을 비롯한 서인의 파직·유배조치가 취해짐으로써 서인들은 예송에서 일대 타격을 입게 되었다.

두 차례의 예송에서 서인이 취한 입장은 군왕인 효종의 왕통을 적통으로 보지 않은 것으로서 처음부터 정치적으로 불리한 것이

---

14) 쟁점의 근원은 효종의 종법체계상의 지위에 있었는데, 그는 가통(家統)상으로 차남이면서 동시에 왕통(王統)상으로는 대통을 계승한 적자였기 때문에 '가통>'과 '왕통' 중 어느 종법체계로 보느냐에 따라 해석상에 중요한 차이를 나타내게 마련이었다. 강광식(1992, 27) 참조.

었다. 따라서 예송에서 승리한 남인들은 장기간에 걸친 재야적 입장을 청산하고 집권적 위치로 부상하는 결과를 가져오게 되었지만, 이를 계기로 서인과 남인은 상호 보복의 경직된 관계를 심화시켜 상대 세력에 대한 사사의 획책이 상투화되는 붕당정치의 난맥상을 연출하게 되었다.

현종대의 정파정치가 예송을 중심으로 전개되게 된 것은 이 시기 사림사회에서 심화된 예학의 성과와 직접 관련된 것이었다. 17세기에 융성을 보게 된 사림사회의 예학은 사화기에 사회적 비리 청산을 목표로 추구하였던 '소학실천운동'을 계승한 것으로서, 그것은 예가 곧 의리의 실천을 구체적인 상황에 적용하여 행동양식으로 나타내는 실천규범이라는 인식에 기반을 둔 것이었다. 따라서 예학이 갖는 이와 같은 사회정치적 성격에 비추어 볼 때, 17세기 사림사회의 예학 발달은 곧 도학적 규범체계에 의한 사회정치질서 확립의 진전을 의미하는 것이기 때문에 이러한 상황 하에서 예학상의 해석 문제가 정치문제로 쟁점화 되게 된 것은 오히려 당연한 귀결이었다.

그러나 예학의 발전이 갖는 이와 같은 의의에도 불구하고, 현종대의 예송은 처음부터 정치적 대립의식이 크게 작용하여 학문적 의의를 상쇄시키는 부작용을 수반하게 되었다. 수기치인의 실천적 학문으로서 도학의 융성과 발전은 공도의 실현을 위한 체제 운영 방식으로서 붕당정치의 정립을 가져오게 되었지만, 그것이 정파 본연의 속성인 세력경쟁에서 수단으로 전락되는 양상을 보여주게 됨으로써 붕당정치의 생리적 조건을 파괴하는 결과를 가져오게 되었다. 이러한 사정은 예송에 이은 숙종대의 정치과정에서 단적으로 표출되었다.

예송에서의 승리를 계기로 집권하게 된 남인 정권 하에서는 실세한 서인이 비판세력으로 공존하는 것조차 허용되지 않는 형세로 바뀌게 되었다. 이러한 결과는 척신의 비중을 새로이 상승시켜 놓는 사태를 초래하기도 하였다. 정파 간의 세력균형이 상실된 상태에서 군왕은 그 나름으로 집권세력에 대한 견제의 필요성에서 특정한 척신에게 대권을 부여하는 양상을 보여주게 되었다. 남인이 집권하던 숙종 초반에 척신 김석주(金錫胄)의 비중이 커져 체제운영이 오히려 그를 중심으로 전개되는 양상을 보여주게 된 것은 이러한 사정을 반영하는 것이었다. 숙종 6년(1680)의 이른바 경신대출척(庚申大黜陟)이라는 사건도 남인의 권력 비대를 견제하려고 그가 실세한 서인과 연결하여 일으킨 환국(換局)사태였다. 그리고 이와 같은 환국사태가 거듭됨에 따라 서인과 남인 간의 정치적 배타성은 더욱 심화되어 상대 세력에 대한 보복행위도 노골화되었는가 하면, 이러한 보복 문제를 둘러싸고 서인은 강경론과 온건론으로 대립하여 쟁론을 벌이다가 끝내는 노론과 소론으로 갈라서고 말았다.[15]

여기에서 특별히 주목되는 것은 붕당 간의 대립관계가 경직화되어 붕당에 의한 체제운영이 극도의 난맥상을 보여주게 된 상황

---

[15] 노·소 분당의 배경 및 주요 정치적 가치정향의 차이에 대한 상세한 고찰은 이은순(1992, 151-216) 참조.

에서 군왕의 역할이 상대적으로 부각되게 되었다는 점이다. 군왕이 체제운영의 최종적인 책임자라는 인식은 붕당정치 아래서도 결코 부정되지는 않았으므로, 정국 파탄에 직면하여 군왕이 수습에 나서는 것은 지극히 당연한 일이었지만, 붕당 간의 극단적 대립이 왕권을 위협하는 사태로 발전될 소지가 있었기 때문에 그것은 왕권수호라는 보다 절박한 의미를 갖는 것이기도 하였다. 숙종이 주도적 붕당을 번갈아 교체하는 이른바 환국 방식을 자주 구사하게 된 것은 이러한 필요에 부응하기 위한 수습책이었다고 할 수 있다. 그러나 붕당 간의 격렬한 대립관계가 근본적으로 해소되지 않고 있는 조건 하에서 자주 구사된 환국 방식은 이후의 정치과정에서 뜻하지 않은 부작용을 유발하게 되었다. 군왕에 의한 잦은 환국 조치는 경쟁적 정치세력들에게 오히려 만성적인 불안감을 조성하게 됨으로써 그들이 자파의 안전판을 강구하기 위해 특정한 왕위를 선택적으로 지지하는 경향을 초래하게 되었기 때문이다. 남인과 소론이 경종(景宗)을 선택적으로 옹립하고 노론이 영조(英祖)를 옹립하는 것과 같은 사태를 가져 온 것은 이러한 형세를 반영하는 것이었다. 그리고 이러한 맥락의 연장선상에서 야기된 영조 4년(1728)의 무신란(이인좌의 난)은 유교적 왕정관에서 벗어나는 극단적인 현상이었다.[16] 남인과 소론계의 연합으로 야기된 이 반란은 영조가 이복형제인 경종을 독살하였다는 구실에서 비롯된 것이었지만, 객관적 증거가 있는 것이 아니었던 만큼

---

16) 이종범(1985, 171-234) 참조.

그것은 군신관계의 위기를 극단적으로 드러낸 사건이었다. 따라서 영조는 이 사건을 계기로 붕당정치 타파에 적극적인 입장을 취하게 되었다. 영조가 재위 중에 일관하여 탕평책을 강력히 추진하는 한편 경연제도를 군왕 중심으로 운영하였던 것은 이러한 사정을 반영하는 것이었다.

영조의 뒤를 이은 정조(正祖) 역시 탕평책으로 신료들의 붕당적 갈등을 다스리는 데 역점을 두었다. 영조대의 탕평책이 완론(緩論), 즉 온건한 타협론자들을 중심으로 하였던 것에 비하여 정조대에는 명절과 의리를 준절하게 지키려는 부류를 중심으로 추진하는 차이를 보여주었다.[17] 그것은 생부 사도세자(思悼世子)의 죽음을 초래한 전대의 탕평책에 대한 반성적 입장을 반영한 것이었지만, 그 궁극적인 목표는 군왕권의 강화에 있었다는 점에서 영조대의 탕평책과 다름이 없었다. 그런데 여기에서 특별히 주목되는 것은 정조의 경우 붕당정치의 폐단을 극복하기 위해 보다 적극적인 대책으로 전래의 경연제도를 폐기하고 그 대체 방안으로서 전각제도(殿閣制度)를 활용하게 되었다는 점이다.[18] 그는 군왕에 대한 신료들의 강론과 간쟁 활동이 전개되는 경연제도 자체를 폐기하는 대신 규장각(奎章閣)을 설치·운영함으로써 여기서 정사가 이루어지도록 하는 한편 선발된 문신들을 재교육시키

---

17) 영·정조대에 추진된 탕평책의 특징적 전개 양상에 대한 상세한 고찰은 박광용(1985, 189-377) 참조.

18) 정조대에 설치·운영된 전각제도에 대해 상세히 고찰하고 있는 연구로는 설석규(1986, 29-30); 정옥자(1981) 참조.

는 기능을 수행하도록 하는 적극적인 조치를 취하게 되었다. 그러나 정조의 이와 같은 조치는 당대에는 어느 정도 실효성을 나타내게 되었지만, 붕당정치가 전개될 수 있는 핵심적 기제의 인멸로 인하여 그것이 일당독재의 세도(勢道)정치로 연결되게 하는 결과를 가져오게 되었다. 경쟁적 정파 간의 상호 비판과 견제가 이루어질 수 있는 제도적 장치가 부재하는 조건 하에서는 군왕 자신의 유능한 조정능력 외에 주도적 정치세력의 전횡을 막을 정치적 수단은 달리 찾을 수 없었기 때문이다.

2) 붕당정치의 정착과 붕당관의 분화·변용

이상에서 붕당정치로 집약되는 선조대 이후 영·정조대에 이르기까지의 체제운영 양상과 관련하여 사림계 정파정치의 특징적 운용 양상에 대해서 살펴보았다. 그것은 요컨대 정치과정의 도학화라는 사림정치 본연의 기본적 지향을 다양하게 나타낸 것이었다고 할 수 있다. 사림정치에서는 의리의 실천이라는 도학적 가치정향이 중요시되었으므로 현실정치의 이해관계를 매개로 주도권 경쟁을 치열하게 전개하는 경우에도 도학적 명분을 확보하는 일이 언제나 초미의 과제였으며, 그 과정에서 발생한 정파의 연속적 분열 현상도 그러한 명분론적 입장의 차이를 나타내는 학연에 따른 분파였다. 조선 주자학의 양대 산맥에 해당하는 퇴계학파와 율곡학파의 정치적 분파 양상은 그 대표적인 예가 될 것이다.[19] 그리하여 학연에 의한 이러한 분파 양상이 때때로 격렬한 대립관계로 발전하여 정국을 경색시키거나 파국으로 몰아가는 경우가 없었던 것은 아니지만, 붕당정치 본연의 생리인 상호비판의 공존적 원리를 부정하는 경우는 몇 가지 특수한 사례에 국한되었다. 정여립사건 연루자에 대한 옥사나 인조반정 때의 대북세력 제거 등이 그 대표적인 예에 해당한다. 이런 경우에도 예컨대 전자의 경우 모역 혐의를 둘러싼 붕당정치의 미성숙을 나타낸 것이며, 후자의 경우에는 패륜행위에 대한 응징이라는 나름대로의 명분이 있었던 것이다. 초기적 한계와 갈등 속에서 야기된 이러한 사례를 제외한다면 17세기 말 이전까지는 상대 정파에 대한 극단적인 보복은 삼가는 양상을 보여주었다. 이러한 체제운영 양상은 구양수의 군자유붕론과 주자의 인군위당설에 이념적 준거를 둔 붕당정치의 원리에 의거한 것으로서, 그것은 기본적으로 도학적 가치정향을 공유하고 있는 정파 간의 공존과 상호비판을 중심적 정치과정으로 공인한다는 인식을 나타낸 것이었다.

여기서 다시 주목되는 것은 붕당정치가 지배적인 정치과정으

---

19) 16세기를 거치는 동안 성리학이 융성하게 발전하여 당시의 사림사회에 주리·주기의 인식론적 분화 양상이 제기되었음은 주지의 사실이거니와, 이러한 인식론적 입장의 차이는 곧 현실의 정치관·세계관의 차이로 나타나게 되었다. 퇴계학파의 주리론적 입장에서는 정치주체들의 내면적 도덕성을 강조하여 수기의 실천에 우선적인 역점을 두어 현실정치로 부터 이탈하려는 경향을 보여주게 되었고, 율곡학파의 주기론적 입장에서는 객관적 상황을 중시하여 '수기'와 더불어 '치인'을 강조하는 경세론적 입장을 견지하여 현실정치에 임하는 기본자세에서도 서로 뚜렷한 대조를 보여주었다. 강광식(1992, 21) 참조

로 공인됨에 따라 왕정에 대한 인식도 전과는 달라졌다는 점이다. 사화기 이전까지만 하더라도 관료제적 왕정체제의 운영이 기본적으로 군왕에게서만 비롯되는 것으로 신봉되어 재상에 의한 인정보필의 비중조차 자주 거부되는 경우가 있었지만, 붕당이 정당시되고 공도의 구현을 위한 도학정치가 지배적인 정치과정으로 정착됨에 따라 신료집단의 역할 비중이 상대적으로 높아지게 되었다. 인정을 베푸는 주체가 군왕임은 부정되지 않았지만, 정치의 중심이 되는 군왕에게도 도학적인 수기치인론에 입각한 수기의 실천이 보다 강력하게 요구되었으며, 사림에 의해 집약되는 공론의 중시가 치평(治平)의 전제조건으로 요구되었다.[20] 이러한 요구가 이전에도 전혀 없었던 것은 아니지만, 제도적으로나 이념적으로 훨씬 더 구체화되고 강조되는 차이를 보여주게 되었다. 이러한 변화는 이미 이황·이이의 단계에서 정치 운용의 지침서를 군왕에게 제시하는 형태로까지 발전하게 되었다. 『성학십도』와 『성학집요』는 바로 이러한 형세 하에서 찬진된 것이었다. 따라서 이러한 사태의 진전 하에서는 재야의 사림이 군왕의 부름이 있더라도 자신의 뜻에 맞지 않으면 출사하지 않을 수 있었고, 그 연장선상에서 특정한 군왕에 대한 선택적 지지가 이루어지기도 하는 극

---

[20] 이러한 요구는 율곡의 붕당 관련 상소문에서 함축적으로 제시되고 있음을 확인할 수 있다. "士林者 有國之元氣也 士林盛而和 則其國治 士林激而分 則其國亂 士林敗而盡 則其國亡"(『율곡전서』 권7, 疏箚 <辭大司諫兼陳洗滌東西疏>); "公論者 有國之元氣也 公論在於朝廷 則其國治 公論在於閭巷 則其國亂 若上下俱無公論 則其國亡"(『율곡전서』 권7 疏箚 <代白參贊仁傑疏>).

단적인 사례가 발생하였다.

　이상에서 공도의 실현을 소임으로 자처하는 사림세력이 현실 정치의 주도권을 장악하게 됨에 따라 이른바 군신공치주의의 도학적 정치문화가 지배적인 정치문화로 정착하게 된 과정을 집약하여 보았다. 그러나 여기서 다시 주목될 필요가 있는 것은 그러한 과정이 처음부터 순탄하게 발전적인 방향으로만 전개된 것은 아니라는 점이다. 붕당정치 현상에 대한 인식 그 자체만 하더라도 사림득세 이후 상당한 기간 동안 긍정·부정의 양론이 혼재하는 갈등 양상을 보여주게 되었으며, 그리고 붕당정치가 공인된 정치과정으로 정착을 보게 된 이후에는 경쟁적 정파 간의 대립관계가 경직화되는 극도의 난맥상을 보여주게 됨에 따라 그 구체적 운용방식을 둘러싸고 다양한 쟁론이 제기되었기 때문이다. 이러한 맥락에서 이하에서는 사림정치의 실제적 전개과정에서 보여주게 된 붕당관의 변용 양상을 구체적으로 살펴보기로 한다.[21]

　선조대 이후 사림정치의 실제적 전개과정에서 현실문제로 제기된 붕당론은 다음 세 단계의 변용 양상을 보여주게 되었다. 붕당 긍정론이 정론으로 공식화되는 선조대 초기의 붕당론이 그 첫 번째 단계이고, 붕당정치가 초기의 미성숙단계를 거쳐 인조대에 본격적으로 가동됨에 따라 그 구체적 운용방식을 둘러싸고 현실

---

21) 붕당 관련 논의의 역사적 전개과정에 대해서는 정만조 교수의 일련의 논문에서 상세히 다루어지고 있으므로, 각 시기별 주요 논점의 내용과 그 추이를 고찰하는 데 있어서는 이를 주로 참고하였다. 정만조(1989, 78-129); 정만조(1992, 88-149) 참조.

문제로 제기된 이른바 조제·조정론 중심의 붕당론이 두 번째 단계이며, 그리고 세 번째 단계는 17세기 말 예송 이후 붕당정치가 극도로 경직화됨에 따라 그것을 극복하기 위한 방안으로 제기된 숙종대 말 이래 영·정조대에 있어서의 탕평론이다. 이하에서는 이를 차례대로 살펴보기로 한다.

사림세력의 정치참여를 정당화하는 붕당론은 선조대 초기만 하더라도 정론으로 공식화되지 못하고 있었다. 그때까지만 하더라도 구신세력의 정치적 영향력이 상당한 수준으로 잔존하고 있었기 때문이다. 따라서 이러한 상황에서 제기된 영의정 이준경(李浚慶)의 붕당 관련 유소(遺疏)는 상당한 파문을 일으키게 되었다. 그의 유소 내용 자체는 이른바 '파붕당지사'의 필요성을 강조한 것에 지나지 않았지만(『선조실록』 권6, 선조 5년 7월 <이준경졸기>), 이에 대한 선조의 반응이 "붕당이 있으면 조정이 어지럽다"는 우려로 나타나게 됨에 따라 그것은 또 다시 사화의 단서가 될 수도 있었다는 점에서 사림계의 경각심을 크게 자극하게 되었고, 이를 계기로 삼사를 비롯한 재야 사림세력의 규탄 상소가 일제히 제기되었다. 율곡 이이의 붕당소(朋黨疏)는 바로 이러한 상황에서 제기된 것이었다.

이이의 붕당소는 붕당 현상 그 자체를 조정문란의 요인으로 보는 이준경의 붕당소에 대한 반론 형식으로 제기된 것으로서, 그것은 당시 사림사회의 입장을 대변하는 붕당 긍정론의 논지를 명쾌하게 제시한 것이었다. 즉 그의 붕당소에 의하면, 붕당이란 그 비판론자들이 생각하는 것처럼 조정을 문란하게 하는 요소가 아니라 뜻을 같이 하는 군자들끼리 집단을 이루는 불가피한 정치현상으로서, 붕당 그 자체는 하등 죄악시될 필요가 없다는 것이며, 정작 중요한 것은 그 붕당이 군자당이냐 또는 소인의 사당(私黨)이냐를 정확하게 변별하는 데 있다는 것이었다. 그리하여 그것이 "진실로 군자당이면 거기에 참여한 사람의 수가 많으면 많을수록 좋고, 소인의 사당이라면 한때도 용납할 수 없다"는 것이었다(『율곡전서』 권4, 소차 <논붕당소>). 요컨대 여기에서 제기한 이이의 붕당론은 구양수와 주자의 붕당론에 근거를 둔 군자소인지변 위주의 붕당론으로서 그것은 당시 이준경을 비롯한 구신세력의 사당 지목으로부터 사림세력을 보호하기 위한 붕당 긍정론이었다고 할 수 있다. 그리하여 이러한 그의 붕당론은 선조 8년에『성학집요』의 '논군자소인' 항목에서 보다 정리된 형태로 제시한 붕당론과 더불어 동·서 분당기의 붕당관을 대표하는 이론적 지주의 역할을 담당하였다.

그런데 여기서 다시 주목되는 것은 선조 8년에 제시한 이이의 붕당론이 구양수·주자의 군자소인지변론에 따라 군자당의 정당성을 강조하고 있는 점에서는 선조 5년의 붕당소 내용과 별다른 차이가 없는 것 같지만, 논리 전개의 기본적 지향에서는 당시의 시국 변화를 반영하여 단순한 붕당 긍정론을 넘어서는 적극적인 평가를 시도하고 있었다는 점이다. 즉 그는『성학집요』에서 이른바 "당이 날로 성하여 군왕이 날로 성하고 나라가 날로 평안해진다"는 보다 적극적인 논리를 전개함으로써 군자당과 소인당의 엄격한 변별을 전제로 붕당정치의 공식화를 촉구하는 주장을 펼치게 되었다. 이러한 사정은 사림계 인사가 3사에 포진하여 언로를 장악하고 있었을 뿐 아니라 그들의 지지를 받는 박순·노수신 등의 사림계 인물이 좌·우상의 자리를 점하게 됨으로써 정국의 주도권이 총체적으로 그들의 수중에 장악되게 된 정치상황의 변화를 반영하는 것이었다. 따라서 이 무렵부터 조선 사대부의 붕당관은 종래의 '사당=죄목'의 부정적 시각에서 벗어나 긍정적 인식의 방향으로 공식화되게 되었다.

그러나 이와 같은 '군자소인지변' 위주의 단순한 붕당관은 그 후 동·서 분당이라는 사림세력 내부의 분열 양상이 심화됨에 따라 그 구체적인 적용 문제를 둘러싸고 혼선을 빚는 난맥상을 보여주게 되었다. 따라서 동·서 분당이라는 현실적인 상황에 구체적으로 적용될 수 있는 새로운 붕당론의 출현이 요청되게 되었다. 조제보합론(調劑保合論)으로 지칭되기도 하는 이이의 새로운 붕당론[22]은 바로 이러한 상황에서 제기된 것이었다.

동·서 분당 이후에 새로이 제시된 이이의 붕당론은 이른바 '타파동서·보합사류'라는 기본적 지향을 내포하고 있었다. 그것은 구체적으로 동·서 간의 대립관계가 악화되어 선조 11년에는 이른바 '삼윤사'(三尹事)[23]를 계기로 동서 시비를 국시화하려는 막다른 상황에 이르게 되었을 때 그 해소방안의 일환으로 제시된 것이었다. 따라서 그것은 당시 정파의 성격상 군자소인지변의 논

---

22) 『율곡전서』 권7, 疏箚 <辭臺詞諫兼陳洗滌東西疏>.
23) 동인계의 김성일, 허엽이 서인계 중진 윤두수, 윤근수, 윤현이 지방관으로 부터 뇌물을 받았다는 혐의를 걸어 탄핵한 일을 지칭한다.

리를 그대로 적용하는 데는 한계가 있었다. 당시 동인과 서인 간에는 상대 세력을 소인으로 지목하는 명분론적 쟁론이 전개되고 있었지만, 이이의 견해로는 동인과 서인이 모두 사류(군자집단)이므로 여기에 군자붕·소인당의 이분법적인 흑백사정의 논리는 적용될 수 없고 다만 개인적 차원의 시비명변이 있을 뿐이라는 것이었다. 그리하여 그는 동·서 양대 정파가 일붕(一朋)이라는 기본적 전제 하에 그것을 실현하기 위한 구체적인 방법론으로서 이른바 양시양비론과 조제수용론(調劑收用論)을 내세우게 되었다. 즉 동·서 명목의 기초가 된 심의겸·김효원 간의 시비는 어디까지나 사사로운 시비에 지나지 않는 만큼 양시양비의 선에서 마무리하는 것이 사림의 분열을 막기 위해 바람직하며, 또한 막중한 국사와 민생문제의 해결을 위해서는 당론 위주의 인사정책보다는 당색에 구애되지 않는 조용책이 바람직한데, 여기서는 실세한 서인계열의 인재를 진용(進用)함은 물론 득세한 동인계열에서도 과격론자나 부회자라면 마땅히 배격되어야 한다는 것이었다.

이와 같은 이이의 붕당론은 이후의 붕당 정치과정에서 중요하게 원용되는 이정표의 역할을 수행하게 되었지만, 세부적으로는 몇 가지 측면에서 한동안 논란과 왜곡의 대상이 되었다. 그 중에서도 특히 그의 양시양비론은 시비명변을 본령으로 여기던 당시 사림의 기본적 가치정향에서 일탈하는 것이었기 때문에, 당색과는 별도로 논란의 대상으로 지목되게 마련이었다. 예컨대 동인계열에 속해 있으면서도 당시 비교적 객관적 입장을 견지하였던 김우옹의 경우에서 보면, 사림의 불화를 해소하여 조정을 안정시키기 위한 필요에서 동서 시비에 군자소인지변의 논리를 일률적으로 적용하는 것이 바람직하지 않다는 점에서는 이이의 견해가 타당한 것으로 수긍할 수 있지만, 시비명변이 전제되지 않은 그의 조제론은 오히려 정국의 불안과 정치의 문란을 초래할 위험이 크다고 지적하고 있는 것을 볼 수 있다. 요컨대 김우옹의 주장은 동서 시비론을 군자소인지변으로 확대 적용하여 서인의 명목 자체를 소멸시키려는 기도는 바람직하지 못하지만, 그렇다고 하여 시비명변을 무시한 조제는 있을 수 없다는 것이었다.24)

그러나 여기서 다시 주목될 필요가 있는 것은 이이가 당초 '심·김 시비지사'에 양시양비론(兩是兩非論)을 적용하였다고 하여 그의 조제론(調劑論)이 시비명변(是非明辯)을 도외시한 것은 아니었다는 점이다. 그의 조제론의 핵심은 이른바 "같은 편은 나아가고 다른 편은 배격"하는 당론 위주의 인사정책이 아니라 당색에 구애되지 않는 조용(調用)을 주장한 것으로서, 거기서는 당색 차원의 시비명변이 아니라 사류 개인적 차원의 '격탁양청'에 의한 변별이 선행조건으로 강조되고 있었기 때문이다. 그리고 그의 양시양비론에 관한 한 그 후 정치상황이 달라짐에 따라 선조 16년에는 삼사의 언관들에게 엄정한 시비명변을 요구하는 한편, 공시공비를 엄정히 밝히는 공론의 중요성을 강조하는 입장의 선회를 보여주게 되었다. 따라서 이후에는 그러한 오해의 소지가 불식

---

24)『동강선생문집』권7, <玉黨論朋黨蹉>;『선조수정실록』권13, 선조12년 6월조 참조.

되게 되었다.25)

그럼에도 불구하고 이이의 양시양비론적 조제수용론은 당시는 물론 후대까지도 그것이 조정론(調停論)과 흡사하다는 점에서 오해와 비난의 대상이 되었음을 주목할 필요가 있다. 조정론이란 군자당과 소인당의 인물을 무분별하게 병용하는 인사정책으로서 그것은 일찍이 주자가 비판하고 경계해 마지않았던 조용책이었다. 따라서 당시 사림들의 입장에서는 용납되기 어려운 것이었다. 이에 대해 이이 자신이 사류 간의 조제(調劑)란 점을 강조하여 조정책과 구별해서 인식할 필요가 있다는 것을 역설하였지만, 그를 비판하는 입장에 있는 사류는 그것을 '훈유빙탄 결불가동기'라 하여 조정론과 같은 것으로 취급하는 양상을 보여주었다(『선조수정실록』, 권17, 선조 16년 8월조 <홍문관상차>). 그리고 후대에는 붕당의 소멸을 지향한 조신 간의 인협을 도모할 필요가 있을 경우에 이러한 이이의 조정론이 자주 전거로 활용되는 양상을 보여주게 되었다.

이상에서 선조대에 제기된 이이의 붕당론을 중심으로 주요 논지와 그 추이에 대해 살펴보았다. 그것은 요컨대 붕당정치의 개막과 더불어 점차 드러나게 된 현실의 복잡한 양상에 나름대로 대처하기 위한 필요에서 순차적으로 안출된 것이었다. 따라서 그것은 이이

---

25) 이러한 이이의 입장은, 당시 삼사의 언관들이 자신을 '나라를 더럽히는 소인'으로 매도하면서 박순·성혼·심의겸과 더불어 사당으로 지목하여 공격하게 되자 이에 대한 반응으로 나타나게 되었다. 이에 대한 상세한 논지는, 『율곡전서』, 권7, 소차 <陳時事疏> 참조.

자신에게 있어서도 초기와 후기 현실정치에의 체험적 요소 여하에 따른 중심적 논지의 변용 양상을 보여주게 마련이었으며, 나아가 그것이 당시로서는 사림사회에 충분히 사회화되지 못하는 초기적인 한계성 때문에 현실의 정치과정에 그대로 반영될 수가 없었다. 그럼에도 불구하고 이이에 의해 체계적으로 제시된 이른바 조제론적 붕당론은 당시에는 물론 이후 붕당정치의 실제적 전개과정에서 중요하게 원용되는 이정표가 되었다. 특히 그의 붕당론은 이른바 군자소인지변의 논리를 현실적 상황에 적용시킬 때 당색 차원이 아닌 개인 차원의 변별에 주목하도록 하는 한편 조제수용론이라는 현실적 인사정책 방안을 제시함으로써 이후의 붕당정치 운용에 준거가 되는 중요한 지침을 제공하였다.

그러면 이와 같은 붕당론은 이후 붕당정치의 전개과정에서 구체적으로 어떠한 변용 양상을 보여주게 되었던가?

위에서 살펴보았듯이 동서분당 이후의 정치과정에서 안출되게 된 선조대의 붕당론은 '군자소인론' 내지 '시비명변론'을 이념적 준거로 하되 그 실제적 적용 면에서는 이른바 '조제론'과 '조정론'으로 대별되는 기본 골격을 보여주었다. 이러한 기본 골격은 이후의 정치과정에서도 대체로 전승되었지만, 정치상황이나 특히 경쟁적 붕당 간의 쟁패 양상 여하에 따라 시기별로 다양한 변용 양상을 보여주게 되었다. 예컨대 붕당정치가 순조롭게 전개되어 붕당 간의 쟁패 양상이 상호비판의 공존적 지향을 보여주고 있을 때에는 대체로 '조제론'의 적용이 우세하였고, 이에 반하여 붕당 간의 쟁패 양상이 경직화되어 극도의 난맥상을 보여주게 됨으로써 군왕의 조정이 절실하게 요구되는 경우나 또는 군왕 자신이 왕권강화책의 일환으로 붕당 타파의 지향을 강하게 보여주는 경우에는 '조정론'이 상대적으로 득세하는 경향을 나타내게 되었다. 따라서 극단적인 특수한 경우를 제외한다면, 각 시대의 지배적인 붕당관은 대체로 '조제론'과 '조정론' 사이를 왕래하는 일종의 주기적 변용 양상을 보여주었다.

그런데 여기서 특별히 주목되는 것은 극단적인 붕당관이 현실 정치과정을 지배하는 경우이다. 그 경우에는 붕당정치 그 자체를 파탄시키거나 소멸시키는 결과를 가져오게 된다는 점에서 양 극단이 서로 상통한다는 사실이다. 예컨대 효종 말, 현종대의 이른바 예송정국에서 보여주듯이 산림을 대표하는 거유집단이 대거 정치에 참여하여 이념적 순수성을 표방, 군자소인론적인 붕당관에 집착하는 양상을 나타내게 될 때 붕당정치는 결국 경직화되는 운명을 보여주게 되었다. 그리고 또 다른 극단적인 사례로는 숙종대의 환국정치를 거쳐 영·정조대에 정착을 보게 되는 이른바 탕평정국을 들 수 있다. 이와 같이 '탕평론'이 현실 정치과정을 지배하는 경우에는 간헐적으로 제기되는 '조제론'이나 '조정론'이라는 것도 임시방편에 지나지 않으며, 종국적으로는 붕당정치의 제도적 기반에 해당하는 경연제도나 삼사제도까지 총체적으로 무력화시키는 결과를 가져오게 되었다(붕당론의 개념적 연관구조에 대해서는 <표 2-1> 참조).˙ 이러한 맥락에서 볼 때, 군신공치주의를 극단적으로 지향하는 '군자소인론' 위주의 예송정국이 '조정론'이 압도하던 환국정치의 단계를 거쳐 탕평정국으로 연결되고, 또 그

〈표 2-1〉 붕당론의 개념적 연관구조

왕권중심주의	군신공치주의
(조 정 론) ←——————→ (조 제 론)	
(탕 평 론) ←——————→ (군자소인론)	
붕당타파 지향	붕당공존 지향

것이 붕당정치 자체의 총체적 소멸을 의미하는 척족 세도정치로 귀결된 것은 오히려 당연한 역사의 운동법칙을 반영한 것이었다.

 이상에서 붕당관의 변용 양상을 거시적인 관점에서 개관하여 보았거니와, 이하에서는 이러한 맥락에 유의하여 각 시대의 특징적 변용 양상을 좀 더 구체적으로 살펴보기로 한다.

 붕당정치의 개막과 더불어 선조대에 활발하게 전개되었던 붕당론은 광해군대에는 군왕 자신의 조정책과 대북정권의 독주 속에서 총체적으로 침체상을 보여주었다. 그러던 것이 인조반정과 더불어 붕당정치가 본격적으로 전개됨에 따라 붕당론은 특히 집권 서인세력에 의한 남·소북계의 조용문제와의 관련에서 다시 활발하게 전개되기 시작했다. 따라서 서인이 집권하던 효종대와 현종대에 이르기 까지는 이러한 조용론의 테두리 안에서 '조제론'과 '조정론' 사이를 왕래하는 붕당관이 현실 정치과정을 주도하는 양상을 보여주게 되었다. 그러나 체제운영에 참여하는 정치주체들의 구체적인 붕당관에 있어서는 주장에 따라 다양한 차이를 보여주고 있었음을 주목할 필요가 있다.

인조(仁祖)대 이후의 서인정권 하에서 정치주체들이 보여준 붕당관은 특히 남인의 조용문제를 놓고 군왕과 일반관료 및 산림계 사류들 간에 일정한 차이를 나타내고 있었다. 남인의 조용을 지지하던 군왕과 그 주변의 관료층은 대체로 이이의 조제론적 붕당관을 선호하는 양상을 보여 주었던 데 반하여 산림계를 대표하는 인사들은 도학적 명분을 내세워 조용 그 자체를 반대하면서 '군자소인론'에 집착하는 양상을 보였다. 그러나 군왕과 일반관료층이 조용론을 선호하였다고 하여 동일한 붕당관을 가지고 있었던 것은 아니다. 우선 양자 간에는 붕당정치 그 자체에 대한 기본적 인식에서 차이를 보여 주게 마련이었다. 일반관료층은 붕당정치의 존재를 인정하는 바탕 위에서 다만 그 현실적 폐단을 해소하기 위한 필요에서 조용론을 선호하는 입장을 취하였지만,[26] 군왕에게 있어서는 기본적으로 붕당이 「대명률」 간당조에 보이는 사당이라는 인식에서 조용의 필요성을 강조하였다.[27] 따라서 군왕과 관료층 간에는 조용의 구체적인 방법에 있어서도 상당한 차이

---

[26] 그들은 예컨대, 현실의 붕당이 부자·조손 간에 상전해온 관계로 각 당내에 현·불초, 정사가 병존해 있어 주자류의 '군자붕·소인당'의 적용은 불가하므로 조용할 수 밖에 없다는 입장이었다. 『효종실록』, 권3, 효종원년 4월 을유조 <영의정 이경여 상언> 참조.

[27] 예컨대, 인조는 "정인군자는 반드시 무당"이라고 하면서 "인군위당은 성현의 말로는 적합하지 않으며 주자가 그렇게 말했다면 이는 실언"이라고까지 단언하면서 붕당을 타파할 것을 주장한 바 있으며(『인조실록』, 권20, 인조 7년 5월 경인조), 현종은 이단하의 당론적 행위에 대한 징계를 말하면서 대명률의 간당조를 적용하려 했던 것이다(『현종실록』, 권20, 현종 13년 1월 갑오조).

를 보여 주게 마련이었다. 군왕이 이른바 "不辨是非 扶抑彼此"
하는 붕당 간의 조정에 조용의 초점을 두는 데 반하여, 일반관료
층은 그들의 배경이 사림계에 뿌리를 두고 있었던 만큼 시비명변
과 "進賢退邪 惟才是用"에 조용의 기준을 두는 '조제론'적 입장
을 취하게 마련이었다. 인조대에 유백증(兪伯曾)이 "피차를 나누
지 않고 시비를 변별하지 않으면 공론이 무너지고 현부를 구별하
지 못하는 정치의 혼란을 초래한다"고 지적한 것이나(『인조실록』
권22, 인조 8년 3월 병오조) 현종대에 조창기가 "대립하는 두 당파
사이에 세균체적케 하여 오히려 싸움을 더욱 조장케 하는 격"이
라고 조정책을 비판하였던 사례(『현종실록』 권20, 현종 13년 윤7월 갑
신조)는 바로 이러한 입장을 대변하는 것이었다.

　이상에서 인조대에서 현종대에 이르기까지의 붕당관의 변용
양상에 대해서 살펴보았거니와, 그것은 대체로 '조제론'이 우세한
양상을 보여주었다고 할 수 있다. 그러나 효종대에 북벌정책과의
관련에서 산림계 사류의 진출이 현저해지고 또 현종대 이래 예송
문제를 계기로 남인이 득세하여 서인의 위기감이 고조되면서 산
림계를 대표하던 송시열을 중심으로 '군자소인론'이 유력하게 대
두되게 되었다.[28] 그리하여 숙종대에 이르러서는 군왕에 의한 환

---

[28] 송시열의 시비명변적 군자소인론은 그 평생의 정치활동을 관통하는
지침으로서, 서인 내부에서는 공신계에 대한 산림세력의 비판과 공격을
정당화시켜 주는 논리였고, 후대 그 문인들이 주축이 된 노론 세력의 정
치활동에 이론적 무기가 되었다. 송시열의 군자소인론적인 붕당론이 선
명하게 제시되고 있는 문헌으로는 『송자대전』 권27, 서 <上白江李相
國> 참조.

국정치의 와중에서 서·남인 간의 공격과 보복이 연속되면서 자파의 이념적 순수성을 강조하는 '군자소인론'이 현실 정치과정 전반을 지배하는 양상을 보여주게 되었다.

그러나 여기서 다시 주목되는 것은 숙종대에 환국정치가 거듭되는 과정에서 '군자소인론'의 성행을 가져왔지만, 다른 한편으로 당폐의 완화와 정국경색 해소를 위한 노력의 일환으로 '조제론'이 다시 전개되었고, 그 연장선상에서 박세채(朴世采)의 이른바 황극탕평론(皇極蕩平論)이 제기되었다는 점이다.29) 이와 같은 시국 대처 방법론을 둘러싸고 마침내 서인이 노론과 소론으로 분파되게 되었음은 주지의 사실이거니와, 붕당론과의 관련에서 이 시기에 탕평론이 제기되었다는 것은 이후의 정치과정에 미친 실제적 영향에 비추어 매우 중요한 의미를 갖는 것이었다.

박세채의 황극탕평론은 다음 몇 가지 관점에서 붕당관의 변용에 중요한 전환을 예고하는 것이었다.

첫째, 그것은 이이의 조제론적 붕당론에서 기본적 논지의 단서를 잡고 있지만 주자의 인군위당설에 대한 비판적 시각을 골격으로 설정하고 있다는 점이다. 다음으로 그것은 당폐의 완화와 정국경색 해소를 위한 구체적 방법으로서 조용책을 적용하는 데 있어

---

29) 그는 숙종 9년과 14년, 20년의 세 차례에 걸쳐 당시 정치의 구제책으로 황극탕평론을 제기하였다. 그 구체적 내용에 대해서는 『숙종실록』, 보궐정오판 권14(上), 숙종 9년 2월 병자조 <行司直 朴世采啓箚>; 『숙종실록』, 보궐정오판 권19, 숙종 14년 6월 을유조 <朴世采 上疏 附進冊子>; 『숙종실록』 권27, 숙종 20년 6월 경자조 <左議政 朴世采 上箚 附進別單啓箚> 참조.

군왕의 용사출척권과 시비판정권을 붕당의 공론보다 우위에 둘 것을 강조하고 있다는 점이다. 요컨대 그것은 단순한 '조정론'을 넘어 군왕 자신이 시비명변(是非明辯)과 용사출척(用捨黜陟)의 전권을 행사해야 한다는 것을 기본적인 논지로 삼고 있다.30) 그리고 이러한 논지는 그 후 영조대를 거치는 동안 탕평정책으로 정착되어 당시로서는 당쟁의 폐해를 해소하는 데 중요한 기여를 하게 되었지만, 붕당정치의 존립기반 그 자체를 소멸시키는 역할을 담당하게 되었다.31)

영조대에 정착을 보게 된 탕평정책은 그 후 정조대로 계승되어 더욱 강화되는 추세를 보여주게 되었다.32) 이 과정에서 경연제도와 삼사제도가 폐기되거나 무력화되어 붕당정치가 전개될 수 있는 제도적 기반이 총체적으로 소멸됨으로써 이후의 정치과정에서는 상호 비판과 견제를 통한 정파정치의 생리적 기능은 전적으로 군왕의 개인적 자질에 의존할 수밖에 없는 지경에 이르게 되었다. 척족 세도정치가 대두하게 된 것은 바로 이러한 사태의 귀결에 지나지 않는 것이었다.

---

30) 이러한 관점에서의 상세한 실증적 분석은 정만조(1992, 144-145) 참조.
31) 영조대 탕평책의 전개과정과 주요 논점에 대한 상세한 고찰은 정만조(1985, 236-288); 박광용(1985, 295-340) 참조.
32) 이에 대한 상세한 논의는 박광용(1985, 341-372) 참조.

4. 맺는말

조선조의 유교정치에서는 기본적 지향이 왕도정치에 있었던 만큼 모든 정치행위가 군왕에게서 시작되고 군왕으로 귀결되는 왕조시대 정치의 기본적 범주 안에서 정치과정이 전개되게 마련이었다. 따라서 수기치인이라는 정치주체의 역할 역시 기본적으로 군왕의 역할에 초점을 두게 마련이었다. 그러나 도학정치에서는 이러한 정치주체의 역할이 도학적 사유체계와 규범체계에 의거해서 수행되어야 한다는 것을 엄격히 요구하고 있었다. 따라서 여기서는 도학적 사유능력에 바탕을 둔 수기치인의 자세 확립이 무엇보다도 선결되어야 할 정치주체의 자격 조건으로서 강조되게 마련이었다. 그런데 현실에 있어서는 세습된 군왕에게서 이러한 선결조건의 충족을 기대하기 어려웠으므로 도학적 사유능력을 직업적으로 체득하도록 되어 있는 사대부계층의 보필이 불가피하게 전제되지 않을 수 없었다. 바로 여기서 궁극적인 정치주체인 군왕과 보필자로서 사대부계층 사이에 왕도정치 구현을 위한 역할 수행 문제를 중심으로 특수한 상호관계가 설정되게 마련이었다. 여기서 말하는 특수한 상호관계란 이른바 '군도'(君道)와 '신도'(臣道)로 대별되는 도학정치의 역할분한 관계를 지칭하거니와,[33] 이러한 역할분한상의 실제적 배분문제를 둘러싸고 군신 간

및 신료집단 상호간의 세력관계가 미묘한 부침 양상을 나타내게 되었다. 조선조 초기의 정치과정에서는 역성혁명 주도자들이 주로 중앙집권적 관료정치를 선호하여 정치주체의 역할 수행이 관료제를 통해서 이루어져야 한다는 기본적인 전제 하에 군신 간의 역할분한 문제를 생각하였던 데 비하여, 중앙관료들 사이에 정파 형성의 기미가 나타나기 시작한 15세기 말부터는 관료제로부터 정파정치의 형태로 전환되는 과도기적 양상을 나타내다가, 4대 사화와 같은 연속적인 정치적 격돌 과정을 거쳐 붕당정치가 대두하게 된 16세기 후반 선조대부터는 이른바 군신공치주의 지향의 도학정치 과정을 전제로 정치주체의 역할수행 문제가 현실정치의 초점으로 부각되는 기본적 인식의 전환을 가져오게 되었다. 그리고 이와 같은 기본적 인식의 전환과 관련하여 군자유붕론·인군위당설을 골자로 하는 구양수·주자의 붕당론이 이념적 지표로서 중요하게 원용되었음은 두말할 나위가 없다.

그런데 여기서 특별히 주목되는 것은 도학이념에 입각한 체제 운영 방식의 구체적 전개 양상이 시대적 및 사회정치적 환경여건 여하에 따라 변용 양상을 보여주게 되었다는 점이다. 훈척세력의 대두와 더불어 정파정치가 처음 대두되고 있었을 때에는 연속된 사화의 정치과정에서 보여주었듯이 '군자소인지변'의 가치기준에 의거한 사리의 배제와 공도의 실현이라는 도학적 규범의 원론

---

33) '군도'(君道)와 '신도'(臣道)로 대별되는 유교정치의 전범적 역할 모형에 대해서는 강광식(1992, 34-36) 참조.

적 관점이 쟁점으로 부각되고 있었지만, 막상 도학이념 집단을 자처하던 사림세력이 체제운영을 주도하게 된 이후부터는 당쟁의 정치과정에서 보여주었듯이 그러한 원론의 구체적인 적용 문제가 쟁점으로 부각되어 이른바 조정론과 조제론 사이를 교호적으로 왕래하는 양상을 나타내게 되었다. 그리고 당쟁의 폐해가 극심하게 나타나게 된 숙종대부터는 이른바 탕평론이 대두하여 영·정조대에 이르러 그것이 중심적인 체제운영 방식으로 정착되는 양상을 보여주게 되었다. 그러나 여기서 다시 주목되는 것은 탕평책의 정착과 더불어 붕당정치를 뒷받침하던 경연제도와 삼사제도와 같은 핵심적 기제가 전각제도와 같은 다른 제도적 장치로 대체됨에 따라 붕당정치 그 자체가 존립할 수 없는 결과를 가져오게 되었다는 점이다. 붕당정치란 경쟁적 정파 간에 도학적 정치 명분을 매개로 체제운영을 교호적으로 주도하는 유교정치 특유의 체제운영 방식이라고 할 수 있거니와, 따라서 그것은 소란과 격돌, 그리고 거기에 부수되는 폐단을 불가피하게 수반하게 되어 있었지만, 경쟁적 정파 간의 명분 있는 상호 견제를 통하여 체제운영의 합리성을 도모하는 생리적 기능을 가지고 있었다. 따라서 붕당정치의 폐단을 극복하기 위한 대안으로 도입된 탕평책은 붕당정치의 생리적 기능까지 말살시키는 결과를 가져옴으로써 세도정치라는 더 큰 폐단을 초래하게 되었다(강광식 2000, 246-247). 극단적인 처방은 또 다른 극단적인 폐단을 수반하게 된다는 사실을 우리는 여기서 새삼 확인하게 된다.

<참고문헌>

강광식. 1992. "조선조 유교정치문화의 구조와 기능."『한국의 정치와 경제』 제1집. 성남: 한국정신문화연구원.
강광식. 2000. "정파정치와 관련한 조선조의 유교정치문화."『신유학사상과 조선조 유교정치문화』. 서울 : 집문당.
김필동. 1989. "조선전기 향약의 보급과 그 사회적 의미."『한국의 사회와 문화』 제10집. 성남: 한국정신문화연구원.
박광용. 1985. "탕평론의 전개와 정국의 변화."「조선정치사의 재조명」. 서울: 범조사.
설석규. 1986. "규장각 연구."『대구사학』. 대구.
오수창. 1985. "인조대 정치세력의 동향."『한국사론』 13.
이경식. 1987.『조선전기 토지제도 연구』. 서울: 일조각.
이영춘. 1992. "예송의 당쟁적 성격에 대한 재검토."『조선후기 당쟁의 종합적 검토』. 성남: 한국정신문화연구원.
이은순. 1992. "조선후기 노소당론의 대립과 그 정론."『조선후기 당쟁의 종합적 검토』. 성남: 한국정신문화연구원.
이종범. 1985. "1728년 무신란의 성격." 이태진 편.『조선시대 정치사의 재조명』. 서울: 범조사.
이태진. 1973. "사림파의 유향소 복립운동."『진단학보』 35.
이태진. 1983. "사림파의 향약보급운동."『한국문화』 제4집.
이태진. 1989.『조선유교사회사론』. 서울: 지식산업사.
정만조. 1985. "영조대 초반의 정국과 탕평책의 추진." 이태진 편,『조선시대 정치사의 재조명』. 서울: 범조사.

정만조. 1989a. "조선조 서원의 정치사회적 역할." 『한국사학』 제10집. 성남: 한국정신문화연구원.

정만조. 1989b. "16세기 관료의 붕당론: 구·주 붕당론과의 비교를 통하여 본." 『한국학논총』 제12집. 서울: 국민대한국학연구소

정만조. 1992. "조선시대 붕당론의 전개와 그 성격." 『조선후기 당쟁의 종합적 검토』. 성남: 한국정신문화연구원.

정옥자. 1981. "규장각 초계문신." 『규장각』 4. 서울: 서울대규장각.

제3장
조선조 유교정치 체제의 지배구조:
지배연합의 동태성 분석

1. 문제의 제기

　조선조 유교정치 체제에서는 왕도정치(王道政治)의 이상 실현에 기본적 지향을 두고 있었던 만큼 모든 정치행위가 군왕에게서 시작되고 군왕으로 귀결되는 왕조시대 본연의 기본적 범주 안에서 정치과정이 전개되었다. 그런데 조선조에서는 신유학사상의 도학이념이 왕정 운영의 지도원리로 숭상·원용되었기 때문에 여기서는 수기치인(修己治人)의 행도(行道)가 정치주체의 선결요건으로서 강조되게 마련이었다. 그러나 현실적으로는 세습된 군왕에게서 이러한 선결조건의 충족을 기대하기 어려웠으므로 '합도학적'(合道學的) 생활실천에 보다 익숙한 사대부계층의 보필이 불가피하게 전제되게 마련이었다. 바로 여기서 위정자(爲政者)로서의 군왕과 종정자(從政者)로서의 사대부계층 사이에 왕도정치 구현을 위한 역할분한 문제가 중요시되고 이들 양자 간의 상호관계가 특별히 주목을 받게 되었다. 여기서 말하는 특별한 상호관계란 이른바 '군도'(君道)와 '신도'(臣道)로 대별되는 도학정치의 역할분한 관계를 지칭하거니와, 이러한 역할분한의 실제적 배분문제를 둘러싸고 군신 간 및 신료집단 상호간의 세력관계가 미묘한 부침 양상을 보여주게 되었다. 그리고 이에 수반하여 조선조에서는 바로 이러한 세력관계를 반영하는 정치과정으로서 이른바 '붕당정치'(朋黨政治)라는 매우 독특한 정치현상을 보여주었고, 그 과정에서 군왕을 매개로 하여 형성되는 다양한 지배연합(支配聯合) 양상을 보여주게 되었다.[1]

그런데 여기서 다시 주목되는 것은 조선조 유교정치 체제의 특징적 정치과정에 해당하는 붕당정치가 시대적 및 사회·정치적 여건의 변천에 따라 다양한 변용 양상을 보여주게 되었다는 점이다. 훈척세력의 대두와 더불어 정파정치가 처음 대두하고 있었을 때에는, 연속된 사화(士禍)의 정치과정에서 보듯이, '군자소인지변'(君子小人之辨)의 가치기준에 의거한 사리(私利)의 배제와 공도(公道)의 실천이라는 도학적 규범의 원론적 관점이 쟁점으로 부각되었지만, 막상 스스로 도학이념 집단임을 자처하던 사림세력이 왕정 운영을 주도하게 된 16세기 후반부터는 도학적 규범의 실제적 적용 문제가 구체적인 쟁점으로 부각되어 이른바 조정론(調停論)·조제론(調劑論) 사이를 교호적으로 왕래하는 특이한 양상을 나타내게 되었다.

---

1) 조선조 유교정치 체제의 특징적 지배구조를 '지배연합'의 관점에서 고찰하고 있는 연구의 선례는 강광식(1994, 289-341) 참조.

그리고 당쟁의 폐해가 극심하게 나타나게 된 숙종대 이후에는 이른바 탕평론(蕩平論)이 대두하여 영·정조대에 이르러서는 그것이 중심적 정치운영 방식으로 정착되는 양상을 보여주게 되었다. 그러나 여기서 다시 주목되는 것은 탕평책의 정착과 더불어 붕당정치의 생리적 기능을 뒷받침하던 경연제도(經筵制度)나 삼사제도(三司制度)와 같은 핵심적 기제가 전각제도(殿閣制度)와 같이 그 연원을 달리하는 제도적 장치로 대체됨에 따라 붕당정치 그 자체가 존립되기 어려운 결과를 가져오게 되었다는 점이다.

붕당정치란 경쟁적 정파 간에 도학적 정치명분을 매개로 왕정 운영을 교호적으로 주도하는 사림정치(士林政治) 특유의 정치운영 방식에 해당한다. 따라서 여기서는 경쟁적 정파 간에 명분 있는 상호견제를 통해 왕정 운영의 합리화를 도모하는 생리적 기능을 기대할 수 있었다. 그런데 여기서 경쟁적 정파 간에 견제와 균형이 유지될 수 없는 경우에는 소기의 생리적 기능을 발휘할 수 없었다. 그리하여 이러한 붕당정치의 폐단을 극복하기 위한 필요에서 이른바 '파붕당'(破朋黨)의 탕평책이 도입되기도 하였지만, 대안으로 도입된 탕평책이 오히려 붕당정치의 생리적 기능까지 사상시키는 결과를 초래함으로써 세도정치(勢道政治)라는 더 큰 폐단을 초래하게 되었다.

이 글은 조선조 유교정치 체제의 특징적 운영방식에 해당하는 붕당정치 현상에 주목하여 지배구조의 변천과정을 체계적으로 고찰하는 데 목적을 두고 있다. 이를 위하여 여기서는 붕당정치의 전개과정에서 군왕을 매개로 형성되는 지배연합의 동태성에 주목하여 그 변동 양상을 고찰하려고 한다.

이 글에서 분석상의 개념도구로 설정하고 있는 '지배연합'(支配聯合)의 '연합' 개념은 대략 다음과 같이 정의할 수 있다(Riker 1968, 524); 강광식 1994, 290-291).

'연합'(coalition)이라는 말은 어떤 목적을 위해 일시적으로 제휴하는 사람들의 집단을 의미한다. 따라서 연합의 전형은 정당이나 파벌, 이익집단보다 덜 영구적인 정치집단, 즉 일시적으로 조합된 정치집단을 지칭하는 것이 통례이다.

연합의 성향은 그것을 구성하는 개별적 인자(因子)의 성향과 분포 여하에 따라서 달라진다고 할 수 있다. 그것은 주도적 인자의 성향을 반영하는 것이 통례지만, 구성인자들 간의 상호작용을 통하여 전혀 별개의 성향을 나타낼 수도 있다. 따라서 특정한 연합의 성향을 파악하기 위해서는 주도적 인자의 특징적 성향뿐 아니라 연합 내부의 전체적 동태에 대해서도 계속 주목해야 한다.

2. 조선조 유교정치 체제의 지배구조를 보는 이론적 시각

조선조 유교정치 체제의 특징적 지배구조를 파악하기 위해서는 무엇보다 먼저 이에 관한 기존의 준거 이론들에 대한 체계적 성찰이 필요하다(강광식 2009b, 150-163).

조선조 유교정치 체제의 지배구조에 대한 기존의 이론적 시각은 대체로 다음 두 가지로 대별하여 검토할 수 있다. 그 하나는 가산관료제론(家産官僚制論) 내지 가산제국가론(家産制國家論)이며, 다른 하나는 양반관료제론(兩班官僚制論) 내지 관인국가론(官人國家論)이다.

먼저, 가산관료제론이나 가산국가론은 주지하듯이 막스 웨버(Max Weber)의 이른바 '가산제'(patrimonialism) 모형 개념을 조선조의 경우에 그대로 적용하여 파악하고 있는 관점으로서, 그것은 요컨대 조선조의 왕정체제가 유교이념에 의해 규범적으로 제약을 받는 여러 가지 특수성에도 불구하고 기본적으로는 중앙집권적인 전제군주제의 속성을 나타내고 있다는 점에 주안점을 둔 것이다.[2] 막스 베버는 전통적 지배유형으로서 집권적인 가산제와 더불어 분권적인 봉건제(feudalism)를 모형 개념으로 제시한 바 있다.[3] 여기에서 보면 조선조의 지배체제는 봉건제보다는 가산제적 속성을 상대적으로 다분히 지니고 있는 것으로 파악될 수 있는 것이 사실이다. 그러나 이와 같은 상대적 연관성 때문에 유럽적 현상의 설명을 위한 필요에서 설정된 가산제라는 모형 개념을

---

[2] 이러한 관점은 1962년 이상백이 그의 『한국사: 근세 전기』 <총론>에서 막스 베버의 『경제와 사회』를 인용하여 적용한 이래 그 영향이 확산되어 오세덕, 이재환 등 행정학계의 일부 관료체제 연구자들에 의해서 주로 원용되었다. 이에 관한 주요 논거는 이상백(1962); 오세덕(1977); 이재환(1978) 참조.

[3] 이에 관한 상세한 논의는 Max Weber(1947, 345-358) 참조.

그대로 조선조에 적용하는 것은 그 자체가 논리적으로 무리이며, 특히 여기서는 발생 배경의 근본적 차이를 간과하고 있기 때문에 그만큼 적실성이 결여될 수밖에 없다.

주지하듯이 막스 베버가 말하는 가산관료제의 가장 큰 특징은 국가를 가부장제(家父長制: patriarchalism)의 확대 개념으로 보아 왕실의 단순한 외연으로 간주하여 국가 내의 소유관계나 권력관계가 군왕의 전제권(專制權)에 수렴되는 것으로 파악하는 데 있다. 따라서 여기서는 군왕을 보필하는 신료의 종정자(從政者) 역할과 기능에 대한 독자성이 전혀 도외시되고 있다. 가산관료제 하의 신료란 왕실의 재산관리만을 기능적으로 담당하는 가신(家臣)으로서의 종속적 지위밖에 누리지 못하기 때문이다. 그러므로 조선조의 왕정체제에 가산관료제라는 유형개념을 적용하기 위해서는 이러한 개념적 특성이 얼마나 결부되고 있는지를 먼저 검토해야 한다. 좀 더 구체적으로 말하면 조선조의 왕정체제가 가산제국가에서와 같이 왕실(궁정)과 국가(관부)를 일치시키는 미분화된 지배구조를 그대로 나타내고 있었는지, 그리고 군주와 신료 사이의 권력관계에서 왕권 행사를 보필하는 신료의 종정자적 역할에 독자성이 전혀 도외시되고 있었는지, 그리고 끝으로 토지제도를 비롯한 조선조의 소유관계가 가산제국가에서처럼 완전히 왕실이나 군주의 사유로 되어 있거나 또는 국유제 일색이었는지 등 핵심적인 개념 내용의 적실성 여부가 면밀히 검토될 필요가 있다.

그러면 이러한 관련에서 조선조 왕정체제가 보여준 실제적 양상은 과연 어떠한 것이었던가?

첫째, 조선조의 경우에는 가산제 모형과는 달리 왕실(궁정)과 국가(관부)가 상당한 정도 분화된 양상을 보여 주었다. 뿐만 아니라 조선조의 경우에는 왕실의 운영도 가능한 한 공적인 행정기구를 통해서 관리하려는 관행과 제도적 장치를 두었다. 예컨대 종친부(宗親府), 돈녕부(敦寧府) 등을 두어 왕실과 외척의 직접적인 왕정 참여를 제도적으로 차단하는 한편 종친의 경우 친진(親盡)한 연후에야 과거 응시를 허용하는 엄격성을 보여주었기 때문이다.

둘째, 조선조의 경우에는 존왕천패(尊王賤覇)의 왕도정치(王道政治) 이념에 의한 합유교적 왕정 운영의 규범적 요구 때문에 왕권의 자의적 행사가 여러 면에서 규제되었을 뿐 아니라, 오히려 상대적으로 왕권 행사를 보필하는 신료의 종정자적 역할과 기능이 강조됨으로써 상당한 수준의 독자성을 가지고 있었다. 경연제도(經筵制度), 대간제도(臺諫制度) 등은 군왕의 성군(聖君)적 자질을 함양시키는 한편 왕권의 자의적 행사를 규제하기 위한 신료의 상대적 특권을 제도화한 예에 해당하며, 또 도평의사사(都評議使司)→의정부(議政府)→비변사(備邊司)로 이어지는 정책협의 제도는 신료에 의한 종정자적 역할과 기능이 상당한 수준의 독자성을 가지고 있었음을 반증하는 예에 해당한다. 그리고 선조대 이후의 왕정 운영에서 특징적으로 나타나는 붕당정치(朋黨政治)에서는 공도(公道)의 실현을 소임으로 자처하는 재야사림과 그들을 배후세력으로 삼는 신료들이 상호 유기적으로 제휴하여 왕권을 위협할 정도의 위세를 과시하기도 하였다. 여기에서 이른바 '산림'(山林)으로 지칭되는 재야 유자집단은 사림사회의 구심점으로서 군왕에 대한 충성보다는 그야말로 공도에 바탕을 둔 도통(道統) 관철에 충실하려는 이념 지향성을 보여주었기 때문에 이들이 왕정 운영에 직접 참여하는 경우에는 이들의 권위가 사실상 왕권을 능가하는 독자성을 발휘할 수 있었다. 요컨대 조선조의 왕정체제에 있어서는 위정자인 군왕의 권위와 신성성이 부정된 적은 없지만, 합유교적 왕정 운영이라는 규범적 요구에 의거하여 '군도'(君道)와 '신도'(臣道)로 대별되는 치자의 역할분한이 엄격히 규범화되어 있었고, 따라서 이러한 규범적 요구가 지배하는 정치적 상황이 조성되는 경우에는 이른바 군신공치주의라는 매우 독특한 양상을 보여주기 마련이었다.

셋째, 조선조의 경우에는 왕정체제 운영의 물질적 기반을 형성하는 소유관계에 있어서도 가산제 개념으로는 도저히 포괄할 수 없는 특이한 양상을 보여주고 있었다. 조선조 역시 동양 전래의 전제군주제 전통을 계승하고 있었던 만큼, '화가위국'(化家爲國)이라는 표현이나 또는 "천하의 토지가 모두 왕토(王土) 아닌 것이 없다"는 왕토사상이 관념적으로 널리 통용되고 있었던 것은 사실이지만, 그것은 어디까지나 명목상 관념에 지나지 않는 것이었다. 공도의 실현을 소임으로 자처하는 사림사회에서는 예컨대 군왕의 출사 요구를 물리칠 수 있는 거부권이 신료에게 공식적으로 인정되고 있었으며, 왕정 운영의 물질적 기반에 해당하는 토지제도 역시 관념상의 왕토사상에도 불구하고 재지사족(在地士族)에 의한 토지사유가 광범하게 인정되고 있었다. 조선조 개창기에 왕권강화책의 일환으로 실시된 과전법(科田法) 체제가 전지의 한계와 지주제의 확산 추세에 따라 반세기도 지속되지 못하고 동요하기 시작하여 직전제(職田制)로 바뀌었고, 그 직전제 역시 명맥조차 유지하기 어려운 한계상황에 봉착하게 되어 성종대 이후에는 관수관급제(官收官給制)로 전환하게 된 것은 바로 이러한 사정을 반영하는 것이었다. 지방 중소지주 출신의 사족이 이른바 사림이라는 정치세력으로 성장하여 군왕을 능가하는 사회·정치적 지배권을 행사하게 된 것은 이러한 물질적 기반을 배경으로 한 것이었다.

이상의 맥락에서 볼 때 조선조 왕정체제의 지배구조는 가산제라는 유형 개념으로는 포괄할 수 없는 매우 독특한 성격을 보여 주었다. 그리고 그러한 특성은 기본적으로 체제이념으로 설정된 주자학의 도학이념에 의한 규범적 요구에서 비롯된 것이었음은 두말할 나위가 없다. 따라서 조선조 특유의 지배구조를 제대로 이해하기 위해서는 도학이념의 사회적 확산과 더불어 그 이념집단을 자처하는 사림세력이 사회·정치적 헤게모니를 장악, 왕정체제의 운영을 주도하게 된 과정과 그 양상에 특히 주목할 필요가 있다.

이상에서 가산관료제론 내지 가산제국가론의 적실성에 대해서 살펴보았거니와, 이와 대비되는 또 다른 관점으로서 유교이념을 지배원리로 삼고 있는 동양 전래의 전통적 지배구조에 주안점을 두고 있는 양반관료제론(兩班官僚制論) 내지 관인국가론(官人國家論)에 대해서 살펴보기로 한다.

조선조 지배구조의 특징을 양반관료제의 관점에서 파악하려는 입장은 주지하듯이 동양적 왕정체제가 기본적으로 유교이념의 규범적 제약을 받으며, 특히 조선조의 경우는 유교국가 체제로서 유자집단이 왕정체제의 운영을 주도하였다는 기본적 전제에서 출발한다. 그러므로 여기서는 먼저 지배구조의 특징을 지배권력 담지 세력이 나타내는 계층적 성격으로 파악하여, 신분제적 측면에서의 양반과 지배계층으로서의 관인(官人)이 사회・정치적 지배질서를 주도하는 것으로 본다. 따라서 이러한 입장은 신분질서에 주목하여 조선조의 지배구조를 규명하려는 대부분의 역사학자들에게서 광범하게 확인할 수 있다.[4] 그리고 또한 관인국가론의 경우는 이러한 역사학계의 전통적 인식을 바탕으로 조선조 왕정체제 특유의 정치적 권력관계를 규명하려는 데 주안점을 둔 것으로서, 이러한 입장은 조좌호의 「아시아적 관인지배의 한국적 전통」(1959) 이래 그 영향이 확산되어 김운태 등 행정학 분야의 관료제 연구에서 주로 원용되고 있는 사회과학적 관점에 해당한다 (조좌호 1959; 김운태 1973).

이상에서 양반관료제론과 관인국가론의 주안점에 대해서 개괄적으로 살펴보았거니와, 이러한 관점은 앞에서 살펴본 가산제론의 경우에 비하여 유교이념에 의한 규범적 및 제도적 제약을 받는 조선조 특유의 역사성을 주목하도록 하고는 있지만, 다음 몇 가지 점에서 근본적인 취약성이 있다.

먼저 양반관료제론의 경우에는 무엇보다 지배구조를 파악하기

---

[4] 이러한 입장은 예컨대 이상백・김석형 등의 조선조 연구를 필두로 하여 1970년대 이후에 활발히 제기된 이성무・송준호・한영우 등에 의한 일련의 양반 연구에서 확인할 수 있다. 이상백(1934); 김석형(1959); 이성무(1973); 이성무(1980); 송준호(1976); 한영우(1977); 한영우(1983) 참조.

위한 분석개념 그 자체가 복합적 성격을 갖고 있기 때문에 지배구조의 핵심을 이루는 권력관계의 규명이 간과될 수밖에 없는 취약성이 있다. 양반관료제론에서는 사회적 신분을 나타내는 양반 개념과 왕정에 직접 참여하여 정치적 지배권을 행사하는 지배계층으로서의 관인(또는 관료) 개념을 합성시킨 복합개념을 막연하게 사용함으로써 두 개념에 각기 내포되어 있는 권력관계의 구체적인 함의를 간과하고 있다. 따라서 여기서는 이러한 분석개념의 모호성 때문에 위정자인 군왕과의 권력관계에서 이들 각자가 수행하는 정치적 역할과 기능의 동태성을 제대로 포착하지 못하게 된다. 조선조 사회가 신분제사회였고 왕정에 참여하여 지배권을 행사하는 관료가 양반이라는 일정 신분계층에만 국한되었음은 물론 사실이지만, 양반과 관료가 지배계층 내부에서 완전히 합일되는 것은 아니었으며, 특히 위정자인 군왕과의 권력관계에서 동일한 역할을 수행하지도 않았던 것이다. 요컨대 조선조 특유의 지배구조를 제대로 구명하기 위해서는 그 핵심이 되는 권력관계의 동태성을 효과적으로 포착할 수 있도록 정제된 분석개념의 설정이 필요하며, 이런 맥락에서 양반관료제론의 분석개념은 사회과학적으로 보다 정제될 필요가 있는 것으로 생각된다.

　양반관료제론에서는 또한 유교규범이 지배적인 가치정향으로 통용되는 신분제적인 사회성격을 구명하려는 데만 주목함으로써 결과적으로 군왕을 정점으로 하는 왕정체제 지배구조의 기본적 성격을 간과하고 있다. 조선조의 왕정체제가 유교이념에 의해서 규범적·제도적으로 상당한 제약을 받고 있었고, 거기에 수반하여 군왕의 전제가 유업(儒業)을 본업으로 삼는 신료에 의하여 개별적 또는 집단적으로 크게 규제되고 있었던 것은 사실이지만, 군왕의 권위와 신성성이 부정되는 사례는 없었으며, 또 서양의 봉건사회나 고려조의 귀족사회에서처럼 왕실의 권위가 수다한 권문세가와 병렬적 위치에 놓일 정도로 왕권의 약화 양상을 지속적으로 보여주지는 않았던 것이다. 따라서 조선조 특유의 권력구조를 파악할 때에는 군주제라는 동양적 왕정체제 본유의 기본적 테두리 안에서 유교이념에 의한 특수한 제약조건과 그 구체적 양상을 살피는 데 주목할 필요가 있다. 유교이념에 의한 제약조건은 군왕에게만이 아니라 신료에게 더욱 엄격하게 부과되었다는 사실을 여기서 특별히 유의할 필요가 있다.

관인국가론의 경우에는 막스 베버가 말하는 가산제국가나 유럽적인 절대군주제국가와 구별되는 유교국가 체제의 특이성을 구명하려는 데서 논의의 출발점을 삼고 있다. 따라서 여기서는 특히 '관료'(bureaucrat) 대신 '관인'(mandarin)이라는 분석개념을 사용하는 한편, 이를 권력관계에 적용, 군왕의 통치권과 신료인 관인의 지배권을 분리해서 파악하는 분석적 입장을 취하고 있는 것이 주목된다. 관인 개념을 조선조의 지배구조 분석에 처음 도입한 조좌호에 의하면, 관인(mandarin)이라는 표현은 16세기에 중국을 방문한 한 포르투갈인에게 중국의 관리가 유럽의 관료(bureaucrat)와 색다르게 '명령자·지배자'(mandarin)로 비치게 된 데서 연유된 것이라고 하거니와(조좌호 1969, 71-72), 이러한 동양 유교권의 관인 개념으로부터 출발하여 그는 중국의 경우와 다시 구별되는 조선조 특유의 군신관계를 조명하는 분석적 시각을 설정하고 있다.

조선조의 군신관계는 확실히 출발점부터 특이한 양상을 보여주었다. 신왕조 개창 시 왕권의 정당성이 유교의 천명론(天命論)에 의거, 역성혁명 주도자들의 추대 형식으로 이루어졌음은 주지의 사실이거니와, 따라서 조선조의 왕권은 같은 천명론에 의거하고 있으면서도 종교적 차원의 천자론(天子論)에 의거한 중국의 경우와 발생 배경상의 차이를 보여 주고 있었으며, 더욱이 그 후 역성혁명 주도자들이 재상 중심의 관료정치를 선호하는 경향을 강렬하게 보여주었고 또 그러한 전통이 계속 이어지게 됨에 따라 관인을 중심으로 한 신료의 상대적 지위가 상당히 강력해지게 되었다. 고급관인들이 군국대사를 의결하는 묘당회의(廟堂會議) 제도, 관인들로부터의 박순채납(博詢採納)에 의한 의사수렴으로 정책결정을 진행하는 시사(視事)·경연(經筵) 등의 제도적 관행, 왕권의 자의적 행사를 규찰하는 대간제도(臺諫制度) 등은 이러한 전통 속에서 확립된 제도적 장치에 해당한다(김운태 1973, 137-140). 그리하여 조선조의 유교적 왕정체제는 군주제의 기본적인 틀 속에 있으면서도 "군왕이 통치는 하였으나 지배하지는 못하였으며(reigned but did not rule), 관인은 지배하였지만 통치하지는 않았다(ruled but did not reign)"고 집약할 수 있는 상당히 분화된 권력관계를 나타내고 있다(조석준 1973, 78).

이상에서 관인국가론의 주안점에 대해 개략적으로 살펴보았거니와, 여기서 관인이라는 유교국가 특유의 지배계층 개념을 매개로 군신 간의 권력관계를 분화해서 접근하는 분석적 관점을 제시한 것은 조선조의 특징적 지배구조에 대한 사회과학적 규명에 상당한 기여를 하게 되었다.

그러나 관인국가론은 지배계층을 '관인'이라는 유직자(有職者)에 국한해서 보는 고정된 관점과 정태적인 시각 때문에 결과적으로 권력구조의 변천과정에 상응한 지배구조 내부의 동태성을 파악하는 데 다음과 같은 중요한 한계점을 보여주고 있다(강광식 2009b, 159-161).

첫째, 관인국가론에서는 군왕과의 관련에서 지배권을 행사하는 신료의 범위를 관인에 한정함으로써 신료가 개별적 또는 집단적으로 왕권을 능가하는 사회·정치적 헤게모니를 장악하게 되는 동태적 메커니즘을 간과하고 있다는 점이다. 유교적 왕정체제에서는 관직이 없이도 재야 유자의 입장에서 상소 등의 형식으로 왕정 운영에 영향력을 행사하는 것이 통례로 되어 있었거니와, 특히 조선조의 경우에는 도학 정치문화의 사회적 확산 추세에 수반하여 이른바 '사림'으로 지칭되는 재야 유자집단의 정치적 영향력이 상당한 수준의 독자성을 갖게 되었던 사실에 특별히 주목할 필요가 있다.[5] 특히 붕당정치가 공인된 정치과정으로 정착되어 있었던 조선조 후기의 경우에서 보면, 왕권을 능가하는 관인의 지배권이란 거의 예외 없이 '사림'이라는 출사자 배후집단과의 연계 하에서만 역동성을 갖게 마련이었으며, 이 경우 재야 사림사회의 구심점 역

---

[5] 이러한 관점에서 '행도자형' 관료(관인) 공급원으로서 사림사회의 성격에 주목하고 있는 연구로는 박병련(1991, 138-149) 참조.

할을 하던 이른바 '산림'이라는 존재는 직접 왕정에 참여하지 않고도 출사 관인을 조종하는 한편 군왕의 요구도 물리칠 수 있는 거부권까지 행사할 수 있을 정도로 막강한 권위를 누렸던 것이다. 요컨대 관인국가론에서 핵심적인 분석개념으로 설정하고 있는 관인 개념으로는 도학정치가 지배적인 정치과정으로 정착되어 있었던 조선조 후기 지배구조의 역동성을 제대로 포착할 수 없다.

둘째, 관인국가론에서는 관인 개념 자체의 고정적 성격 때문에 관인집단 내부의 구조적 성격을 구명하는 데 소홀할 가능성이 있으며, 특히 군왕과의 관련에서 관료제도 자체가 갖는 지배구조상의 역동성을 간과하기가 쉽다는 점이다. 파레토(Pareto)의 엘리트 이론에 의하면, 사회·정치적 지배권을 행사하는 엘리트는 일반적으로 통치엘리트(governing elite)와 비통치엘리트(non-governing elite)로 구분될 수 있거니와(Preto 1970, 115), 이러한 기준에 따르면 조선조의 관인사회도 통치엘리트로서 지배권 행사에 직접 참여하는 이른바 '핵심관인'(核心官人)과 더불어 '비통치엘리트'로서 단순한 행정적 기능만을 수행하는 '장치관인'(裝置官人)으로 대별되는 복합적인 구조적 양상을 보여주고 있었다.6) 그리고 여기서 조선조의 관인 지배적 성격은 두말할 나위도 없이 핵심관인과의 관련에서만 양해될 수 있으며, 그 핵심관인의 지배적 영향력이라는 것도 엄밀히 따지고 보면 재야 사림세력과의 관련에서만 왕권

---

6) 이러한 구분은 진덕규의 소론을 참고한 것이다. 그는 조선조의 지배계층을 (1) 왕실, (2) 양반관료, (3) 한계 지배층으로 삼분하되 양반관료를 다시 핵심관료와 장치관료로 양분하고 있다. 진덕규(1982, 27) 참조.

을 능가하는 역동성을 보여준 것으로 이해될 수 있다. 요컨대 관인국가론에서 말하는 고정적이고 정태적인 관인 개념만으로는 관료체제 자체의 구조와 기능을 효과적으로 구명할 수 없을 뿐 아니라, 나아가서는 왕정체제 전체의 권력구조 변천과정에 상응하는 지배구조 내부의 동태성을 제대로 포착할 수 없다.

위에서는 조선조 왕정체제의 지배구조에 관한 기존의 관점들을 가산제론과 관인지배론으로 대별, 주안점 및 개념적 적실성상의 주요 문제점에 대해서 살펴보았거니와, 여기서는 이러한 문제점에 유의하여 다음과 같은 보완적 관점을 설정, 주제에 접근하는 기본적인 인식의 관점으로 삼으려고 한다(강광식 2009b, 162-163).

첫째, 이 글에서는 조선조의 특징적 지배구조를 파악함에 있어 무엇보다도 유교국가 체제로서의 규범적 및 제도적 특성과 그 실제적 변용 양상에 우선 주목하려고 한다. 조선조는 주자학의 도학이념을 체제이념으로 설정하고 개창되었거니와, 따라서 도학이념에 의한 제약조건이 지배체제에 어떻게 반영되었고 또 변용되었는가의 문제는 유럽적인 절대군주제와의 관련에서는 물론 같은 동양의 중국적인 전제군주제와의 차별성을 나타내는 핵심적 규정 요인이 된다고 보기 때문이다. 그리고 이러한 맥락에서 여기서는 특히 유업(儒業)을 전업으로 삼는 유자집단으로서 사림세력의 지배구조상의 위상과 그 변화 양상에 관심의 초점을 두게 될 것이다.

둘째, 이 글에서는 조선조 특유의 지배구조상의 역동성을 파악하기 위하여 위정자로서의 군왕과 종정자로서의 신료 간에 어떠한 권력관계 상의 동태를 보여주고 있었는지 그 구체적 양상에 주목하려고 한다. 조선조의 지배구조는 유교이념에 의한 규범적 및 제도적 제약 속에서도 군왕을 정점으로 하는 동양 전래 왕정체제의 기본적 틀에서 벗어난 적이 없었거니와, 따라서 군신공치주의 지향의 도학정치가 지배적인 정치과정으로 정착되어 있는 여건 하에서도 지배구조의 핵심을 이루는 권력관계는 언제나 군왕을 매개로 형성되고 또 변화되는 양상을 보여주었기 때문이다. 그러나 신료들이 행사하는 지배권의 독자성과 상대적 우월성은 도학이념 집단을 자처하는 사림세력이 사회·정치적 헤게모니를 장악하고 있는 조건 하에서만 현실화될 수 있었던 만큼, 여기서는 이 점을 예의 고려하여 지배구조 내부의 동태성을 파악하는 데 역점을 두게 될 것이다.

3. 조선조 유교정치 체제의 특징적 지배구조

조선조가 신유학사상을 신봉하던 고려 말 신흥사대부를 중심으로 창건되었음은 그 자체가 조선조 지배체제의 기본적 성격을 예시하는 하나의 징표에 해당한다. 그들은 전 왕조에서부터 호족연합(豪族聯合) 성격의 고려조사회를 개혁하여 유교국가화(儒敎國家化)하려는 혁신운동을 이미 추진한 바 있거니와, 따라서 그들의 주도로 개창된 조선조의 지배체제는 사회적으로는 물론 정치적으로도 유교국가화의 지향을 갖게 마련이었다. 여기서 말하는 유교국가화의 지향이란 유교이념에 의한 민본(民本)적 국가이성(國家理性)을 바탕으로 하되 관료제・군현제・율령제 등의 합리적이고 효율적인 지배구조에 의해서 뒷받침되는 유교적 왕정체제를 지칭한다.[7]

이러한 징표는 실제로 정도전 등 역성혁명 주도자들의 신왕조체제 구상에서 구체적으로 표명되고 있음을 확인할 수 있다. 예컨대 정도전의 『조선경국전』에서 보면, 조선조의 왕정체제가 민본(民本)・덕치(德治)를 체용(體用)으로 하는 왕도정치 이념에 입각하여 운영돼야 한다는 전제 하에 이를 효과적으로 뒷받침하기 위하여 군왕을 구심점으로 하되 주례(周禮)의 6전체제(六典體制)에 의거한 중앙집권적 관료제와 이러한 관료제의 효과적 운영을 위한 재상중심제(宰相中心制)가 중심적 왕정 운영방식으로 선호되고 있음을 볼 수 있다. 그리고 여기서는 또한 위정자로서 군왕의 위상과 역할이 이념적 및 현실적으로 상당히 제약되는 제한군주제적 지향을 보여주고 있다. 즉 그는 <부전>(賦典)에서 "군주는 나라에 의존하고 나라는 백성에 의존한다. 따라서 백성은 나라의 근본인 동시에 군주의 하늘이다"고 하여 순천응인(順天應人)의 민본이념과 더불어 군주의 중민경군적(重民輕君的) 위상을 분명히 규정하고 있다. 그리고 <치전>(治典)에서는 "인주의 직책은 일상(一相)을 선택하여 (정사를) 의논하는 데 있다"고 규정하는 한편,

---

[7] 유교국가 체제의 역사적 발전과정을 이런 맥락에서 체계적으로 고찰해서 여말・선초 특유의 정치사상적 유형 개념을 제시하고 있는 연구로는 손문호(1989) 참조.

군주 자신이 성인이나 현자이면 가장 바람직한 것이지만 그렇지 못하더라도 재상만 훌륭하다면 정사는 잘 다스려질 수 있다는 관점을 제시함으로써 혼(昏)·명(明)이 불확실한 세습군주제를 전제로 한 왕권의 분한을 분명히 제시하고 있다.

위에서 살핀 정도전의 체제 구상에서 보면, 조선조의 지배구조는 요컨대 군왕을 상징적인 구심점으로 삼는 중앙집권적 관료체제로서 그 실제적 지배권은 6개 부문으로 분화된 전문적 관인이 행사하되 그 통솔권을 재상이 장악하는 것이었다. 그리고 여기서 군왕을 비롯한 지배계층은 그들의 지배권 행사에 민본·덕치 이념에 입각한 규범적 제약을 받도록 마련되어 있었다(한영우 1989; 최상용·박홍규 2002).

그러면 이러한 체제 구상은 그 후 왕정체제의 실제적 운영과정에서 어떻게 구현되었던가?

첫째, 주례의 6전체제를 근간으로 한 행정체제는 주지하듯이 성종대에 완성을 본 '경국대전(經國大典) 체제'로서 그 골간이 반영되어 왕정체제 전반에 걸친 법제적 전범으로 원용되었다.『경국대전』을 전범으로 한 법제적 기반은 그 후 시대적·환경적 변화를 고려하여『대전통편』(大典通編),『대전회통』(大典會通) 등으로 이어지는 부분적 찬수(撰修) 과정을 거치기는 하였지만 19세기 말의 갑오개혁으로 근대적 법제가 도입되기 전까지 그 기본적 골격이 조선조 전 과정에 걸쳐 그대로 준수되었다.[8]

---

8) 조선조 왕정체제의 변천 과정을 법전 편찬사적 관점에서 실증적으로

다음으로 중앙집권적 왕정체제의 운영을 재상이 주도해야 한다는 재상중심론의 경우는 조선조 초기의 왕권 확립 과정에서 왕실(태종)의 도전을 받아 정도전 자신이 거세되는 원인이 되기도 했지만, 고급관인의 서사권(署事權)을 강조하는 기본적 발상은 도평의사사(都評議使司)·의정부(議政府)·비변사(備邊司)로 이어지는 '3재상 협의제'의 존치로 그 전통이 계승되었다. 그러나 이 3재상 협의제가 갖는 왕정 운영의 최고의결기관으로서의 위상은 군왕권의 소장(消長) 여하를 반영하여 간헐적으로 부침 양상을 보여주게 되었다. 예컨대 군신 간의 권력관계에서 왕권강화책이 강력하게 대두되는 경우에는 태종·세조대의 예에서처럼 대체로 '6조 직계제'(六曹直啓制)가 선호되는 양상을 보여주게 되었다. 그럼에도 불구하고 조선조의 지배체제는 적어도 행정적 관점에서는 관인이 일관하여 지배하는 전통을 보여주었다.

끝으로 합유교적 왕정 운영을 요구하는 규범적 제약조건과 관련하여 군왕을 비롯한 지배계층이 역사적으로 어떠한 지배구조상의 경합관계를 보여주었는가를 살펴보기로 한다.

유교정치의 이념적 지향에서는 주지하듯이 왕도정치 구현을 위한 치자의 선결조건으로서 수기치인(修己治人)의 행도(行道)를 요구하는 한편 치자의 구체적 역할에 주목하여 이른바 '군도'(聖君之道)·신도(眞儒·賢相之道)로 대별되는 차별적 역할규범을 설정하고 있었거니와, 이러한 유교정치의 규범적 관행은 조선조에

고찰하고 있는 연구로는 홍이섭(1964, 29-42) 참조.

서도 그대로 존숭되는 전통을 보여주게 되었다. 그러나 그 구체적 양상은 지배구조 내부의 권력관계 변화 양상 여하에 따라 역사적으로 다양한 편차를 보여주게 되었다.

그런데 여기서 특별히 주목되는 것은 조선조의 경우 왕정체제의 시발이 역성혁명에 의한 일종의 사대부연합(士大夫聯合) 형식으로 이루어졌던 만큼 치자에 대한 규범적 제약을 신왕조 벽두부터 군 왕쪽에 더욱 엄격히 요구하는 전통을 보여주었다는 점이다. 이러한 사실은 신왕조 벽두부터 면면히 강조된 유덕자군주론(有德者君主論)으로서, 예컨대 퇴계의 『성학십도』(聖學十圖)와 율곡의 『성학집요』(聖學輯要)에 의해 체계적으로 강조되어 화서(華西, 이항로) 등 한말 도학파 사림에 의한 '내수외양론'(內修外攘論)에 이르기까지 줄기차게 계승되었다. 여기서는 왕실의 재정까지도 공적인 행정기구를 통해서 관리하고 종친과 외척의 왕정 참여를 차단하는 제도적 관행을 엄격히 준수하도록 강조함으로써 이러한 전통을 단적으로 확인할 수 있게 한다. '신도'로 지칭되는 신료의 역할규범도 내용상으로는 '격군'(格君)·'정군'(正君)·'인군당도'(引君當道)라고 하여 군왕의 성군화(聖君化)에 초점을 둠으로써 그것이 경연제도와 같은 제도적 장치의 존치 근거로 활용되었다. 그 밖에도 일종의 군왕 수습과정으로서 세자책봉제(世子冊封制)와 더불어 간헐적으로 수렴청정제(垂簾聽政制)나 원상제(院相制)가 원용되어 경륜과 덕망을 갖춘 특정한 신료의 역할을 강조하는 관행이 강조되고 있었다. 그래서 조선조에서는 심지어 이러한 제도적 관행을 매개로 특정한 신료가 왕권을 심각하게 위협하는 사례까지도 있었다(강광식 2000, 75).

이상에서 유교적 지배규범에 의해 규정되는 조선조 특유의 지배구조와 그 역사적 변용 양상에 대해 개략적으로 살펴보았거니와, 이러한 특수성 때문에 조선조 왕정체제는 역사적으로 매우 독특한 연합적 성향을 보여주게 마련이었다. 이를 간추려 보면 대략 다음과 같이 정리할 수 있다(강광식 2009a, 107-109; 강광식 2009b, 173-175).

첫째, 조선조의 지배체제는 군주를 구심점으로 하는 왕정체제 본연의 권력구조를 기반으로 하고 있었지만, 사대부계층 중심의 역성혁명으로 출범된 생성 배경상의 기본적 여건 때문에 당초부터 사대부계층과의 연합에 의해 권력관계가 형성되게 마련이었고, 이러한 양상은 유교정치 문화, 특히 신유학사상에 바탕을 둔 도학정치 문화가 지배적인 정치문화로 정착되어 감에 따라 더욱 제도적으로 강화되는 추세를 보여주었다.

둘째, 조선조의 지배체제는 역대 전 과정을 통하여 왕정체제라는 군왕 중심의 기본적 틀에서 벗어난 적이 없다. 따라서 개별적 왕권의 소장 여하에 상관없이 지배연합이 형성되는 권력구조상의 기본적 형식은 언제나 군왕을 매개로 하여 결성·변이되는 양상을 보여주게 되었다. 왕권이 강화되어 있는 조건 하에서는 물론 군왕 자신이 권력구조의 편성·재편성 작업에 직접 참여하여 지배연합의 결성을 주도하였고, 이와는 반대로 왕권 행사의 탄력성이 극도로 저조한 조건 하에서는 특정한 신료들이 지배권을 전횡하는 경우라 하더라도 그들에 의한 지배권 행사는 적어도 명목상으로는 왕권에 의탁하는 형식적 절차 속에서 이루어져야 한다는 규범적 제약 때문에 지배구조의 편성·재편성을 위한 지배연합 역시 군왕을 매개로 하여 형성되었다.

셋째, 군왕이 주도하는 지배연합은 대체로 다음 두 가지의 성향을 보여주었다. 그 하나는 군왕 자신이 특정한 지배세력의 일원으로서 직접 지배연합의 결성을 주도하는 경우이며, 다른 하나는 경합관계에 있는 복수의 지배세력들 사이에서 군왕이 조정자(balancer)나 또는 중재자(mediator)로서 지배연합의 결성을 주도하는 경우이다. 전자는 조선조 초기와 같이 왕정체제 자체의 권력기반이 전체적으로 확립되어 있지 않은 조건 하에서, 특히 특정한 군왕의 품성이 나약하여 왕실의 권위가 극도로 저상되어 있는 경우에 권력정치에 유능한 왕족이 비상수단을 강구하여 권력구조의 재편성을 시도하게 될 때 결성되는 지배연합의 한 유형이라고 할 수 있다(태종·세조의 경우). 후자는 신료집단의 세력화로 정파정치가 대두된 이후의 여건 하에서 경쟁적 신료집단 간의 대립관계가 격화되어 왕정 운영이 난맥상을 보여주게 될 때 군왕이 적극적인 조정자로 나서 새로운 성향의 지배연합을 결성하는 경우이다. 훈척세력의 견제를 위한 성종의 사림 등용책은 초기적 사례의 대표적인 예에 해당하며, 숙종의 환국조치나 영·정조의 탕평책은 붕당정치가 지배적인 정치과정으로 정착되어 있던 후기적 사례의 대표적인 예에 해당한다.

넷째, 왕정체제 하에서 신료가 개별적 또는 집단적으로 지배연합의 결성을 주도하는 경우는 기본적으로 예외적인 사례에 해당한다. 따라서 이러한 성향의 지배연합은 특수한 여건 하에서 극히 한정된 기간에 국한되는 지배연합의 유형에 해당한다. 여기서 말하는 특수한 여건이란, 예컨대 군왕 자신이 연소하다거나(수렴청정제 도입) 또는 적통성상의 하자, 폭정 등 개별적 자질·자격조건을 결여하고 있는 경우(반정 사유 발생)를 지칭하거니와, 이 경우에는 외척세력에 의해서나(전자의 경우) 또는 반정세력에 의해서(후자의 경우) 일시적으로 지배연합의 결성이 주도되었다. 그 밖에 세자책봉에 주도적으로 참여한 특정한 신료나 신료집단이 군왕 등극 초기단계에 주도적으로 결성하는 지배연합도 이러한 유형에 포함시킬 수 있다.

4. 조선조 역대 지배체제의 권력구조:
지배연합의 동태성 분석

이제까지는 이 글의 주제에 접근하기 위한 예비적 고찰로서 조선조 특유의 지배구조와 그에 상응한 지배연합 성향에 대해 개략적으로 살펴보았다. 이하에서는 이러한 예비적 고찰을 바탕으로 조선조 유교정치 체제의 역대 지배구조에 내재하는 권력구조의 동태성을 살피기 위해 그 분석틀로서 지배연합이 형성되는 계기와 근거, 그리고 그 구체적 운용 양상을 규정하는 주요 기제(機制)부터 살펴보기로 한다.

1) 분석틀

(1) 지배연합 형성의 소재와 근거

유교적 왕정체제에서는 일반적으로 위정자인 군왕의 지배권 행사가 신료들의 종정자적 역할을 매개로 하여 이루어지도록 되어 있다. 그리고 이러한 군신 간의 역할분한 관계 때문에 그 실제적인 배분문제를 둘러싸고 군신 간에는 물론 신료들 상호간에 권력관계의 경합 양상이 제기되게 마련이다. 따라서 유교적 왕정체제에서는 어떤 형식으로든 지배구조 내부에 권력관계상의 연합 양상을 보여주게 마련이다. 그리고 바로 여기서 지배연합 형성의 기본적 소재가 존재함을 확인할 수 있다.

그러면 여기에서 지배연합이 실제로 이루어지게 되는 구체적인 계기는 어떤 것인가?

유교적 왕정체제에서는 기본적으로 군왕을 구심점으로 권력구조가 형성되기 때문에 지배연합 역시 기본적으로 군왕을 매개로 하여 형성되고 또 변이·개편된다. 그리고 그 구체적인 근거는 다음 두 가지로 대별할 수 있다. 즉 그 하나는 군왕의 본원적 권한에 해당하는 신료선택권이며, 다른 하나는 일종의 파생적 권한에 해당하는 것으로서 신료들 사이의 경합관계를 조절하는 중재권(仲裁權) 내지 조정권(調整權)이다. 이러한 군왕권의 구체적 행사를 통하여 군왕은 특정한 신료를 개별적 또는 집단적으로 선별하여 자신의 권력기반을 공고히 하기 위한 전략 수단으로 활용할 수 있다. 요컨대 군왕이 지배연합 결성의 구심체가 될 수 있는 구체적인 근거는 군왕의 신료선택권과 신료 간 경합관계 조정권에 있음을 확인할 수 있다.

군왕이 자신의 신료선택권을 행사하여 지배연합을 결성하려고 하는 경우에 고려될 수 있는 전략적 관점은 다음과 같은 두 가지 방식이 상정될 수 있다. 그 하나는 군왕이 자신의 개별적 연고 위주로 신료를 선택하여 지배연합을 결성하는 방식으로서, 공신(功臣)을 책봉하거나 또는 척신(戚臣)을 등용하여 이들을 중심적 전략집단으로 삼아 지배연합을 결성하는 경우가 이에 해당한다. 그리고 다른 하나는 등과(登科)나 천거(薦擧) 등 공식적인 제도 관행을 통하여 등용된 신료나 그 집단을 주된 전략집단으로 삼아 지배연합을 결성하는 방식으로서, 이 경우는 전자에 비하여 전략적인 기동성을 크게 기대할 수는 없지만 원용된 전략집단 자체가 공식적 기제로서의 규범적 요건을 갖추고 있기 때문에 그만큼 상당한 탄력성(彈力性)을 갖게 된다.

다음으로 군왕이 조정자적 역할을 통하여 기존 지배연합의 조정·재편을 시도할 수 있는 구체적인 근거는 한마디로 신료에 대한 용사출척권(用捨黜陟權)과 시비판정권(是非判定權)에 있다고 할 수 있다. 이러한 권한은 물론 그것을 행사하는 개별적 군왕의 권력기반이 어느 정도의 탄력성을 가지고 있느냐에 따라 그 실효성이 좌우되는 것이지만, 유교적 규범문화가 상당한 수준으로 정착되어 있는 조건 하에서는 개별적 군왕권의 탄력성 여하에 상관없이 경합관계에 있는 신료들의 경쟁적 압력에 의해 나름대로의 실효성을 나타낼 수 있다. 요컨대 시비판정권과 같은 군왕권의 실제적 효과는 유교적 가치규범의 사회·정치적 구속력 여하에 달려 있다.

주지하듯이 유교적 가치규범에서는 치자의 시비 판정을 위한 기준으로서 이른바 '의리지변'(義利之辨)의 의리규범에 의한 '군자소인지변'(君子小人之辨)을 중시하거니와, 이것을 출사자에 적용할 경우에는 '진군자붕'(進君子朋)·'퇴소인당'(退小人黨)이라고 하여 유덕자(有德者)로서 군자집단과 구별하여 사리(私利)를 탐하는 소인배를 경계하는 준엄한 기준을 설정하고 있다. 그리하여 군왕이 신료들 간의 경합관계에 이러한 규범적 기준을 적용하여 용사출척을 결행하는 경우에는 상당한 정도의 권위적 위력을 나타낼 수 있다. 따라서 유교적 규범문화가 지배하는 조건 하에서는 이러한 시비판정권의 구체적 행사를 통하여 군왕이 지배연합의 조정·개편에 결정적인 역할을 수행할 수 있다.

이상에서 군왕 주도의 지배연합이 이루어지는 계기와 구체적 근거에 대해 개괄적으로 살펴보았거니와, 그렇다고 해서 신료가 주도하는 지배연합이 전혀 없는 것은 아니다. 유교적 왕정체제 하에서는 군주권 행사에 상당한 규범적 제약이 수반되기 때문에 이러한 규범적 제약조건과의 관련에서 신료가 지배연합의 변동이나 재편에 주도적으로 관여할 수 있다. 유교적 왕정체제에서는 이른바 '군도'(君道)와 '신도'(臣道)로 대별되는 치자의 행동규범을 설정하고 있거니와, 이러한 규범적 조건과의 관련에서 신료가 특정한 군왕을 선별적으로 지지할 수 있는 영역이 제도적으로는 물론 관행상으로도 허용되고 있기 때문이다. 군왕이 연소한 조건 하에서는 예컨대 세자책봉제나 수렴청정제 등을 매개로 특정한 신료들이 지배연합 결성에 주도적으로 참여할 수 있으며, 특히 특정한 군왕이 군도에 어긋나는 결정적인 결함을 가지고 있는 경우에는 이른바 '반정'(反正) 형식의 거사를 통하여 새로운 군왕을 옹립함으로써 이를 계기로 새로운 지배연합의 결성에 주도적인 역할을 수행할 수도 있다. 그러나 이러한 방식은 그 자체가 유교적 규범문화에 일탈하는 변칙적 방식이므로 성공적인 결과를 가져오지 않는 한 충역(忠逆)이 극단적으로 교차되는 심각한 위험부담을 수반한다.

(2) 지배연합의 구성요소와 주요 전략집단의 성향

이상에서는 지배연합이 이루어지게 되는 계기와 그 구체적인 근거에 대해서 살펴보았거니와, 지배연합이 구체적인 역사적 상황 속에서 어떠한 양상으로 결성·변이·재편되는지 실제적 양상을 보기 위해서는 지배연합의 대상이 되는 정치세력으로서 주요 전략집단의 성향과 그 조합의 양상을 주목할 필요가 있다.

그러면 여기에서 지배연합을 구성하는 정치세력에는 과연 어떤 것이 있는가?

지배연합을 구성하는 정치세력은 연합을 결성하는 주체인 군왕과의 관련에서 볼 때 다음과 같이 크게 두 가지 부류로 대별할 수 있다. 그 하나는 군주에게 개별적인 연고를 두고 있는 이른바

〈표 3-1〉 주요 전략집단별 권력기반과 정치적 성향

전략집단\성향	권력 기반			정치적 성향	
	환로접근 계기	중심적 지배수단	조직적 배경	충성 대상	가치추구 성향
공신 (왕신)	군왕과의 사적 연고 (공훈관계)	권력수단(원상제 등을 매개로 한 비공식적 기제)	권문세가 중심의 사조직	군왕 개인	권력 지향성 (개별적 헤게모니)
척신 (왕신)	군왕과의 사적 연고 (인척관계)	권력수단(수렴청정제 등을 매개로 한 비공식적 기제)	척리 중심의 사조직	군왕 개인 및 왕실	권력 지향성 (개별적 헤게모니)
사신	군왕과의 공식적 연고 (등과·천거)	이념수단(대간제도·붕당 등 공식적 기제)	사문·붕당 중심의 공조직	공도	이념 지향성 (집단적 헤게모니)

* 출처: 강광식(1994, 318); 강광식(2009a, 113); 강광식(2009b, 181).

'왕신'(王臣)으로서 공신(功臣)이나 척신(戚臣)이 여기에 해당하며, 다른 하나는 '사신'(士臣)으로서 여기에는 등과(登科)와 같은 공식적인 제도적 경로를 통하여 환로에 오르게 된 대부분의 장치관료와 더불어 천거를 통해 환로에 오르게 된 소수의 유덕자 신료가 이 부류에 포함된다.[9]

그런데 여기에서 특별히 주목할 필요가 있는 것은 이러한 정치세력들이 해당 부류에 따라 권력기반도 다르고 또 그들이 가지고 있는 정치적 성향이 각기 다르다는 점이며, 이에 수반하여 어떤 부류의 정치세력을 전략집단으로 설정하느냐에 따라 지배연합의

---

[9] 여기서 지배연합을 구성하는 주요 전략집단을 '왕신'과 '사신'으로 대별하여 지배구조의 동태성을 살피고 있는 선례는 이옥선(1990, 172-175; 강광식(1994, 317-321) 참조.

성격 자체가 달라진다는 점이다. 이러한 맥락에서 여기에서는 먼저 주요 전략집단별 권력기반과 정치적 성향을 살펴보고, 그 바탕에서 지배연합의 중심적 성향을 차례로 고찰해 보기로 한다.

지배연합 형성에서 중심적인 정치세력으로서 고려될 수 있는 전략집단은 <표 3-1>에서 보는 바와 같이 권력기반과 정치적 성향에서 서로 대조되는 속성을 갖는다.

먼저 '공신'(功臣)의 경우는 군왕과의 사적 연고(공훈관계)를 통하여 환로에 오르게 된 배경 때문에 대체로 권력 지향적 성향을 갖게 마련이며, 따라서 이들이 주로 구사하는 지배수단이나 조직적 배경 역시 주로 이러한 성향과 친화력이 높은 것을 선호하게 마련이다. 지배권 확보를 위해 모색하는 지배수단 역시 공식화된 제도적 기제보다는 주로 비공식적 기제를 매개로 한 노골적인 권력수단을 선호하며, 따라서 자신의 헤게모니 확보를 위한 조직적 기반 역시 사조직의 성격을 띠게 마련이다. 그리고 중요한 것은 그들이 확보한 기득권의 지속적인 유지·확장을 위해서 군왕의 신임을 얻는 데 관심의 초점을 두게 된다는 점이다. 그들에게는 민생이나 왕정 전체의 안위보다는 군왕의 개인적 신임 확보가 주된 관심사로 인식되게 마련이다.

다음으로 '척신'(戚臣)의 경우는 공신의 경우와 마찬가지로 군주와의 사적 연고(인척관계)에 의해 환로에 오르게 된 정치세력이므로 권력기반이나 정치적 성향 역시 비공식적이고 사적인 성향을 나타낸다. 부분적인 차이가 있다면, 환로 접근의 계기가 주로 왕실과의 혼인관계라는 혈연성에 의존하고 있는 만큼 조직기반이 척리(戚吏)라는 한정된 동질 집단에 국한될 가능성이 높다는 점, 그리고 그들의 주된 정치적 관심이 현존하는 군주뿐 아니라 왕실 전체를 고려하여 누대에 걸쳐 왕실과 인척관계를 가지려는 성향을 보여주게 된다는 점 등을 들 수 있다. 이러한 관심은 물론 공신에게서도 찾을 수 있다. 역사적 사례에서 보면 이러한 연유 때문에 공신의 척신화 현상이 자주 확인되거니와, 바로 이러한 연관성 때문에 이들을 통칭하여 훈척세력으로 지칭하기도 한다.

  셋째, '사신'(士臣)의 경우는 공신이나 척신에 비하여 여러 면에서 뚜렷하게 구별되는 특징적 성향을 갖는다. 이 경우는 무엇보다도 환로에 오르게 된 계기적 조건이 공식적 성향을 나타내므로 왕정에 참여하는 기본자세가 대체로 공식적 성향을 보여주게 마련이다. 지배권 행사를 위해 구사하는 중심적 지배수단도 노골적인 권력수단보다는 주로 규범적 요건을 갖춘 공식화된 제도적 장치를 선호하여 예컨대 대간제도를 매개로 한 언관활동에 주력하는 양상을 보여주게 되며, 이들이 왕정 운영을 주도하기 위해 모색하는 조직적 기반 역시 사조직보다는 대의명분이 적용되는 사문관계(師門關係)나 붕당(朋黨)과 같은 공조직에 주안점을 두게 마련이다. 따라서 이들이 지배권 확보를 위해 추구하는 정치적 의식성향 역시 왕신의 경우와는 근본적으로 다를 수밖에 없다. 그들은 우선 대의명분을 추구하는 이념 지향적 성향을 가지고 있기 때문에 군주의 신임을 확보하기 위한 수단도 예컨대 '격군'(格君)·'인군당도'(引君當道) 등 이른바 성군화(聖君化)에 주안점을 둔 이념수단에 주로 의존하게 마련이다. 따라서 그들의 주된 충성 대상은 개별적인 군왕이 아니라 공도(公道) 실현이라는 이념적 대상에 국한되는 매우 특이한 양상을 보여주게 마련이다. 그리하여 특정한 군왕이 그들이 신봉하는 규범적 요건을 결여하고 있다고 생각되는 경우에는 언제라도 관련 군왕의 권위를 무시하고 환로 자체를 포기하는 독특한 행동 성향을 나타내기도 한다. 그리고 여기서 특히 주목되는 것은 그들이 지배권의 헤게모니를 추구하는 경우에도 개별적 차원이 아니라 자신이 소속되어 있는 사림사회와의 밀접한 연관 하에 집단적 성향을 나타낸다는 점이다. 그리하여 예컨대 군왕의 권위와 '산림'(山林)의 권위가 상충될 경우에는 우선적으로 산림의 권위에 승복하는 매우 독특한 집단 성향을 보여주기도 한다. 이러한 맥락에서 조선조 왕정체제의 지배연합에 '사신'이 주요 전략집단으로 대두하게 된 것은 매우 중요한 의미를 갖는다.

이상에서 지배연합 형성의 주요 구성요소가 되는 정치세력들의 기본적 성향에 대해서 검토해 보았거니와, 이러한 성향은 지배연합에 매우 중요한 규정요인이 된다고 할 수 있다. 어떠한 성향의 정치세력을 중심적 전략집단으로 삼느냐에 따라 지배구조 자체의 성격이 규정되고 또 그 성격 여하에 따라 지배구조 전체의 동태성이 다양하게 규정되기 때문이다. 예컨대 왕신 위주로 지배연합이 이루어지는 경우에는 임기적으로는 기동성 높은 전략적 효과를 기대할 수 있을지 모르지만, 장기적으로는 이념적 기반의 취약점 때문에 지속적인 응집력을 기대하기 어려울 뿐 아니라 지배구조 전체가 만성적인 정통성 위기에 시달리게 될 가능성이 높으며, 이와는 달리 이념집단을 자처하는 사신 위주로 지배연합이 이루어지는 경우에는 임기적으로 극적인 전략적 효과는 크게 기대할 수 없지만 지속적인 이념적 응집력과 더불어 이념적 정통성 확보에 매우 효과적인 전략적 성과를 수반하게 됨으로써 권력구조 전체의 통합성과 안정성에 크게 기여하게 된다.

(3) 지배연합의 역사적 준거 모형.

위에서 살펴본 지배연합의 기본적 성향은 어디까지나 전략집단의 개별적 성향에 주목하여 유형화한 것에 지나지 않는다. 실제로 존재하는 지배연합은 분포상의 차이는 있을지라도 복합적 양상을 갖게 마련이다. 따라서 지배연합의 동태성 파악을 위해서는 연합 형성의 중심적 전략집단에 대한 고려와 더불어 전체적으로 조합의 양상과 분포를 아울러 주목할 필요가 있다. 조선조 지배구조의 역사적 변천과정 역시 이런 전제 하에서만 제대로 파악될 수 있다.

그러면 여기서 조선조의 역대 지배연합은 구체적으로 어떻게 파악할 것인가?

조선조 왕정체제의 역사적 변천 과정이라는 거시적 관점에서 보면, 위에서 개괄적으로 살펴보았듯이 신유학사상의 도학이념을 숭상하는 고려 말 사대부연합 형식으로 지배구조가 개시되었고, 따라서 그들의 향배가 계속 매우 중요한 변수로 작용하였다. 조선조 개창기에는 그들 중 일부 세력만이 왕정에 참여하고, 정몽주 등의 절의파 학맥을 계승한 사대부는 참여를 기피한 채 상당한 기간 향촌사회에 은거하다가 15세기 말 성종대에 이르러서야 집권적 훈척세력의 발호에 자극되어 '사림'이라는 정치세력으로 부상, 왕정에 직접 참여하는 양상을 보여주었다. 그리고 그 후 4대 사화의 연속적인 박해를 받는 과정에서 이념집단으로 결속·성장하여 16세기 말 선조대부터는 왕정 운영 전반을 주도하는 지배적인 정치세력으로 부상하게 되었다. 그리하여 이후 조선조의 지배체제는 전적으로 이들 사림세력의 이합집산 양상을 그대로 반영하는 것이었다. 따라서 고려 말 신흥사대부의 정통성을 계승한 것으로 자처하던 이들 사림세력의 역할과 위상은 조선조 지배구조의 역사적 동태성을 규정하는 기본 변수로 작용하게 되었다. 조선조의 역대 지배연합 역시 이러한 역사적 동태성을 반영하는 것이었음은 두말할 나위가 없다. 이러한 맥락에서 조선조 왕정체제가 보여준 역대 지배연합의 모형은 대략 <표 3-2>와 같이 유형화할 수 있다).

이상에서 조선조 왕정체제가 보여준 역대 지배연합의 준거 모형을 간추려 예시하였거니와, 이하에서는 이러한 준거 모형에 비추어 그 구체적인 내용을 차례로 살펴보기로 한다.

2) 역대 지배체제의 지배연합 성향과 그 변천 과정

조선조 유교정치 체제는 왕정체제로서의 지배구조 변천 양상과 특히 유교이념 집단으로서 사림세력의 정치적 위상 변화라는 관점에서 다음과 같이 몇 단계의 역사적 변천과정을 보여준다. 즉

〈표 3-2〉 역대 지배연합의 준거 모형

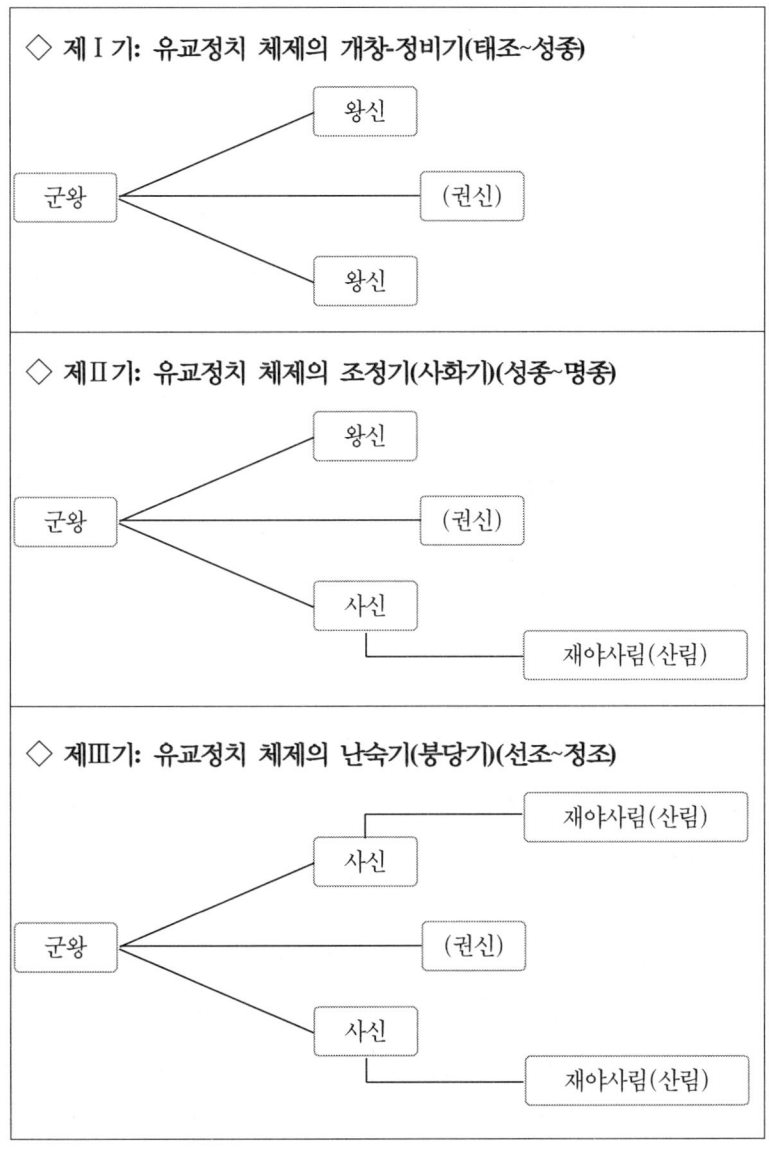

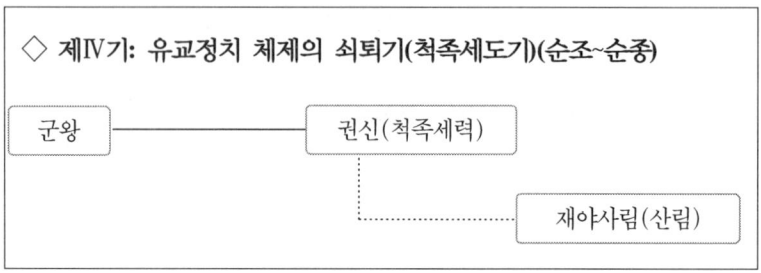

① 유교정치 체제 개창·정비기, ② 붕당정치 도입 과도기(사화기), ③ 붕당정치 운용 난숙기, ④ 붕당정치 운용 쇠퇴기(척족세도기) 등이 그것이다.

(1) 체제 개창·정비기(태조~성종)

조선조는 고려조의 유교국가화를 추구하던 개혁적 신흥사대부들이 주도한 역성혁명을 통하여 개창되었다. 따라서 조선조는 주도세력의 이러한 정치적 성향을 반영하여 중앙집권적 관료제를 근간으로 하는 유교적 왕정체제를 지향하게 되었으며, 그리고 이에 수반하여 지배구조상으로는 호족연합(豪族聯合) 성격의 고려조와는 달리 신흥사대부 중심의 사족연합(士族聯合) 성격을 나타내게 되었다.

그러나 이러한 성향은 어디까지나 전면에 드러난 기본적 지향일 뿐, 그것이 구체화되기 이전의 체제 형성과정에서는 내면적으로 여러 가지 복합적인 요소를 내포하고 있었다. 조선조 개창을 주도한 역성혁명 세력은 개국공신의 분포에서 보듯이 이성계(李成桂)를 추종하던 일군의 무인과 정도전(鄭道傳) 등 신흥사대부세력의 연합으로 이뤄져 있었거니와,10) 이러한 주도세력 내부의 복합적 성격이 지배구조 개편과정에서 한동안 주요 갈등요인으로 작용하게 되었다. 그리고 여기서 특히 주목될 필요가 있는 것은 이념적 주도세력이라 할 수 있는 신흥사대부들의 향배로서, 강상의리(綱常義理)를 중시하는 정몽주(鄭夢周) 등 절의파가 자의 또는 타의로 왕정 참여에서 배제됨으로써 당시는 물론 이후 오랫동안 체제적 갈등요인으로 잔존하게 되었다는 점이다.

그러면 여기에서 조선조 초기의 지배구조는 어떠한 양양으로 형성·변이되었던가?

조선조 초기의 지배구조는 왕정체제로서의 체제적 기반이 취약했던 만큼, 그리고 특히 왕실과 신료가 대등한 동반자 관계에 있었던 만큼 상당한 기간에 걸쳐 주도세력 내부의 갈등으로 불안정성을 나타내게 되었다. 성종(成宗)대에 이르기까지의 1세기 동안 무려 8차례에 걸쳐 공신 책봉이 있었던 것은 이러한 사정을 단적으로 반증한다. 여기서는 바로 이러한 사정에 주목해서 지배연합의 변이 양상을 고찰해보기로 한다.

먼저 조선조 개창기에는 3차례에 걸쳐 공신 책봉이 있었거니와, 이러한 사실은 세력개편 작업이 자주 있었음을 반증한다. 최초의 개편작업은 개국공신(開國功臣)의 주류를 형성하고 있던 정도전 등의 문신세력과 왕실을 매개로 한 무신세력 간의 갈등으로

---

10) 태조 6년에 책봉된 개국공신의 성분을 보면, 전체 25명 중 무인 15, 문인 31, 미상 6 등의 분포를 보여주고 있다. 개국공신의 명단과 출신배경에 관한 상세한 내용에 대해서는 정두희(1983, 9-10) 참조.

인하여 야기되었다. 문신세력이 당초 재상 중심의 문치주의를 강하게 제기하였음은 주지의 사실이다. 이들은 도평의사사(都評議使司)와 같은 고위직을 독점하였을 뿐 아니라 병권마저 독점하려는 경향을 보여줌으로써 왕자 및 무장들의 반발을 야기하게 되었다. 그 결과 태조 7년 10월 왕실(이방원 등 3왕자)은 무장세력과 연합하여 정도전 일파를 축출, 이른바 정사공신(定社功臣)으로 지칭되는 전략집단을 중심으로 지배연합을 결성하였다. 여기서 이방원(李芳遠) 등 3왕자는 중군・좌군・우군의 절제사가 되고 이지란(李之蘭)은 문하시랑찬성사(門下侍郎贊成事), 판형성사(判刑成事), 판형조사(判刑曹事), 의흥삼군부중군절제사(義興三軍府中軍節制使)라는 막중한 직책을 겸직하였는데, 이러한 현상은 이무(李茂), 장사길(張思吉) 등의 무장들도 마찬가지였다. 이들은 병권은 물론 정치권력까지 장악하였다.11)

'왕자의 난'으로 실권을 장악한 이방원은 그 후 정종(定宗) 즉위 시에 중앙관제를 개혁하여 왕권 강화를 위한 제도적 장치를 마련하였다. 예컨대 도평의사사는 태조 때부터 최고 권력기관으로서 정무와 군정을 전횡하던 문신들의 집합체였는데, 그는 그 기능을 분산시켜서 군정기능은 의흥삼군부에 이관하고 순수한 정무기능만을 담당하는 의정부(議政府)로 축소하였다. 그리고 그는 태종(太宗)으로 집권하자 자신의 집권에 기여한 인물들을 좌명공

---

11) 정사공신 책봉 시의 주요 인사이동 상황을 보면, 전체 대상 27명 중 22명이 정사공신으로 보임되는 양상을 나타내고 있다. 정두희(1983, 40) 참조.

신(佐命功臣)에 봉하는 한편 의정부의 기능을 약화시키고 대신 6조직계제(六曹直啓制)를 실시하여 군왕 친정체제를 강화시키는 조치를 취하였다. 그리하여 조선조 초기 지배체제의 권력기반은 개국공신 세력이 전횡하던 당초의 재상 중심 체제로부터 6조직계제를 매개로 하는 군왕 친정체제로 전환되었다.

조선조의 왕정체제가 태종대를 거치는 과정에서 제도적 기반과 권력적 기반의 안정화를 가져왔다고 한다면, 이러한 토대 위에서 유교적 왕정체제로서의 문치주의적 기반을 구축하게 된 것은 세종(世宗)대라고 할 수 있다. 세종은 군왕 직속기관으로 집현전(集賢殿)을 설치·운영하여 왕정에 참여하는 유신(儒臣)의 저변을 확대하는 한편 의정부서사제(議政府署事制)를 부활하여 군왕권과 신료권의 조화를 도모하는 합리적 관료제를 시행하였다. 그러나 이러한 양상은 그 후 문종(文宗)·단종(端宗)대를 거치는 동안 황보인(皇甫仁)·김종서(金宗瑞) 등의 의정부 세력이 지나치게 강화됨에 따라 균형이 깨지게 되었으며, 이를 계기로 수양대군(首陽大君)으로 대표되는 왕권파가 지배구조 전반에 걸쳐 재편성을 시도하게 되었다. 수양대군은 단종 6년에 황보인·김종서 등 당시의 의정부 세력을 제거하여 실권을 장악하는 한편 여기에 참여했던 인물들을 정난공신(靖難功臣)으로 책봉하였으며, 그리고 세조(世祖)로 등극한 직후에는 자신을 군왕으로 추대한 인물들을 좌익공신(左翼功臣)으로 책봉하여 이들을 중심으로 지배구조 전체를 재편하였다.12) 그러나 세조에 의한 이러한 조치는 유교이념에 배치되는 집권과정상의 규범적 결함 때문에 지배구조상의 안정성을 확보하기 어려웠다. 예컨대 집현전 학사들은 세조가 왕위 찬탈 이전만 하더라도 의정부 세력의 지나친 권력 강화에 반발하여 수양대군에게 동조하는 양상을 보였지만 그가 세조로 등극한 이후에는 단종 복위운동을 전개하는 등 조직적인 저항세력으로 남게 되었으며, 이러한 규범적 결함을 보진할 목적으로 문신 우대의 문치주의 정책을 전개하는 과정에서는 집권과정에서 기여한 무신들의 반발을 야기해 '이시애(李施愛)의 난'과 같은 권력구조상의 불안정성을 보여주게 되었다. 그리하여 세조대의 지배구조는 이처럼 연속적인 파란을 겪는 과정에서 양산된 공신을 위주로 편성되는 특징적 양상을 보여주게 되었다.13) 그리고 이러한 양상은 그 후 예종(睿宗)대를 거쳐 성종(成宗)대 초기에 이르기까지 약화된 왕권체제를 배경으로 더욱 심화되게 되었거니와, 이 과정에서 누대에 걸친 훈신(勳臣)·척신(戚臣)의 양산과 더불어 그들의 권귀화(權貴化) 현상을 가져오게 되었다.14) 그리고 그들은 원상제(院相

---

12) 정난공신과 좌익공신의 구성 분포는 다음과 같다. 정난공신(43): 종친 1, 문인 20, 무인 19, 환관 2, 노비 1. 좌익공신(46): 종친 2, 문인 37, 무인 5, 환관 1, 노비 1. 정두희(1983, 41-42) 참조.
13) 세조 즉위에서 '이시애의 난'까지 의정부·육조판서·참판직 충원자 분포를 보면, 연인원 120명 중 공신 출신이 아닌 인물은 불과 28명에 지나지 않을 정도로 공신 점유율이 압도적이었다. 이옥선(1990, 24) 참조
14) 성종 2년에 책봉된 좌리공신(佐理功臣) 중에서 두 차례 이상의 공신 책봉을 받은 인물은 9명으로, 구체적인 내용은 다음과 같다. 신숙주(정난·좌익·익재), 정인지(정난·좌익·익재), 정창손(좌익·익재), 조석문(익재·적개), 한계미(익재·적개), 한명회(정난·좌익·익재), 박중선(적개·익재), 강곤(정난·익재). 정두희(1983, 27) 참조.

制)나 수렴청정제(垂簾聽政制)를 매개로 왕실의 권위를 위협할 정도로 막강한 지배권을 행사하였다.

(2) 체제 조정기(성종~명종)

성종대는 조선조의 지배구조 변천 과정에서 매우 중요한 전기였다고 할 수 있다. 초기의 불안정한 권력구조 변천 과정에서 누적적으로 양산된 갖가지 명칭의 훈신과 척신이 헤게모니 집단화하여 왕정체제를 유린하던 위기적 상황에서 이에 대처하여 세력 균형을 도모할 수 있는 정파정치(政派政治)의 대두를 가져왔기 때문이다.

주지하듯이 김종직(金宗直) 일파로 대표되는 사림(士林)세력은 사회·경제적으로는 재지 중소지주들로서 향촌사회에 기반을 두고 있었고, 학문적·사상적으로는 여말 절의파(節義派)의 학맥을 계승하고 있다는 자부심과 결속력을 가지고 있었거니와, 따라서 이들의 정치적 부상은 그 자체로서 왕정체제 운영을 유교이념에 근접시키는 전기를 가져오게 마련이었다. 그리고 동시에 그들의 집단적인 왕정 참여는 권귀화된 훈척(勳戚)세력의 불법과 비리를 비판·견제하는 대항세력으로서 '사신'(士臣)의 존재의의를 부각시키는 계기를 이루게 마련이었다. 이러한 맥락에서 볼 때 재야 사림세력을 대표하는 김종직 일파가 언론삼사를 매개로 왕정에 직접 참여하게 된 성종대는 매우 중대한 역사적 전기였다.

그러면 여기서 성종대는 구체적으로 어떠한 지배구조상의 연합 양상을 보여주게 되었던가?

성종은 예종의 적자가 아니라는 혈통상의 결함 때문에 수렴청정을 거쳐야 했으며, 따라서 이 기간 중에는 훈척세력과 연합하지 않을 수 없었다. 그러다가 친정기에 접어들어서는 훈척세력의 전횡을 견제하기 위한 필요에서 '대간'(臺諫)이라는 정치적 기제를 활용하였다. 그리고 그 연장선상에서 언론삼사(言論三司)를 매개로 김종직 일파와 연합하게 되었다. 그리하여 성종대의 지배연합 양상은 수렴청정기의 '훈척대신 연합'으로 출발하여 '훈척대신·대간 연합'을 경유, '훈척대신·삼사사신 연합'으로 이어지는 특징적 양상을 나타내게 되었다(이옥선 1990, 25-79). 그리고 이러한 과정을 거치는 동안 김종직 일파는 향촌사회를 배경으로 유향소복립운동(留鄕所復立運動)을 전개하는 한편 언론삼사를 통한 언관 활동을 전개함으로써 정치세력화의 기반을 구축하게 되었다.15) 4대사화는 이와 같은 사태 전개의 연장선상에서 정치세력화된 사림이 집권 훈척세력과 직접 격돌하게 된 데서 비롯된 것이었다. 이하에서는 4대사화의 연속된 정치적 격돌이 전개되는 과정에서 보여주게 된 지배구조상의 특징적 변이 양상을 살펴보기로 한다.

4대사화(연산군대의 무오·갑자사화, 중종대의 기묘사화, 명종대의 을사사화)는 훈척세력과 사림세력 간의 구조적 대립관계를 공통적인 배경으로 하였거니와, 여기에 군왕이 특정한 훈척세력을 선호하게 됨에 따라 야기된 사건이라고 할 수 있다. 훈척·사림 양대

---

15) 김종직 일파가 전개한 유향소복립운동의 정치적 성격과 그 전개과정에 대한 상세한 고찰은 이태진(1973); 강광식(1993, 190-191) 참조.

세력 사이의 대립관계가 성종대 이래 유향소복립운동과 같은 향권(鄕權) 장악을 둘러싸고 구조화되는 양상을 보여주게 되었음은 주지의 사실이거니와, 이러한 대립관계가 계속되는 과정에서 이념 지향적 성향을 가지고 있는 사림세력의 특정한 행동이 군왕을 자극하는 요소를 내포하게 마련이었으며, 이에 특정한 훈척세력이 군왕과 연합하여 이를 기화(起禍)의 구실로 삼게 되었다.

먼저 무오사화의 경우를 보면, 이 사건은 표면적으로는 김종직의 조의제문(弔義祭文)에 관한 사초(史草) 문제가 기화의 구실로 되어 있었지만 실제로 거기에는 유자광(柳子光)으로 대표되는 공신세력의 헤게모니 추구 성향이 결부되어 있었다. 요컨대 무오사화는 군왕과 공신의 연합으로 야기된 사건이었다고 할 수 있다.

다음으로 갑자사화의 경우는 당초 임사홍(任士洪)이 연산군(燕山君)의 생모 폐비 윤씨 문제를 기화의 구실로 제기함으로써 야기된 것이지만, 거기에는 권귀화된 유자광 세력과 말썽 많은 삼사언관과 사림세력을 일거에 구축하려는 연산군 자신의 왕권 강화책이 주된 배경이었다. 그러나 이러한 사정은 사림세력의 정치적 결속력을 더욱 강화시키는 한편 피화 세력인 훈구파(전향 사림파)와 삼사 연합을 촉구하는 결과를 가져오게 됨으로써 중종반정(中宗反正)의 내재적 원인이 되었다.

셋째, 기묘사화는 외면상 중종반정을 주도한 이른바 정국공신(靖國功臣) 세력16) 내부의 갈등관계가 격화되어 야기된 사건이지

---

16) 정국공신의 주요 성향과 구성분포에 대한 상세한 고찰은 이병걸(1984,

만, 내면상으로는 권귀화된 일부 공신세력이 도학이념 집단으로 성장한 조광조(趙光祖) 일파를 구축하기 위하여 중종과 연합하게 됨으로써 표면화된 사건이라고 할 수 있다. 조광조로 대표되는 사림세력은 왕정에 직접 참여하여 이른바 현철군주론(賢哲君主論)에 입각한 현량과(賢良科)의 설치를 주장하는 한편 소학진흥운동(小學振興運動)과 향약보급운동(鄕約普及運動)[17]을 줄기차게 전개함으로써 조선조 왕정체제 전반의 도학화를 추구하였다. 이러한 일련의 움직임은 권귀화된 훈척세력에게는 물론 군왕에게도 큰 부담을 주게 되었다. 그리하여 중종은 삭훈된 공신세력과 비공신계의 훈구세력과 연합하여 사림세력을 구축하는 세력 재편을 단행하게 되었다.

끝으로 을사사화는 중종비 외척세력인 대윤(尹任)·소윤(尹元衡) 사이의 헤게모니 쟁탈전에 사림세력이 각기 연루되어 피화를 당한 사건에 해당한다. 인종(仁宗)대에 득세한 대윤파가 명종(明宗)대에 수렴청정 세력으로 득세한 소윤파에 의해 역모죄로 몰려 옥사(獄事)를 치르게 된 사건이었다. 그 후 명종의 신임 하에 권신화된 이양(李樑)에 의하여 사화가 다시 야기될 위험이 있었지만 심의겸(沈義謙)의 밀고로 예방되었고, 윤원형도 실각하게 됨에 따라 사림계 신료들이 다시 왕정에 복귀할 수 있었다. 그리고 사림세력은 그동안 서원설립운동(書院設立運動)을 통하여 세력기반을

187-213) 참조.

17) 중종대 향약보급운동이 갖는 정치적 의의와 그 구체적 전개과정에 대한 상세한 고찰은 김필동(1983); 강광식(1993, 92-93) 참조.

전국적인 범위로 확대하게 됨에 따라 선조(先祖)대부터는 그들이 왕정 운영을 전담하게 되었다.

이상에서 사화기의 지배구조 변이 양상에 대해 개략적으로 살펴보았거니와, 이를 지배연합의 관점에서 다시 정리하면 대체로 다음과 같다.

첫째, 연속된 사화에서 공통적으로 확인할 수 있는 계기성을 보면 세력관계 재편성의 필요성이 언제나 군왕을 매개로 하고 있다는 점이다. 그리고 거기서 기화자의 연합형태는 대체로 '군왕·공신'에서 '군왕·권신'의 형태로 변이되는 양상을 보여주고 있다. 또한 피화자의 경우는 권신세력과 갈등관계에 있는 다른 부류의 훈척세력이 일차적인 대상이 되지만, 거기에는 언제나 비판적인 사림세력이 연루되고 있음을 볼 수 있다.

둘째, 이와 같은 연속적인 지배구조상의 변이 양상 속에서 사림세력의 결속력과 권력기반의 저변이 계속 확대되는 양상을 보여주게 되었고, 이를 배경으로 '사신'(士臣)의 존재의의가 부각되어 간헐적이기는 하지만 군왕이 결성하는 지배연합에 주요 전략집단으로 고려되고 있다는 점이다. 갑자사화에서 실각한 훈척세력이 사림파로 전향하게 되어 중종반정의 배경을 이루게 된 것은 초기적 현상의 대표적인 예가 될 것이며, 중종대의 초기와 말기에 사림세력 배경의 '사신'이 중용되었던 사실은 이와 같은 상황 전개의 종합적인 표현이었다고 할 수 있다. 그리하여 조선조의 왕정체제는 독자적 세력기반을 가진 '사신'의 등장을 배경으로 '군왕·왕신·사신'의 3자 관계 속에서 군왕이 이른바 분할지배

(divide & rule)의 방식으로 지배연합을 결성하고 또 개편하는 특이한 양상을 보여주게 되었다. 그리고 이러한 사태 진전 속에서 헤게모니를 추구하는 권신(權臣)도 사림세력을 포섭하려는 경쟁적 양상을 보여주게 되어 선조대 이후에는 '군왕·사신·사신'이라는 지배연합 성향으로 변이되는 양상을 보여주게 되었다.

(3) 체제 확립기(선조~정조)

재야 사림세력이 연속된 사화의 파란을 겪으면서 정치세력으로 결속되어 권귀적 성향의 훈척세력을 구축하는 이념집단으로서 왕정에 직접 참여하게 되었음은 이미 앞에서 고찰되었다. 특히 이러한 사태 진전을 배경으로 왕정 운영에 '사신'이라는 전략집단이 등장하게 된 것은 역사적으로 중요한 의미를 갖는 것이었다. 이를 계기로 왕정 운영 전반이 도학화되는 양상을 보여주게 됨으로써 유교적 왕정체제로서의 실제적 면모를 갖추게 되었기 때문이다. 그리고 이에 수반하여 지배권 행사의 방식이나 지배구조 내부의 권력관계도 지배이념인 도학적 명분과 일정한 연계 속에서 형성·조정·변이되는 독특한 양상을 보여주게 되었다.

우선 사림정치에서는 무엇보다도 도학적 명분이 중요시되었으므로 현실정치의 지배권을 주도하기 위해 상이한 정파 사이에 정치적 쟁투를 벌이는 경우에도 언제나 이것이 초미의 과제였다. 사화기에 훈척세력을 비판하는 무기로 사용되었던 이른바 '군자소인지변'(君子小人之辨)의 가치규범도 '의리지변'(義利之辨)을 인격적 양상에 적용한 것에 지나지 않거니와, 따라서 의리를 존숭하고 이욕을 천시하는 것은 그들의 생리이자 존재의의 그 자체를 의미하는 것이었기 때문이다. 그리하여 그들의 지배권 행사 방식이나 수단도 철저히 규범적으로 공인된 제도나 관행에 의거하는 양상을 보여주게 되었다.

그러나 여기서 유의될 필요가 있는 것은, 그들이 의리존숭의 규범노선에 충실하였다고 해서 언제나 현실의 이해관심으로부터 초연해 있었던 것은 아니라는 점이다. 사림세력도 현실의 정치과정에서 주도권 확보를 위한 경쟁을 벌이는 경우에는, 예컨대 군왕의 신임을 확보하기 위한 이른바 '회천'(回天) 경쟁에 집요한 관심을 경주하였고, 또 자파의 지배권 신장과 직결되는 인사권이나 언로를 장악하는 데 실로 비상한 관심을 경주하였다. 요컨대 현실적 이해관심에서 초연해 있었던 것이 아니라, 그러한 관심을 의리의 실천이라는 도학적 명분과의 연관 속에서 정치적으로 쟁점화하는 독특한 양상을 보여주었다. 그리하여 사림정치에서는 이전의 경우와 마찬가지로 지배권 확보를 위해 치열한 경쟁을 벌이되 도학적 명분을 확보하는 데 관심의 초점을 두었으며, 그러한 명분적 입장 여하에 따라 정치적 분파 양상이 나타나게 되었던 것이다. 군왕을 매개로 하는 지배연합 양상도 이러한 맥락에서 이루어지게 되었음은 두말할 나위가 없다.

선조대는 사림세력을 대표하는 사신들만으로 지배연합이 결성된 최초의 왕정이었다고 할 수 있었거니와, 그 실제적 조합양상은 '군왕·전배사신·후배사신'의 형태로 출범하였다. 여기서 말하는 '전배사신'이란 박순(朴淳), 노수신(盧守愼) 등 명종대에 환로

(宦路)에 오른 사류를 지칭하며, '후배사신'은 선조대에 주로 언론 3사에 새로 진출한 신진사류를 지칭한다. 그런데 이들은 전대에 사림세력을 보호해 준 경력이 있는 척신 심의겸의 용납 여부 문제를 비롯한 구체제 잔재의 처리 문제를 둘러싸고 갈등관계가 악화됨으로써 선조 8년(1575)에 이르러 동인(東人)과 서인(西人)으로 분파되었다.

그런데 여기에서 다시 주목되는 것은 이러한 동·서 분파가 현실문제에 대처하는 임기적 입장의 차이를 반영하는 데 그치지 않고 거기에 사문관계(師門關係)가 결부되어 지방에까지 확산되는 양상을 보여주게 되었다는 점이다. 동인계열의 주축을 이루고 있었던 이발(李潑), 유성룡(柳成龍), 김성일(金誠一), 김우옹(金宇顒), 정인홍(鄭仁弘) 등의 신진사류는 영남 출신이 대부분이었으며, 그들은 영남우도의 남명(南冥) 조식(曺植)과 영남좌도에 포진한 퇴계(退溪) 이황(李滉)의 문인들이었다. 이에 비하여 서인계열은 박순, 이이(李珥), 성혼(成渾), 윤두수(尹斗壽), 정철(鄭澈) 등을 주축으로 한 기호 출신의 신진사류로, 동·서 분파 당시에는 상대적으로 열세의 세력분포를 가지고 있었지만 율곡학파(栗谷學派)가 이에 가세함에 따라 선조 14년경부터는 균형을 이루게 되었다(정만조 1989, 97).

이상에서 사문관계를 근간으로 붕당이라는 사림정치가 대두하게 된 배경과 그 지역적 분포에 대해 살펴보았거니와, 이러한 붕당정치는 선조 22년 동인 집권 시 '정여립(鄭汝立)사건'을 계기로 일대 변동을 겪게 되었다. 이 사건에 정여립을 비롯한 동인 내부

일부 극단론자들이 역모에 연루되어 이를 계기로 동인이 다시 남인(南人)과 북인(北人)으로 분파되었다. 그리고 이 사건의 사후 처리를 새로 집권한 서인이 주관하게 되었지만 공정성 문제, 남인의 방관적 태도 등이 쟁점화되어 3대 정파의 공존을 어렵게 하는 요인으로 남게 되었다. 그러다가 그 후 임진왜란을 계기로 일시 3대 정파 공존 양상을 보였지만, 종전 무렵 서인은 군왕의 신임을 얻지 못해 부진을 면치 못하고 남인도 주화(主和)의 인책으로 실세하게 되어 북인이 지배권을 주도하는 형세를 보여주는 등 난맥상을 드러내게 되었다. 또한 주도권을 장악한 북인은 다시 대북(大北)·소북(小北)으로, 소북은 다시 탁북(濁北)·청북(淸北)으로 분파되는 극도의 난맥상을 보여주게 되는데, 그러한 양상은 북인의 사상적 취약성과 도학적 비순수성을 반영하는 것이었다고 할 수 있다.

광해군(光海君)대에는 세자 시절부터 밀착된 관계를 가지고 있었던 대북 세력(이산해, 이이첨, 정인홍 등) 중심으로 지배구조가 형성되었다. 따라서 지배권 행사 방식 역시 그들의 이념적 취약성을 반영하여 권력 지향적 성향을 노골적으로 드러내게 마련이었으며, 이를 만회하기 위한 이른바 '회퇴변척'(晦退辨斥: 퇴계 비판) 시도는 오히려 율곡 계열까지도 합세한 사림사회의 거센 반발을 야기함으로써 대북 정권 그 자체의 공론적 기반을 상실하게 하는 결과를 초래하게 되었다. 광해군에 의한 '폐모·살제'(廢母·殺弟)의 패륜행위가 자행되게 된 것도 바로 이러한 정권 기반의 불안정성에 기인하는 것이었다. 그래서 광해군 치하의 대북 정권은 인조반정(仁祖反正)으로 몰락하게 되었다.

　인조반정의 성공은 반정 명분상 도학정치의 재현으로 나타나게 마련이었다. 반정을 주도한 서인은 '숭용산림'(崇用山林)이라는 기치를 내걸고 남인계 이원익(李元翼)을 영의정으로 추대하는 등 사림사회의 학문적 중심 인물을 중용하는 인사정책을 전개하였거니와, 따라서 학통상의 기반이 확고한 퇴계 계열의 남인과 율곡 계열의 서인이 왕정 운영을 주도하여 붕당정치를 본 궤도에 올려놓는 계기를 가져오게 되었다. 그리하여 인조대 '서·남 연합'의 붕당정치는 적어도 예송(禮訟)문제가 발생하기 전까지는 대체로 붕당정치 본연의 순기능적 추세를 보여주게 되었다. 병자호란 때의 이른바 '성하(城下)의 맹(盟)'으로 도학적 충의의 명분이 일대 시련을 겪게 되는 상황 하에서도 사림사회에서는 반청의식(反淸意識)으로 결속되는 양상을 보여주게 되었고, 전후 수습문제를 둘러싸고 집권 서인세력 내부에서 주도권 경쟁이 야기되어 노서(老西)·소서(少西)·훈서(勳西)·청서(淸西), 원당(原黨)·낙당(洛黨) 등의 다기한 분파 양상이 제기되기도 하였지만 붕당정치 본연의 기본적인 틀에서 벗어난 적은 없다(오수창 1985, 66-76).

　그러나 붕당정치의 안정적 추세는 그 후 두 차례에 걸친 예송으로 서인과 남인 사이의 관계가 경직화됨에 따라 다시 난맥상을 보여주게 되었다. 그렇게 된 대체적인 경위는 다음과 같다.

　사림계의 학문적 정통성을 대표하는 서·남인 사이의 정치적 대립관계는 효종(孝宗) 말, 현종(顯宗) 초부터 가열되기 시작하였다. 효종 말기에 북벌계획 추진을 위해 산림 거유(山林 巨儒)들이 대거 등용되었음은 주지의 사실이거니와, 송시열(宋時烈)·송준길(宋浚吉)·김수항(金壽恒)·박세당(朴世堂) 등의 서인계 인물과 허목(許穆)·허적(許積)·윤증(尹拯)·윤선도(尹善道) 등의 남인계 인물들은 당대의 산림을 대표하는 거유들이었다. 따라서 이들의 왕정 참여는 사림사회 전체를 대표하는 것으로서 도학적 명분을 정치과정에 철저히 결부시키는 분위기를 조성하게 마련이었다. 그런데 바로 이와 같은 분위기 속에서 효종이 죽자 그의 계모 자의대비(慈懿大妃)의 복상(服喪)문제를 둘러싸고 일대 논쟁이 벌어지게 되었는데, 여기서 법통문제와 직결된 해석상의 쟁점이 제기됨으로써 그것이 건곤일척의 정치적 대결관계로 확대되었다(강광식 1992, 27).

현종(顯宗) 원년의 제1차 예송(己亥禮訟)에서는 서인에 의한 기년설(朞年說)이 채택되었지만, 현종의 사부(윤선도)가 남인이었던 만큼 이 문제는 뒤에 남인의 정치적 보상을 가져오게 하는 결정적 요인이 되었다. 제1차 예송에서 남인의 소두(疏頭) 윤선도가 유배되는 패배를 맛보게 되었지만 이론적 당부를 둘러싼 남인계의 집요한 공격이 계속되어 현종 5년에는 허적을 상신(相臣)의 지위에 올려놓는 성과를 거두게 되었다. 그리고 그 결과 현종 15년의 제2차 예송(甲寅禮訟)에서는 남인의 주장이 관철되어 이를 계기로 남인계가 대거 대간(臺諫)에 진출하게 되었고, 숙종(肅宗)의 즉위와 더불어 기해예송의 책임을 물어 송시열을 비롯한 서인계를 파직·유배시키는 조치가 취해짐으로써 서인은 결정적인 타격을 입게 되었다. 그래서 서인과 남인은 상호 보복의 경직된 관계를 심화시켜 상대 세력에 대한 사사(賜死) 획책이 상투화되는 악순환을 보여주게 되었다.

이러한 상황 하에서 군왕인 숙종이 취하게 된 지배연합 방식은 '환국'(換局)으로서 서·남 양대 정파를 번갈아 교체하는 것이었다. 경신환국(庚申換局)(인사 간섭: 허적·허목 축출), 기사환국(己巳換局)(희빈 장씨 논란: 송시열 유배), 갑술환국(甲戌換局)(민비 복위 음모: 남인계 축출) 등 3차례에 걸친 환국조치를 통하여 서·남, 노·소를 번갈아 등용·축출하는 독특한 연합 개편방식을 보여주었다. 그리고 이와 같은 정국 운영방식을 합리화하는 이론적 근거로 이른바 탕평론(蕩平論)을 제기하였다.18)

그러나 숙종이 자주 구사한 환국 방식은 이후의 정치과정에서 심각한 부작용을 유발하게 되었다. 군왕에 의한 잦은 환국 조치는 경쟁적 정치세력들에게 오히려 만성적인 불안감을 조성하게 함으로써 그들이 자파의 안전장치를 강구하기 위해 세자책봉 시부터 특정한 왕위를 선택적으로 지지하는 음모적 성향의 작당을 초래하는 부작용을 가져왔기 때문이다. 남인과 소론이 경종(景宗)을 선택적으로 옹립하고, 노론이 연내군(延來君: 영조)을 세제(世弟)로 옹립하는 것과 같은 행태를 보여준 것은 이러한 사정을 반영한

---

18) 탕평론은 당초 경신환국 직후인 숙종 9년 박세채(朴世采)에 의해 본격적으로 제시되었다. 그것은 주대 <홍범>(洪範)에 나타나는 '황극지치'(皇極之治)의 '탕탕평평지도'(蕩蕩平平之道)에 논거를 둔 것으로서 그것은 구양수·주자의 붕당론에서 말하는 '인군위당설'(引君爲黨說)과 대비되는 왕정 운영론이라고 할 수 있다. 이에 대한 보다 상세한 고찰은 박광용(1985, 289-377); 박광용(1992, 511-518) 참조.

것이었다. 그리고 영조(英祖)가 경종을 독살하였다는 구실에서 비롯된 '이인좌(李麟佐)의 난'(1728)은 남인과 소론계의 연합으로 야기된 반란으로서, 이 사건을 계기로 영조는 붕당정치의 타파에 적극적인 입장을 취하게 되었다. 영조가 재위 중에 일관해서 탕평책을 강력히 추진하는 한편 경연제도를 군왕 자신이 직접 강론하는 변칙적 운영방식을 보여주게 된 것도 바로 이러한 사정에서 나온 것이었다고 할 수 있다.

영조의 뒤를 이은 정조(正祖) 역시 탕평책으로 신료들의 붕당적 갈등을 다스리는 데 역점을 두었다. 영조대의 탕평책이 완론(緩論), 즉 온건한 타협론에 주로 의거하였던 것에 비해 정조대에는 명절과 의리를 준절하게 지키려는 부류를 중심으로 추진하는 차이를 보였었다. 그것은 그의 생부(生父) 사도세자(思悼世子)의 죽음을 초래한 전대의 탕평책에 대한 반성적 입장을 반영한 것이었지만, 그 궁극적인 목표는 군왕권 강화에 있었다는 점에서 영조대의 경우와 공통적이었다고 할 수 있다. 그런데 여기서 특별히 주목되는 것은 정조대의 경우 붕당정치의 폐단을 극복하기 위해 보다 조직적인 대책으로 전래의 경연제도를 폐기하고 그 대체 방안으로 전각제도(殿閣制度)를 활용하게 되었다는 점이다. 다시 말하면 붕당정치가 전개될 수 있게 하는 핵심적인 제도적 장치 그 자체를 군왕이 전관하는 기제로 대체하는 구조적 전환을 가져오게 되었던 것이다. 그리하여 이후에는 규장각(奎章閣)의 사서(司書)를 담당하는 이른바 초계문신(抄啓文臣)의 역할이 크게 부각되고(정옥자 1981; 설석규 1986), 그 연장선상에서 특정한 단일의 정치세력에 의한 지배권 전횡의 길이 열리게 되었다. 경쟁적 정파 간의 상호 비판과 견제가 이뤄질 수 있는 제도적 장치가 부재하는 조건 하에서는 군왕 자신의 유능한 조정능력 외에 특정한 정치세력의 발호를 막을 정치적 수단을 달리 찾을 수 없었기 때문이다. 척족세도(戚族勢道)는 바로 이러한 상황의 연장선상에서 대두되었던 것이다.

(4) 체제 쇠퇴기(순조~순종)

사림세력들 상호간의 경합관계를 바탕으로 운용되는 조선조의 붕당정치는 기본적으로 주요 전략집단의 다원성을 전제로 이뤄지게 마련이었다. 그리고 그러한 다원성은 현실적으로 경연제도, 삼사제도와 같은 합도학적 성격을 갖는 정치적 기제를 매개로 해서만 나름대로 실효성을 나타낼 수 있었다. 특정 전략집단에 의한 헤게모니 추구가 이러한 기제를 통하여 견제될 수 있었기 때문이다. 그런데 조선조의 경우에는 붕당정치의 난숙기에 그 폐해를 불식시키기 위한 필요에서 붕당정치를 뒷받침하는 핵심적 기제를 제거하려는 일련의 작업이 시도되었다. 숙종대에서 시작돼 영·정조대에 완결 형태를 갖추게 된 파붕당(破朋黨)의 탕평책은 이러한 사태 전개를 가져온 핵심적 요인이었다고 할 수 있다. 그리하여 이후의 정치과정에서는 지배권력 본연의 속성에 따라 특정한 헤게모니 집단(勢道家門)에 모든 권력수단이 수렴되어 지배권을 전횡하는 현상을 초래하게 되었다. 그리고 이에 수반하여 군왕의 통치권과 신료의 행정적 지배권의 분화를 전제로 하는 합도학적

'세도'(世道)가 붕괴되고 그 대신 그것을 특정한 권력집단에게 위탁하여 일원적으로 행사되게 하는 '세도'(勢道)를 가져오게 되었다.19)

그러면 조선조 말기의 세도정치 현상은 어떤 양상으로 전개되었던가?

세도정치 현상은 당초 붕당정치의 틀 속에서부터 시도되었다고 할 수 있다. 정조대에 규장각 초계문신으로서 군왕의 신임을 독점하여 지배권을 전단하였던 노론 시파(時派) 홍국영(洪國榮)의 경우가 그 효시였다. 그러나 이때까지만 하더라도 붕당정치의 기제가 잔존하고 있었고, 특히 군왕 정조의 조정능력이 압도하고 있었던 만큼 그 폐해는 별로 심각하지 않았다. 그러던 것이 정조 사후 나약한 순조(純祖)대에 이르러 수렴청정 세력으로 척족이 지배권을 장악하게 됨에 따라 속절없이 척족세도로 이행하게 되었다. 그리하여 순조비(純祖妃)로 국혼관계를 맺게 된 안동김씨(安東金氏: 金祖淳)와 익종비(翼宗妃)로 연고를 맺게 된 풍양조씨(風陽趙氏: 趙萬永)가 60여 년간에 거쳐 번갈아 세도를 전횡하게 되었다. 그리고 그 후 대원군(大院君) 집정기에 이르러 일시 국면전환 시도가 있었지만 척족 민씨(戚族 閔氏)에게 밀려 실효를 거두지 못하였다.

그러나 여기서 특별히 주목될 필요가 있는 것은 척족세도 하에

---

19) '세도'(世道)와 '세도'(勢道)의 개념적 용례를 비교·고찰하고 있는 연구로는 김운태(1971, 22-28); 김흥수(1985, 217-237) 참조.

서도 붕당을 가장한 당색(黨色)이 계속 표방되었다는 점이다. 그들 역시 당시 노론이라는 색목을 표방하고 있었기 때문이다. 그러나 그들이 표방한 붕당은 다른 정파와의 공존을 인정하지 않는 것이었을 뿐 아니라, 특히 사림사회와 아무런 관계가 없는 개별적 벌열(閥閱)에 지나지 않는 것이었다. 그리고 이러한 결과는 왕정체제 자체가 유교이념 집단을 자처하는 사림사회와 완전히 괴리돼 있었기 때문에 이후 조선조는 더 이상 유교적 왕정체제로서의 명맥을 이어 갈 수 없었다.

5. 맺는말

조선조 개창을 주도한 신흥사대부는 신유학이라는 혁신적 유교이념에 따라 강렬한 유교국가화 지향을 가지고 있었다. 따라서 당초부터 세도(世道)의 분화가 전제된 유교적 왕정체제로서의 기본적 지향을 가지고 있었다. 그러나 그런 지향을 구체화하는 데는 상당한 회임기간이 소요되었다. 무엇보다 그것을 뒷받침할 주도세력의 사상적 성숙과 사회·정치적 성장을 기다려야 했기 때문이다. 여말 절의파의 학맥을 계승한 정통세력이 조선조 초기의 왕정 운영에서 상당한 기간 소외되었음은 주지의 사실이다. 이들이 지적 이해체계를 심화하여 사상적으로 성숙되기까지에는 영남·기호 양대 사학의 진흥을 기다려야 했으며, 그리고 그들이 사림이라는 이념집단으로 결속되어 왕정 운영을 주도하는 정치세력으로 성장하기까지는 4대 사화와 같은 우여곡절을 거쳐야 했다. 그리하여 요컨대 유교이념 집단인 사림세력이 왕정 운영을 주도하는 지배세력으로 대두하게 됨에 따라 조선조는 비로소 유교정치체제로서의 실제적 면모를 갖추게 되었다. 이런 맥락에서 볼 때 사림이라는 이념집단의 역사적 존재 양상과 그 위상은 조선조 왕정체제의 성격과 그 지배구조의 성향을 규정하는 핵심적 요인이었다.

먼저 조선조 초기에는 이른바 사족의 신분으로서 개별적으로 왕정에 참여하는 '왕신'(王臣) 형태로 지배연합에 가담하고 있었던 만큼, 그들의 성향은 대체로 권력 지향적 양상을 보여주게 마련이었다. 따라서 왕정체제 역시 이러한 성향을 반영하여 합유교적 왕정체제에서 다소간 일탈되는 사례를 자주 보여주었다. 그리고 이 시기의 특징적 지배연합 양상은 대체로 '군왕·왕신(공신)·왕신(척신)'의 형태로 나타나게 되었다.

다음으로 훈척세력의 발호가 극심하게 드러나게 된 성종대에는 이들의 불법·비리를 비판하는 대항세력으로서 사림이 이념집단으로 결속되기 시작하여 그들을 대표하는 '사신'의 형태로 왕정에 참여하게 되었으며, 그리고 4대 사화의 연속된 박해를 받는 과정에서는 역설적으로 정치세력으로 성장, 왕정에 참여하고 있는 '사신'과 긴밀히 제휴하여 급기야는 왕정 운영을 주도하는 지배적 정치세력으로 부상하였다. 따라서 이런 일련의 과정은 조선조 왕정체제가 합유교적 왕정체제로 그 체질을 조정하는 과정이었으며, 이에 따라 지배구조도 유교화(도학화)되는 양상을 보여주었다. 이 시기의 지배연합 형태는 대체로 '군왕·왕신(공신과 척신)·사신'의 복합적 양상을 보여주었다.

세 번째로 선조대 이후에는 사림세력이 사회·정치적 헤게모니를 장악하게 됨에 따라 왕정 운영이 그들의 주도로 전개되게 되었지만, 현실문제에 대처하는 구체적인 입장의 차이에 따라 그들 내부에 분화 양상이 제기되어 급기야는 정치적 이해관계나 사문관계를 중심으로 다기한 분파 양상을 보여주었다. 그리고 그들은 분파별로 각기 다른 붕당을 형성, 자파의 종장(宗長: 山林)을 구심점으로 결속관계를 강화하는 한편, 중앙에 진출한 '사신'을 매개로 정치적 영향력을 행사함으로써 상호 비판·견제의 경합 양상을 보여주게 되었다. 그러나 이러한 붕당정치는 호란 이후의 북벌정책과 관련하여 산림의 거유가 직접 중앙정계에 출사하게 되면서부터 국면전환을 보여주게 되었다. 이들의 직접적인 왕정 참여는 군왕에게는 물론 경합관계에 있는 다른 붕당에게도 심각한 부담을 주게 되어 급기야는 붕당정치 전체가 경직화되는 결과를 가져오게 되었기 때문이다. 숙종에 의한 환국정치나 영·정조에 의한 탕평책은 이런 사정을 배경으로 제기된 것이었다. 그러나 이러한 일련의 조치는 당초부터 붕당 타파의 기본적 지향을 가지고 있었기 때문에 종국적으로는 다원적 정파의 공존을 불가능하게 하는 결과를 초래하였다. 이 시기의 특징적인 지배연합 형태는 사림·산림·사신이 입체적으로 밀접한 제휴관계를 유지하는 다원적 붕당의 공존이 전제된 말하자면 '군왕·사신·사신'이었다.

끝으로 붕당정치를 뒷받침하는 제도적 장치가 탕평책의 연속적인 전개과정에서 사실상 인멸되게 된 정조대 말기부터는 모든 지배권이 군왕의 신임을 독점하는 특정한 권신에게 집중되어 세도(勢道)정치를 초래하게 되었다. 이러한 세도는 군왕 자신에 의한 개별적 견제가 실효성을 나타내고 있는 한에서는 그 폐해가 적었지만, 그렇지 못한 경우에는 회수 불능의 권귀적 속성에 따라 완전히 합유교적 성향에서 벗어나게 마련이었다. 그래서 조선조의 왕정체제는 이후 60여 년간 척족세도가 전개되는 과정에서 유교적 왕정체제로서의 기본적 특성을 상실하게 되었다.

유교적 왕정체제는 위정자인 군왕과 종정자인 신료가 세도(世道)를 분할하여 행사하는 것을 기본적 특성으로 하거니와, 조선조 말기의 척족세도에서는 군왕의 위정자적 역할까지도 척족이 전횡하는 양상을 보여주었기 때문이다. 그리하여 여기서는 유교이념 집단인 사림과 산림은 물론 일반 백성들까지도 총체적으로 유리될 수밖에 없었다.

<참고문헌>

강광식. 1993. "정파정치와 관련한 조선조의 유교정치문화: 사화와 당쟁의 정치문화 비교분석."『한국의 정치와 경재』제3집. 성남: 한국정신문화연구원.
강광식. 1994. "조선조 유교정치체제의 지배연합에 관한 연구."『한국의 정치와 경제』제5집. 성남: 한국정신문화연구원.
강광식. 2000.『신유학사상과 조선조 유교정치문화』. 서울: 집문당..
강광식. 2009a. "붕당정치와 조선조 유교정치체제의 지배구조 변동양상: 지배연합의 변동양상분석을 중심으로." OUGHTOPIA(The Journal of Social Paradigm Studies) Vol. 24. No. 1. 서울: 경희대학교 인류사회재건연구원.
강광식. 2009b.『유교정치사상의 한국적 변용: 조선조 사례연구』. 서울: 백산서당.
김운태. 1970.『조선왕조의 행정사: 근세편』. 서울: 박영사.
김운태. 1973. "한국의 전통적 관인지배체제의 성격."『공삼 민병태 송수논총』.
김흥수. 1965. "세도정치연구:그 용례의 검토와 의미의 구명."『변태섭박사 화갑기념논총』. 서울: 삼영사.
박광용. 1985. "탕평론의 전개와 정국의 변화."『조선조 정치사의 재조명』. 서울: 범조사.
박광용. 1985. "조선후기 당쟁과 정국운영론의 변천."『조선후기 당쟁의 종합적 검토』. 성남: 한국정신문화연구원.
박병련. 1991. "조선조 유교관료제의 성격에 관한 연구"(서울대 박사학위논문).

설석규. 1986. "규장각연구." 『대구사학』. 대구:

손문호. 1990. "고려말 신흥사대부들의 정치사상연구: 유교적 국가주의를 중심으로"(서울대 박사학위논문).

송준호. 1976. "조선시대의 과거와 양반 및 양민." 『역사학보』 49.

송찬식. 1978. "조선조 사림정치의 권력구조: 전랑과 삼사를 중심으로." 『경제사학』 제2호.

오세덕. 1977. "조선왕조 관료체제의 특징." 『경희법학』 14-1.

오수창. 1985. "인조대 정치세력의 동향." 『한국사론』 13.

이상백. 1962. "조선왕조의 정치적 경제적 구조." 『한국사: 근세 전기』.

이성무. 1973. "15세기 양반론." 『창작과비평』 28.

이성무. 1980. 『조선초기 양반연구』. 서울: 일조각.

이옥선. 1990. "조선조 사화기의 권력구조에 관한 연구"(이화여대 박사학위논문).

이재환. 1978. "이조 관료제의 분석적 고찰." 『학술논총』 2. 서울: 단국대 대학원.

이태진. 1973. "사림파의 유향소복립운동." 『진단학보』 35.

정만조. 1989. "조선조 서원의 정치사회적 역할." 『한국사학』 제10집.

정옥자. 1981. "규장각 초계문신." 『규장각』 4.

조석준. 1973. 『조직론』. 서울: 법문사.

조좌호. 1959. "아시아적 관인지배의 한국적 전통." 『사상계』 74.

조좌호. 1969. "아시아적 관인지배의 한국적 전통." 역사학회 편. 『한국사의 반성』. 서울: 신구문화사.

진덕규. 1982. "조선후기 정치사회의 권력구조에 관한 정치사적 인식." 『19세기 한국전통사회의 변모와 민중의식』. 서울: 고대민족문화연구소.

최상용·박홍규. 2007. 『정치가 정도전』 서울: 까치.

한영우. 1983. 『조선전기의 사회경제 연구』. 서울: 을유문화사.

한영우. 1989. 『정도전사상의 연구』. 서울: 서울대출판부.
홍이섭. 1964. "조선행정 연구의 문헌과 자료." 『법률행정논집』 제6집.

Riker, William H. 1968. "The Study of Coalition." *International Encyclopedia of the Social Science.* Vol. 2.
Weber, Max. 1947. *The Theory of Social and Economic Organization*: 345-358 (Translated by Talcott Parsons and Henderson, A. M.). New York: The Free Press.

제4장
신유학사상의 조선시대 변용 양상과 그 정치문화적 함의

1. 문제의 제기

억불숭유(抑佛崇儒) 정책을 표방하면서 개창된 조선조가 유자를 정치의 주체로 하는 법제적 기반으로서 이른바 경국대전 체제를 구축하는 한편 체제 운영의 이념적 지표로서 신유학사상에 바탕을 둔 도학정치 실현에 역점을 두게 되었음은 주지의 사실이다. 그러나 이러한 도학정치의 이념이 당시의 정치주체들 간에 체제 운영의 실천적 준거로서 자각적으로 수용·원용되기까지에는 그 후 상당한 우여곡절을 겪어야 했다. 여기서 말하는 우여곡절이란 15세기 중엽부터 16세기 중엽에 이르기까지 약 1세기 동안 신왕조 개창 초기의 정치과정을 격동 속에 몰아넣었던 일련의 사건, 즉 세조(世祖)의 왕위찬탈 사건(1455)을 비롯해서 무오(1498)·갑자(1504)·기묘(1519)·을사(1545) 등의 이른바 4대 사화를 지칭하거니와, 이러한 정치적 격동을 겪는 과정에서 유자들은 집단적 희생을 치르면서 군왕을 비롯한 정치주체의 자기규율 문제를 날카롭게 의식하게 되었고, 그 결과 그들은 체제 운영 전반의 문제를 주자학적 사유체계를 준거로 삼아 자각적으로 다루는, 이른바 도학적 정치문화의 기틀을 세우게 되었다. 그리고 이와 같은 정치사회화 과정의 전개와 더불어 그 동안 상당한 수준으로 진흥을 보게 된 영남·기호의 양대 사학을 중심으로 학계에서도 주자학 사상체계에 대한 심층적 이해가 이루어지게 됨으로써, 16세기 후반 선조(宣祖)대 이후부터는 체제 운영 전반의 문제가 학리적으로는 물론 현실적으로도 이러한 도학적 준거에 따라 전개되는 특징을 갖게 되었다.

그러면 여기서 말하는 신유학사상의 도학적 준거란 구체적으로 어떤 것인가?

신유학사상의 기본 양식은 철학적으로 성리학(性理學)이라고 할 수 있거니와, 따라서 그것은 '성명론'(性命論)과 '의리론'(義理論)으로 대별되는 독특한 이론 구성을 갖는다. 여기서 '의리론'이 현실문제와 관련한 유교적 가치규범의 실천적 지향을 체계화한 것이라면, '성명론'은 '의리론'의 근거를 밝히는 방법론 내지 인식론에 해당한다. 그리고 이와 같은 신유학의 실천적 지향을 지칭하여 '도학'(道學)이라 하거니와, '도학'이야말로 현실문제와 관련한 신유학의 중심과제에 해당한다고 할 수 있다.

신유학사상의 도학이념을 구현하는 방향에는 두 가지가 있다. 그 하나는 철학적 근거를 밝히는 '성리학'의 탐구요, 다른 하나는 실천적 행동양식으로서 '예학'(禮學)의 해명이다(금장태 1990, 86).

조선조에서는 이 두 가지 양식이 모두 정치 현실 속에서 제시되었다는 것이 중요한 특징이다. 서경덕(徐敬德)의 '기론'(氣論)과 이언적(李彦迪)의 '이론'(理論)이 성리학의 두 가지 입장으로 제기되었을 때, 퇴계 이황(退溪 李滉) 이후로 '기론'은 정치주체들 간에 정론에서 배제되었고 '이론'도 성·정(性·情)의 작용이 선악에 어떻게 관계되는가를 밝히는 '사단칠정론'(四端七情論)으로 수렴되었다. 퇴계 이황에 의해 '4단'의 능동적 초월성이 주장되거나 율곡 이이(栗谷 李珥)에 의해 '7정'의 현실적 포괄성이 강조되는 입장의 차이가 제기되자 '이기론'은 '심성론'으로 확립되었고, 나아가 의리의 근거로서 심성의 인식 문제를 둘러싸고 지식사회에서 기본 입장의 분화 양상이 제기되었다. 퇴계학파(영남학파)로 대표되는 정치주체들의 입장에서는 '4단'의 초월적 근거를 강조하는 인식론적 바탕 위에서 '경'(敬)을 통한 내면적 수양을 중시하여 정치현실로부터 이탈하려는 경향을 나타내게 되었으며, 이에 비하여 '7정'의 현실성을 강조하는 율곡학파(기호학파)의 입장에서는 '성'(誠)의 개념을 근거로 이상의 현실화를 추구하는 경향을 나타내게 되었다. 그리고 이러한 두 가지의 분화된 입장은 이후 정치과정 속에서 철학적 탐구의 범주에서 벗어나 이념적 교조로 정착됨에 따라 자신의 순수한 입장을 고수하려는 정통주의로 강화되어 갔다. 또한 '의리론'이 '예학'으로 전개될 경우에도 '예'의 형식 규범이 '의리'에 따라 설정되면 확고한 옹호적 태도가 확립되어 비타협적이고 폐쇄적인 대립이 심화되게 마련이었고, 그러한 양상이 17세기 후반의 이른바 예송(禮訟)으로 현실정치의 지평에 나타나게 되었다. 그리고 여기에서 의리의 기준은 명분으로 형식화하고 성리학에서나 예학의 학설상의 차이도 명분의 적합성 여부 내지 의리의 정당성 여부로 분별되어 정명(正名) 또는 정통을 순수하게 지키려는 의지는 현실문제와의 관련에서 격렬한 대립과 분열로 표면화되게 되었다. 조선조 후기의 격렬한 당쟁은 바로 이처럼 의리론의 순정성을 추구하려는 도학정치 문화의 소산이었다고 할 수 있다.

이상에서 의리의 실천에 초점을 둔 도학적 규범체계의 기본구조와 그것의 조선조적 변용 양상에 대해 개략적으로 살펴보았거니와, 그것은 요컨대 정(程) · 주(朱)의 성리학을 인식론적 기반으로 하여 가치규범으로서의 의리론과 실천적 행동 양식으로서의 예학을 기본 양식으로 삼아 전개된 것으로 집약할 수 있다(강광식 1990, 53) 그리하여 도학을 숭상하던 당시의 정치주체들은 자연이나 인륜의 현상을 인식하거나 또 정치사회적 활동을 전개할 때 이와 같이 고도로 체계화된 이론적 준거에 의거해서 거기에 합당한 행동을 해야 하는 것으로 생각하였던 것이다. 따라서 도학의 전통이 사회이념으로서뿐 아니라 정치질서의 근간으로 학립을 보게 된 16세기 말 이후에는 체제 운영의 실제적 국면이 전적으로 이와 같은 도학적 준거에 따라 규정되는 특징을 나타내게 되었다.

조선조에 수용된 신유학사상의 정치문화적 함의를 살펴보기 위하여 이하에서는 그 사상의 기본적 준거틀에 해당하는 '성리학상의 인식론적 입장', '가치규범으로서 의리론상의 입장', '행동양식으로서 예론상의 입장'으로 대별, 그 시대적 변용 양상을 차례로 살펴보기로 한다(강광식 1992, 430-439).

2. 성리학의 심화에 따른 인식론적 입장의 분화와 그 정치문화적 함의

　조선조의 개창과 더불어 신유학사상이 새로운 체제의 통치이념으로서 일찍부터 관학의 지위를 확보하게 되었음은 주지의 사실이다. 특히 의리의 실천궁행을 강조하는 사림세력이 현실정치의 헤게모니를 장악하게 됨에 따라 신유학사상의 도학적 측면이 강조되고, 그 도학정신에 따른 지치주의적 지향이 정치문화의 근간을 이루게 되었다. 따라서 이후 체제 운영의 실제적 양상은 정치주체들이 견지하고 있는 성리학상의 인식론적 입장 여하에 따라 근본적으로 달리 규정되게 마련이었다. 특히 16세기를 거치는 동안 도학의 철학적 기초인 성리학이 융성하게 발전하여 지식사회의 이해가 심화됨에 따라 체제 운영에 직접·간접으로 참여하는 사람들 간에 주리·주기의 인식론적 분화 양상이 뚜렷하게 제기되고, 그러한 인식론적 입장의 차이가 그대로 현실문제와 관련한 세계관·정치관의 차이로 연결되어 전개되는 양상을 나타내게 되었다.

　그러면 여기서 말하는 인식론적 입장의 차이란 구체적으로 어떤 것을 지칭하는가?

 도학의 철학적 기초인 성리학은 존재의 질료적 근거인 '기'(氣)와 원리적 근원인 '이'(理)의 두 가지 기본형식을 갖춘 '이기론'(理氣論)을 기초로 하거니와, 여기에서 '이'가 '기'보다 근본적이라고 보는 입장인 주리론과 '기'가 '이'보다 근본적이라고 보는 주기론으로 구분된다. 당시에 서경덕은 가장 근원적인 존재를 "맑고 형체가 없는 하나의 기"라 하여 주기론의 입장을 선명히 하였고, 이에 비해 이언적은 궁극적 존재인 '태극'(太極)을 '이'라 하여 주리론의 입장을 밝혔다. 그리고 16세기 후반에 이르러 이황과 이이는 이러한 철학적 논의를 본격적으로 심화시켜 특히 인간의 본성에 근거한 착한 감정인 '4단'(측은·수오·사양·시비지심)과 인간의 통상적 감정인 '7정'(희·노·애·구·애·오·욕)을 이기론으로 정밀하게 분석하여 이른바 '사단칠정론'을 전개하였다. 이황은 기대승(奇大升)과 토론하면서 '4단'을 '7정'에 대립시켰으며, '이'와 '기'가 서로 능동적으로 발동하는 것이라 하여 '이기호발설'(理氣互發說)을 제기하였다. 이와는 달리 이이는 성혼(成渾)과 토론하면서 '4단'도 '7정'과 같은 감정으로서 다만 착한 감정만을 지칭하는 것이라 하여 '이'의 능동성을 인정하지 않는 '기발이승일도설'(氣發理承一途說)을 주장하였다. 여기서 이황이 이원론적 경향과 주리론의 입장을 견지하였던 데 비하여 이이는 일원론적 경향을 나타냈던 것인데, 이들이 영남학파와 기호학파의 종장으로서 조선조 성리학의 대표적인 두 학통의 원류를 이루게 됨에 따라 이들의 입장이 지식사회의 분화된 입장을 각기 대변하는 결과를 나타내게 되었다.

여기서 특히 주목할 필요가 있는 것은 성리학의 이기론적 입장의 차이가 철학적 탐구의 범주에서 벗어나 현실문제를 인식하고 대처하는 세계관과 정치관의 차이로 나타나게 되었다는 점이다. 우선 퇴계 이황으로 대표되는 주리론적 입장에서는 정치주체들의 내면적 도덕성을 강조하는 바탕 위에서 '수기'의 실천에 우선적인 역점을 두는 세계관을 견지하였던 데 비하여, 율곡 이이로 대표되는 주기론적 입장에서는 객관적 상황주의의 가치정향을 바탕으로 '수기'와 더불어 '치인'을 강조하는 경세론적 입장을 견지함으로써 현실정치에 임하는 기본자세에서도 이들은 서로 대조를 이루었다.[1] 따라서 이와 같은 인식론적 입장의 분화는 도학정치를 추구하는 현실정치 속에서 모든 쟁점의 근원이 되게 마련이었으며, 주리·주기의 어떤 입장을 견지하는 세력이 현실정치를 주도하느냐에 따라 체제 운영의 실제적 국면이 현격하게 다른 양상을 나타내게 되었다.

그런데 여기서 다시 주목할 필요가 있는 것은 이념적 주도세력인 사림세력의 철학 안에서 신유학사상에 보다 충실한 주리설이 정통시됨에 따라 객관적 상황을 중시하는 입장이 응분의 자리를 차지하지 못하게 되었다는 점이다. 예컨대 17~18세기에 대두한 실학 계열의 사류가 성리학의 이러한 경향의 극복을 위한 노력을

---

[1] 퇴계와 율곡으로 대표되는 조선조 신유학(주자학)의 인식론적 분화 양상과 그것의 정치사상적 함의를 체계적으로 비교·분석하고 있는 연구로는 박충석(1982, 29-47) 참조.

줄기차게 전개하였지만 별다른 실효를 거두지 못하였던 것도 이러한 사정을 반영한 것이라고 할 수 있다. 신유학사상의 종본주의가 지식사회의 정통으로 풍미되고 있는 사정 하에서는 예컨대 상황주의적 인식론의 바탕 위에서 현실문제에 대처하려는 경세치용학파(經世致用學派)의 제도개혁론이나 이용후생학파(利用厚生學派)의 상공업진흥론이란 한낱 사상적 요소로서만 잔존할 수밖에 없었다.

3. 의리정신의 고양에 따른 명분론적 비판의식의 심화와 그 정치문화적 함의

 신유학사상의 기본양식을 철학적으로 성리학이라 한다면, 실천이념에서는 의리론이라고 할 수 있다. 따라서 신유학사상을 체제 창건의 이념적 지표로 설정하고 출범한 조선조에 있어서는 의리의 실천이 애초부터 현실정치의 중심과제일 수밖에 없었다. 새 왕조의 개창 문제를 둘러싸고 정몽주(鄭夢周) 일파와 정도전(鄭道傳) 일파 간에 제기된 이른바 강상론(綱常論)과 혁명론(革命論)의 쟁점도 그 주장의 철학적 논리성을 따지기에 앞서 의리에 대한 적합성 여부를 문제 삼는 것이었으며, 또 조선조 초기에 세조의 찬위(簒位) 문제와 관련한 사육신(死六臣)에 대한 정인지(鄭麟趾)·신숙주(申叔舟)의 논죄도 공적이 아니라 의리를 기준으로 한 것이었다. 그리고 의리와 이익을 엄격히 분별하는 '의리지변'(義利之辨)과, 그것을 인격적 양상에 적용하는 '군자소인지변'(君子小人之辨)의 전제 하에 전자를 숭앙하고 후자를 천시하는 가치정향도 이러한 의리론의 소산이었던 것이다. 또한 유교이념의 사회적 구현을 위한 정치주체의 역할규범을 논할 때에도 이른바 '출퇴지의리'(出退之義理)라 하여 수기치인의 출사(出仕) 여부를 결단하는 기준으로 삼았으며, 나아가 '춘추대의'(春秋大義)라 하여 존왕천패(尊王賤覇)의 정치론적 가치규범이나 존화양이(尊華攘夷)의 문명론적 가치규범을 다루는 평가의 기준으로 삼았다. 그리하여 도학정치를 표방한 조선조에서는 이와 같은 의리론이 정치주체의 가치규범으로 강화되어 이른바 '선비정신'의 중추를 이루게 되었으며, 따라서 정치주체들이 견지하는 의리론적 입장은 현실정치의 실제적 국면을 좌우하는 중요한 준거가 되었다.

유자를 정치의 주체로 하는 조선조의 정치과정에서 보면, 의리론적 입장은 새 왕조의 개창기부터 정치주체들 간에 분화·대립의 양상을 나타냈다고 할 수 있다. 정도전, 권근 등의 참여세력은 혁명론적 의리를 내세워 새 왕조 개창의 정당성을 강조하는 입장을 취하였던 데 반하여 정몽주, 길재 등 재야의 저항세력들은 강상론적 의리의 편에서 혁명의 정당성을 부인하였거니와, 그러한 전통은 그 후 재야의 신진사류에 계승되어 세조의 찬위 행위나 집권층인 훈구세력들의 권귀적 비행을 비판·저항하는 무기로 원용되면서 재야사림이라는 이념집단으로 성장하게 되었다.

그런데 여기서 특별히 주목할 필요가 있는 것은 강상론적 의리의 전통을 계승한 재야의 사림이 이념집단으로 성장해 감에 따라 세속적인 집권·훈구세력과 갈등을 일으키게 되었고, 그 과정에서 사림세력의 이상주의적 의리정신이 더욱 고양되는 사상적 유산을 남기게 되었다는 사실이다. 연산군(燕山君)대의 무오·갑자사화를 비롯하여 16세기 전반의 기묘·을사사화를 겪으면서 사림세력은 권력의 탄압에 무수한 희생을 치르게 되었지만, 의리의 이념적 정당성은 언제나 그들에게 있었으며, 그러한 희생을 대가로 의리사상이 가일층 심화되어 갔다고 할 수 있다. 그리고 16세기 후반 선조대에 이르러서는 사림집단이 현실정치의 헤게모니를 장악하는 데까지 발전하여 이른바 '사림정치'의 시대를 열게 되었다.

그러나 이러한 사림정치의 개막과 더불어 정치주체들 간에는 정치권력을 매개로 한 의리의 실천문제를 둘러싸고 다시 분화·대립하는 양상을 나타내게 되었다. 의리의 이념적 순수성을 지키면서 권력집단을 비판하는 데 정치참여의 역점을 두는 입장과, 권력을 통해 도학정치 이념을 직접 실현하려는 입장으로 대별되는 이른바 붕당정치의 개막이 그것이다. 붕당정치에서는 어떠한 입장에서나 구양수(歐陽脩)·주자(朱子)의 붕당론에 이념적 지표를 두고 있는 만큼 공도(公道)의 실현이라는 의리의 실천을 강조하기 마련이지만, 그 구체적인 방법론을 둘러싸고 상이한 입장의 정치주체들 간에 쟁패 양상을 나타내게 마련이었다. 그런데 17세기 말의 숙종(肅宗)대를 고비로 하는 붕당정치의 과정에서는 상이한 입장의 정치주체들 간에 의리론을 명분으로 지킬 수 있었지만, 그

후에는 정치적 이해관계에 집착한 이른바 '자작의리'(自作義理) 현상의 만연으로 의리론의 객관적 기준이 무너지면서 붕당정치의 생리적 기능이 마비되는 현상을 나타내게 되었다.

의리론은 또한 현실문제와 연관된 관계나 상황의 범주에 따라 여러 가지 양상을 나타낼 수 있다. 예컨대 개인 간의 '신의'를 비롯하여 사회질서에서의 '도의', 그리고 국가적인 위난에 대처하는 '절의'(節義)와 '의용'(義勇) 등 그 구체적인 표현 양상이 다양하지만 도학이념에 비추어 가장 중요시되는 의리는 국제관계상의 신의를 지칭하는 이른바 '대의'(大義)라고 할 수 있다. 병자호란 때 척화파와 주화파의 논란 가운데 척화파가 오랑캐와의 화친을 거부한 것은 객관적인 상황 인식을 넘어 '대의'를 지키려는 의리정신의 발로였으며, 이러한 전통은 그 후 배청숭명론(排淸崇明論)을 거쳐 서세동점기의 척사위정론(斥邪衛正論)으로 명맥이 이어져 국난기의 시대정신으로 고양되었다. 이러한 정치의식 성향은 물론 현실의 객관적인 상황인식이나 실리추구의 관점을 지나치게 간과한 것이기는 하지만, 거기에는 "일월처럼 천지와 더불어 영속하는 대의"의 이념적 존재에 대한 확신을 바탕으로 그것을 통하여 정당한 국가와 정치질서를 창출하려는 도통의식이 작용하였다.[2]

그러나 여기서 다시 주목할 필요가 있는 것은 이와 같은 도학

---

[2] 의리사상의 조선조적 변용 양상과 그것의 정치문화적 함의에 대한 상세한 논의는 금장태(1986, 228-251) 참조.

적 사유의 순정성(純正性)을 지키려는 정치의식 성향이 정치문화의 주류를 이루게 됨으로써 정치주체들이 명분적 의리에만 과도하게 집착한 나머지 결과적으로 실사구시의 경세론이 전개될 수 있는 소지를 원천적으로 차단시키는 폐단을 가져오게 되었다는 점이다. 그리고 이러한 의리론적 명분의식은 불의에 대한 엄격한 비판의식을 통하여 정치·사회질서를 도덕적으로 건전하게 하는 데 크게 기여한 이면에 정치·사회적 긴장과 분열을 격화시키는 역기능적인 작용을 하게 되었다는 점도 간과할 수가 없다. 이러한 사정은 유교적 가치규범의 양대 지주라고 할 수 있는 '포용적 가치규범'으로서의 '인'(仁)과 '분별적 가치규범'으로서의 '의'(義)가 언제나 조화와 균형을 이루도록 해야 한다는 공맹사상의 근본정신3)에 비추어 보더라도 '분별'과 '배척'에만 편중되는 정치문화적 폐단을 가져왔다고 할 수 있다.

---

3) 공맹사상, 특히 그것의 실천적 측면에 역점을 두는 맹자에 의하면 유교적 가치규범의 핵심은 '인·의'에 있거니와, '인'이 사랑의 포용적 성격의 가치규범이라면 '의'는 악에 대한 배척의 분별적 성격을 갖는다고 할 수 있다. 그런데 여기에서 두 가지 가치규범이 구체적 현실세계에서 상충할 경우에는 양자를 조화시키는 중용적 실천이 가장 바람직스럽다는 것이다. 『맹자』, <진심장>(상) 참조.

4. 예 숭상 풍토의 만연에 따른 명분론적 형식주의 의식의 고착화와 그 정치문화적 함의

　신유학사상의 도학이념에 대한 체계적 이해를 위해서는 그 이론구조상 다음 두 가지 방향에서의 학리적 구명이 선결될 필요가 있다. 한편으로 성리학의 탐구를 통해 그 철학적 근거를 체계적으로 파악하는 것이며, 다른 한편으로 예학의 변석을 통해 그 실천적 행동양식을 구체적으로 파악하는 것이다. 도학이념의 구현은 이와 같은 양면적 이해의 바탕 위에서 비로소 현실화될 수 있는 것이기 때문이다. 조선조에서 도학 정치문화가 정착되는 과정도 이러한 맥락에서 전개되었음은 두말할 나위가 없다.
　도학이 조선조의 지식사회에 수용되어 사회화되는 과정은 다음 몇 단계로 나누어 고찰될 수 있다. 즉 새 왕조의 개창과 더불어 관학으로 육성되기 시작한 주자학이 영남·기호의 양대 사학이 진흥됨에 따라 16세기에는 성리학의 심화를 가져왔고, 이를 바탕으로 17세기에는 예학의 융성으로 연결되었으며, 17세기 후반에는 때마침 대두된 사림집단에 의한 붕당정치를 배경으로 그것이 현실정치와 직결된 이른바 예송으로 쟁점화되는 양상을 보여주게 되었다. 도학의 이와 같은 사회화과정에 비추어 볼 때, 여기서 말하는 예학과 예송이란 단순한 학설상의 변석이나 공리공론을 말하는 것이 아니라 그것을 넘어서는 실천적 의미를 가지고 있었다고 할 수 있다. 그것은 도학적 명분의 적합성 내지 의리의 정당성을 논변하는 실천적인 문제인 동시에 도학이념을 구체적인 상황과 현실문제에 적용하여 객관화시키는 문제였다.

유교질서는 주지하듯이 '예악(禮樂)질서'라고도 하거니와, 여기서 '예'는 인식의 원리가 아니라 실천적 행위규범으로서 인륜관계와 사회·정치관계에 질서를 부여하는 역할규범의 기능을 갖는다는 데 그 본질이 있다. 그런데 도학정치에서는 그 질서가 나름대로 '명분을 가진 질서'이어야 하므로 그것은 당연히 인간의 당위적 행동절차로서의 예법과 연관될 필요가 있으며, 따라서 그 예법은 구체적인 상호관계 속에서의 처지, 곧 분수에 걸맞는 행위규범으로 객관화 내지 형식화되어야 한다. 그리하여 인간은 다른 사람과의 관계, 즉 사회관계 속에서 예법을 확립함으로써 응분의 명분(본분 내지 직분)을 실현하고 동시에 사회정치적 질서를 확보하게 된다. 따라서 도학정치 질서를 지향하는 조선조의 정치문화적 상황 하에서는 바로 이러한 맥락에서 정치주체들이 견지하는 예론상의 입장이 현실정치의 실제적 국면을 좌우하는 중요한 요인으로 작용하게 되었다.

그러면 도학적 정치질서의 추구에서 중요한 준거가 되는 예론상의 입장에는 구체적으로 어떤 것이 있는가?

'예'(禮)는 인간관계에 질서를 부여하는 행위규범, 역할규범으로서 구체적인 관계의 범주에 따라 서로 다른 예론이 적용될 수 있다. 유교적 사회질서의 관점에 국한해서 보는 경우, 예컨대 부자관계를 중심으로 그것을 확대한 혈연공동체에는 '가례'(家禮), 사제관계 중심의 학문공동체에는 '문례'(文禮), 군신관계를 중심으로 한 정치공동체에는 '전례'(典禮: 왕조례 또는 국가전례) 등을 상정할 수 있거니와, 여기에는 해당 범주의 공동체에 질서를 부여하는 행위규범이 각기 설정되어 있다고 할 수 있다. 그리고 각 범주 내 행위자의 개별적 규범에는 공자의 정명론(正名論)에 상응하는 명분(본분 내지 직분)이 결부되고 또 구체적인 행동양식으로서 역할규범이 제시되어 있는 것이다. 삼강(三綱)·오륜(五倫)은 이와 같은 여러 범주의 행위규범·역할규범 중에서 기본적인 것을 집약해 놓은 것이라고 할 수 있다.4)

그러나 여기서 다시 주목될 필요가 있는 것은 삼강·오륜으로 집약되는 위와 같은 일반적 규범체계란 어디까지나 유교적 가치질서의 기본적인 것을 체계화해 놓은 것일 뿐이므로 그것만 가지고는 잡다한 상충적 요소들이 혼재하는 현실세계를 규준하는 태동적 기능을 수행할 수 없다는 점이다. 구체적인 현실세계에서는 예컨대 충·효·열 등 상이한 범주의 행위규범·역할규범이 병존될 수 없는 갈등 양상이 얼마든지 전개될 수 있기 때문이다. 따라서 이와 같은 갈등 양상이 제기되는 경우에는 행위주체가 어떤

---

4) 여기서 '삼강'의 규범체계에서는 대체로 수직적 질서를 지향하는 데 비하여 '오륜>' 규범체계에서는 수평적 질서를 지향하고 있다는 점에서 서로 대조를 이룬다고 할 수 있다. 신분적 질서에 비판적 입장을 취하는 정다산(丁茶山) 등의 실학자들이 오륜 질서를 보다 선호하게 된 이유도 바로 이 점에 있다고 할 수 있다.

범주의 행위규범·역할규범을 우선적으로 적용하느냐 하는 갈등적 상황에 봉착하게 되고, 결국에는 예론 상 어떤 입장을 선택하느냐의 문제가 중요한 의미를 갖는다고 할 수 있다. 복제문제를 둘러싸고 정쟁이 야기된 17세기 후반의 예송(禮訟)이나, 그리고 노론·소론 분당의 원인이 된 송시열(宋時烈)·윤증(尹拯) 간의 정치적 갈등관계도 따지고 보면 모두가 예론 상 입장의 차이나 그 적용 상의 우선적 비중 문제와 연관된 갈등 양상이었다. 이하에서는 문제의 정치문화적 함의를 구체적으로 살펴보기 위하여 사례별로 구체적인 경위를 검토해 보기로 한다.

먼저 복제문제가 쟁점이 된 예송의 경우를 보면, 문제의 예송은 효종(孝宗)의 상에 대한 자의대비(慈懿大妃) 조씨의 복제문제가 쟁점이 된 제1차 예송(1659)과 효종비 인선왕후의 상에 대한 자의대비의 복상문제가 쟁점이 된 제2차 예송(1674)으로 대별되지만, 두 차례 모두 쟁점의 근원은 효종이 종법(宗法)체계 상에서 갖는 지위의 복잡성 때문이었다. 즉 효종의 종법 상의 지위가 가통(家統) 상으로는 차남이면서 동시에 왕통(王統)상으로는 대통을 계승한 적자였기 때문이다. 여기에서 효종이 갖는 종법 상의 지위를 가통·왕통의 어떤 범주에 우선적인 비중을 두느냐에 따라 그에 상응하는 복제가 달라지게 마련이었고, 그것은 곧 종법체계를 중시하는 당시의 지배적인 정치문화에 비추어 중대한 정치적 쟁점으로 부상되게 마련이었다. 그런데 당시의 정치주체들 간에는 왕실의 예와 사서인의 예를 분별하는 것을 전제로 왕조례(국가전례)에 우선적 비중을 두는 이른바 고전예제(古典禮制)를 숭상하는 예론적 입장과, 그리고 송대 주자 예학체계의 전통을 계승하여 가례 중심의 사대부례를 보편적으로 적용하려는 입장으로 분화의 양상을 보여주고 있었거니와, 따라서 이와 같은 예론 상의 상이한 입장이 때마침 제기된 복상문제를 둘러싸고 정치적 쟁투를 벌이게 되었다.5) 그리하여 제1차 예송에서는 후자의 입장에서 '기년설'(朞年說)을 내세운 송시열·송준길 등 기호계 서인들의 주장이 '3년설'을 내세운 허목(許穆)·윤휴(尹鑴)·윤선도(尹善道) 등 남인들의 주장을 누르고 채택되었지만 그 논란은 이후 재야에서 계속되었다. 윤선도가 왕통 문제를 다시 제기하자 그를 귀양 보냈지만 이를 계기로 탄핵·배척의 상소가 연이어 제기되었다. 1666년 (현종 7년)에는 경상도 유생들이 송시열 복제론의 오류를 세분하여 지적하자 성균관 유생들이 이에 맞서 옹호론을 제기하는 등 이러한 양상은 지방의 서원에까지 확대되는 양상을 나타냈다. 제2차 예송에서는 남인들의 주장인 '기년설'이 채택되어 이를 계기로 남인들이 득세하게 되었다. 그리고 숙종(肅宗)대에 이르러서는 제1차 예송의 책임을 물어 송시열이 삭탈·추죄되고 서인들은 파직·유배되었을 뿐 아니라 왕통 위주의 예론을 제기한 윤휴의 의견에 따라 현종(顯宗)에 대한 자의대비의 복상을 3년으로 정하는 조치가 이루어지게 됨으로써 반세기에 걸친 정치적 쟁점으로서의 예송은 막을 내리게 되었다.

---

5) 17세기 조선 예학의 분화 양상과 그것이 정치적 쟁점으로 연결되었던 예론 상의 논거에 대해서는 이영춘(1991, 165-208); 유정동(1978) 참조.

다음으로 송시열과 윤증 사이에 정치적 갈등관계가 야기된 경위를 보면, 여기에는 예론상의 입장 차이뿐 아니라 보다 근원적으로 주자학적 종본주의(宗本主義)와 연관된 이념론적 입장의 차이가 결부되고, 또 거기에 개별적인 이해관계가 중첩되어 가문의 은원관계와 사제 간의 의리문제까지 결부되는 복잡한 양상을 나타냈던 것을 알 수 있다. 이른바 '회니시비'(懷尼是非)로 지칭되는 두 사람 사이의 명분론적 갈등관계는 예송에서의 대립관계가 배경이 된 윤휴의 사문난적(斯文亂賊) 사건에서 비롯되었다. 윤휴는 예송 시 송시열의 '체이부정설'(體而不正說)을 공격하여 그를 조정에서 몰아낸 적이 있거니와, 이에 대한 보복으로 송시열은 윤휴가 일찍이 주자의 경서주해(經書註解)에 이론을 제기한 사실을 당론화하여 경신환국(庚申換局) 때 그를 사문난적으로 몰아 사사되게 하였다. 이러한 사실은 그 후 송시열·윤선거(윤증의 부친) 간의 불화로 비화되어 윤선거(尹宣擧)의 '강도사'(江都事)와 그것이 소재가 된 묘갈명(墓碣銘) 문제를 계기로 급기야는 송시열·윤문 간의 은원관계로 심화되는 양상을 나타내게 되었다. 이와 같이 악화된 상황 속에서 윤증이 송시열의 행적을 비판한 '신유의서'(辛酉擬書) 사건(1681)이 제기되고, 이를 계기로 윤증을 배사론자(背師論者)로 규탄하는 송시열 문하 유생들의 논죄 상소가 제기됨에 따라 그는 사사되고 노·소론 간의 정치적 갈등관계는 더욱 심화되게 되었던 것이다. 여기에서 보면, 명분론적 행위규범·역할규범의 구체적 적용이 갈등양상을 나타내는 경우에는 학통보다 가통상의 규범이 우선적으로 비중을 갖게 되는 것을 확인할 수 있다.

이상에서 보면, 당시의 정치문화가 도학적 의리론과 예론의 엄격성, 배타성에 의하여 지배되고 있었는가를 여실히 확인할 수 있다. 그러나 조선조에서는 특히 명목적 예론의 형식주의에 과도한 집착을 보임으로써 실사구시의 가치정향과 절충적이고 포용적인 의식성향이 사회적으로 확산될 수 있는 여지를 봉쇄하는 정치문화적 경화 양상을 나타내게 되었다. 이러한 사정은 '예론'에서 추구하는 '분별적 질서'와 더불어 '화합적 질서'를 추구하는 '악론'이 언제나 상보관계에 있도록 해야 한다는 공맹사상의 기본정신[6]에도 배치되는 현상이었다고 할 수 있다.

5. 맺는말

이상에서 조선조 유교정치 체제의 이념적 지표가 된 신유학사상의 도학이념에 내포되어 있는 이론적 준거틀로서 도학적 규범체계의 성격과 더불어 그것의 조선조적 변용 양상에 대해 살펴보

---

6) 공맹사상의 기본정신은 유교적 가치질서의 사회적 구현에 있다고 할 수 있거니와, 여기서 유교적 가치질서의 사회적 교화의 형식을 '예'(禮)와 '악'(樂)으로 대별할 경우, '예'가 분별과 질서의 원리를 지향하는 데 비하여 '악'은 조화와 통합의 원리를 지향한다고 할 수 있다. 그러나 여기서 '예'가 지나치면 소원한 질서가 되고 '악'이 지나치면 방만한 질서가 된다는 점을 주목할 필요가 있다. 『예기』 권18 및 『악기』 권63); 『논어』, <학이> 제12장 참조.

았다. 여기서 보면, 도학이념의 구현에는 매우 규범적이고 또 주지주의적인 가치정향이 정치주체들에게 요구되었음을 알 수 있다. 특히 신유학사상의 도학적 정통성을 견지하려는 사림세력이 현실정치를 주도하게 된 16세기 후반부터는 이러한 가치정향이 현실정치의 모든 국면을 규정하는 지배적인 정치문화로 확립됨으로써 이를 배경으로 사림집단에 의한 이른바 붕당정치(朋黨政治)가 체제 운영의 중심적 정치과정으로 정착됨을 보게 되었다.

그러면 이와 같은 도학적 정치문화의 전통 속에서 특징적 체제 운영방식으로 전개된 붕당정치는 구체적으로 어떻게 전개되었던 것인가?

조선조의 유교정치에서는 기본적 지향이 왕도정치(王道政治)에 있었던 만큼, 모든 정치행위가 군왕에게서 비롯되고 군왕에게 귀착되는 왕조시대 정치의 기본적 범주 안에서 정치과정이 전개되게 마련이었다. 따라서 수기치인(修己治人)이라는 정치주체의 역할이 기본적으로 도학적 사유체계와 규범체계의 의거해서 수행되어야 한다는 것을 엄격히 요구하고 있었다. 따라서 여기서는 합도학적인 수기치인의 자세 확립이 무엇보다 정치주체의 자격 조건으로서 강조되게 마련이었다. 그런데 현실에 있어서는 세습된 군왕에게서 이러한 선결 조건의 충족을 기대하기 어려웠으므로 도학적 사유능력을 직업적으로 체득하도록 되어 있는 사대부계층의 보필이 불가피하게 전제되지 않을 수 없었다. 바로 여기서 궁극적인 정치주체인 군왕과 보필자로서의 사대부계층 사이에 왕도정치의 구현을 위한 역할분담 문제가 제기되었고, 그 대안의 일환으로 구양수(歐陽脩)·주자(朱子)의 군자유붕론(君子有朋論)에 전거를 둔 붕당정치의 필요성이 제기되었다. 조선조에 수용된 신유학사상은 사림세력의 정치적 부상과 더불어 왕정 운영의 도학화를 지향하는 붕당정치의 활성화를 가져오게 되었다. 따라서 여기서는 왕정 운영의 주도권 쟁취를 위해 전조 낭관(銓曹 郎官)의 인사권이나 언로 장악을 확보하기 위한 쟁탈전을 벌이는 경우라도 예론이나 의리론 같은 도학적 명분을 확보하려는 쟁패 양상을 치열하게 보여주게 되었던 것이다.

  신유학사상에 바탕을 둔 도학정치 문화가 지배적인 정치문화로 정착되어 있었던 조선조에 있어서는 붕당을 매개로 한 공론정치가 왕정 운영의 실제적 국면을 규정하는 핵심적 기제(機制)였으며, 여기서 행도(行道)를 자임하는 이념집단으로서 붕당은 군왕에 대한 치도(治道)의 진강(進講)이나 간쟁(諫諍), 그리고 집단적인 공론형성 기능을 통하여 현실정치의 주도권 쟁탈에 부심하는 양상을 보여주게 되었다. 그리하여 붕당정치가 순기능적으로 운영되고 있는 동안에는 이러한 정치과정을 통하여 군왕권의 자의적 행사가 규제되는 한편, 붕당 간의 상호견제 기능도 효과적으로 유지될 수 있었다.

<참고문헌>

강광식. 1990. "조선조 붕당정치문화의 구조와 기능." 『정신문화연구』 제13권 제4호. 성남: 한국정신문화연구원.
강광식. 1992. "조선조 당쟁의 정치문화적 배경." 『조선후기 당쟁의 종합적 검토』. 성남: 한국정신문화연구원.
금장태. 1986. "의리사상과 선비정신." 『한국사상의 심층연구』. 서울: 우석.
금장태. 1990. 『유교사상의 문제들』. 서울: 여강출판사.
박충석. 1982. 『한국정치사상사』. 서울: 삼영사.
유정동. 1978. "예론의 제학파와 그 논쟁." 『한국철학연구』 중권. 서울: 동명사.
이영춘. 1991. "사계예학과 국가전례." 『사계사상연구』. 서울:사계신독제선생기념사업회.

제5장
신유학사상과 조선 후기 유교적 세계관의 변용 양상

1. 서 론

 16세기 말엽에 조선조가 겪게 된 임진·정유의 왜란과 17세기 초의 병자호란은 조선시대를 전기와 후기로 가르는 분기점에 해당하거니와, 이 시기의 조선조사회는 대내외적으로 중첩된 도전에 직면하여 실로 심각한 위기적 양상을 드러내고 있었다.
 이 시기는 우선 대외적으로 남방 일본의 발호와 북방 대륙에서의 명청 교체로 예교(禮敎)를 근간으로 하는 전통적인 사대교린(事大交隣) 질서가 그 저변에서부터 큰 동요를 겪게 되는 시기로서, 이와 같은 국제질서의 세기적 변화 양상 그 자체가 조선조의 전통적 위상과 안위를 심각하게 위협하는 도전적 요소로 작용하게 마련이었다. 그리고 대내적으로도 조선조사회는 이 무렵부터 여러 면에서 전환기적 양상을 보여주고 있었다. 우선 정치적으로 당시 조선조사회는 도학이념 집단을 자처하는 사림세력이 연속적인 사화(士禍)의 파란을 딛고 사회·정치적 헤게모니를 장악하게 됨에 따라 이들에 의한 이른바 붕당정치가 본격적으로 개시되게 되었지만, 사림세력 내부의 연속적인 분열로 정치적 혼미를 거듭하여 사회의 기강이 극도로 해이해지는 양상을 나타내게 되었다. 그리고 여기에 왜란과 호란의 연속된 참화로 인한 사회·경제적 기반의 붕괴와 거기에 수반된 신분질서의 동요로 조선조사회는 그야말로 총체적인 해체 현상을 드러내고 있었다. 그리하여 조선조사회는 율곡 이이(栗谷 李珥)가 역설한 바와 같이 체제 변통의 경장(更張)을 필요로 하는 갖가지 사회·정치적 모순과 위기적 양상을 보여주고 있었다. 이 글은 바로 이와 같은 내외의 중첩된 도전과 위기적 상황에 직면하여 당시의 정치주체인 사림이 어떠한 반응을 보여주게 되었는지를 특히 그들의 정치의식 성향에 주목하여 체계적으로 고찰해 보자는 데 일차적인 목적을 두고 있다.

왜란과 호란을 겪게 된 17세기는 세계관상으로도 중요한 전환기였다고 할 수 있다. 앞에서도 언급되었듯이 신유학 이념집단을 자처하는 사림세력이 사회·정치적 헤게모니를 장악함에 따라 신유학의 정통성이 사회이념으로서뿐 아니라 정치질서의 근간을 이루게 되었고, 이에 수반하여 신유학사상이 체제 운영 전반을 규정하는 지배적인 가치정향으로 확립을 보게 되었다. 그러나 다른 한편으로 특별히 주목되는 것은 이 무렵에 지식사회 내부에서 사상적 분화 양상이 대두하기 시작하였다는 점이다. 신유학사상의 도학이념이 정통 이념으로 정립되면서 그 철학적 근거를 추구하는 노력이 지식사회에서 왕성하게 전개되어 성리학의 융성을 가져오게 되었고, 그 연장선상에서 이른바 주리·주기의 인식론적 분화가 이루어지게 됨으로써 신유학적 사유의 한계에서 벗어나려는 사상적 반성이 다양하게 제기되었기 때문이다. 실학의 대두를 비롯하여 양명학의 전승이 이 무렵에 이루어졌고, 또 서학의 전래와 더불어 청조의 고증학이 이러한 분위기 속에서 지식사회 일각에 수용되기 시작하였다. 그리하여 17세기 이후의 조선조사회에서는 거듭된 전란으로 인해 극도로 피폐된 사회·경제적 위기상황에 직면하여 한편으로는 정통적 지위의 도학정치 문화가 더욱 규범화되고 또 교조화되는 양상을 보여주게 되었으며, 다른 한편으로 그러한 교조적 양상의 현실적 한계에서 벗어나려는 지적 욕구가 실학을 비롯한 양명학·서학 등의 새로운 가치정향에 대한 관심으로 대두함으로써 도학정치 문화의 내재적 변용 양상을 보여주게 되었다. 따라서 이 글에서는 이러한 맥락에 유의하여 그 후의 시대적 및 사회·정치적 환경 여건의 변화에 따라 기존의 신유학적 세계관이 어떠한 변용 양상을 나타내게 되었는지를 살피는 데 관심의 초점을 두게 될 것이다.

조선조 후기의 유교적 세계관의 변용 양상을 고찰하는 데 있어서는 이미 지배적 세계관으로서 확고한 기반을 가지고 있었던 신유학사상의 속성을 먼저 파악해 둘 필요가 있다. 신유학적 세계관은 학리적으로 정연한 이론체계에 의해 뒷받침되고 있었을 뿐 아니라 현실의 제반 문제를 인식하는 입장과 태도에 있어서 일이관지한 총체적 사유를 요구하고 있었기 때문이다. 이러한 사정은 신유학의 도학적 세계관과 대칭적 입장에 있었던 실학적 세계관에 있어서도 예외가 아니었던 만큼, 신유학의 도학적 세계관 본연의 구조적 속성을 파악하는 것은 그것의 변용 양상이 야기되는 단서를 밝히는 데 매우 중요한 의미를 갖는다고 할 수 있다.

주지하듯이 신유학사상의 학리체계는 이기론(理氣論)과 인성론(人性論)으로 대표되는 성리학(性理學)을 인식론적 기반으로 삼고 가치규범으로서의 의리론(義理論)과 행동양식으로서의 예론(禮論)을 주요 구성이론으로 내포하고 있거니와, 따라서 그것은 우주의 삼라만상에서부터 인간관계와 사회현상을 그 근원에서부터 철저히 구명·평가하도록 하는 총체적 사유를 요구하는 속성을 가지고 있다. 요컨대 신유학사상에서는 모든 현상을 파악하고 또 거기에 대처하기 위한 모든 행위에 인식론·가치규범·행동양식상의 학리적 개입이 필연적으로 일어나게 마련인 것이다. 더구나 기존의 경세론(經世論)이 이러한 신유학적 준거에 의해 철저히 뒷받침되고 있었던 당시의 정치문화적 여건 속에서 문제해결의 기본적 처방은 언제나 신유학적 사유체계와의 관련에서 규명되지 않으면 안 되었던 것이다. 당면한 시대적 도전과 위기적 상황을 해석·평가하고 또 거기에 대응함에 있어 그 주조에 있어서는 언제나 이러한 신유학적 세계관에 근거하여 전개되게 마련이었다.

그러면 여기에서 말하는 신유학적 세계관이란 구체적으로 어떤 것이며, 현실의 시대적 및 사회·정치적 상황은 그러한 관련에서 어떻게 인식되고 있었던가(강광식 2000, 281-283)?

신유학사상에서는 우선 모든 현상을 근원적으로 파악하는 성리학적 인식이 중요한 의미를 갖거니와, 여기서는 모든 사물의 속성을 파악·분별하는 기본전제로서『대학』(大學)에서 말하는 선후본말론(先後本末論)이 중요한 준거가 된다. 여기서 말하는 선후본말론이란 요컨대 도덕의 인격성(天理·道心)을 근본으로 파악하고 물질적 대상(形氣·人心)을 말지(末枝)로 보아 근본인 도덕의 인격성을 선행시키고 이에 주력함으로써 말지로서의 물질적 여건이 부수적으로 갖추어질 수 있다는 입장을 지칭한다. 따라서 이러한 인식론적 입장이 전제되어 있는 신유학적 세계관의 가치규범(의리론)에서는 근본을 추구하는 의(義)와 말지에 관심을 두는 이(利)가 서로 모순을 일으킬 수 있는 것으로 파악하여 전자를 숭앙하고 후자를 배격하려는 의지를 높이고 있는 것이다. 그리고 이러한 의리지변(義利之辨)의 가치규범을 인격적 양상에 적용한 군자소인지변(君子小人之辨)의 의리론에서는 의리(義理)의 실천을 본분으로 삼는 군자(성인)를 숭앙하고 이욕(利欲)에 지배되는 소인(금수)을 엄격히 배격하는 입장이 강조되는 것이다(<표 5-1> 참조).

〈표 5-1〉 신유학적 세계관의 본말론적 인식체계

	근본(根本)	말지(末枝)
존재론(우주론)적 양태	天理(도덕세계)	形氣(물질세계)
인 성 양 태	도심(道心)	인심(人心)
가 치 양 태	의(義)	이(利)
인격적 양상	군자(성인)	소인(금수)

* 출처: 강광식 2000, 282.

이상의 맥락에서 볼 때, 조선조사회에서 신유학사상의 도학이 념이 정통적 지위를 갖게 됨에 따라 성리학의 논변이 지식사회에 서 활발하게 전개된 것은 도덕과 인격성의 근거를 밝히기 위한 당연한 지적 관심의 귀결이었으며, 그리고 그것을 현실에 구현하 기 위한 경세론에서 이른바 '정군심'(正君心) 내지 '정인심'(正人 心)이 '온갖 변화의 근원'이라는 전제 하에 군왕과 사대부계층의 철저한 수기(修己)를 강조하게 되었던 것도 신유학적 세계관의 본 래적 속성에 기인하는 것이었다고 할 수 있다.

이상에서 신유학적 세계관의 기반을 이루고 있는 기본적 인식 체계에 대해서 살펴보았거니와, 그것은 진리관·문명관·경세관 등 현실의 제반 문제를 대하는 시각에 두루 연계되게 마련이었다. 즉 그것은 구체적으로 이른바 정사지변(正邪之辨)의 준거가 되어 숭정학(崇正學)·벽이단(闢異端)의 진리관으로 연계되는가 하면, 또 화이지변(華夷之辨)의 준거로서 존화(尊華)·양이(攘夷)의 문명 관으로 표현되기도 하며, 그리고 경세론에 있어서는 왕패지변(王 覇之辨)에 의한 존왕(尊王)·천패(賤覇)의 기본적 지향 하에 그것 을 수행하는 정치주체의 역할에 주목하여 이른바 진유지도(眞儒 之道)에 의한 성군현상론(聖君賢相論)이 규범적 지표로서 강조되 었던 것이다(<표 5-2> 참조).

조선조 후기로 내려올수록 의리론의 준엄한 제기와 예설(禮說) 의 엄격한 규정을 추구하는 방향으로 경세론이 형식화되고 관념 화되는 경향을 보여주게 된 것도 이러한 정치문화의 소산이었으 며, 그리고 연속되는 새로운 시대적 도전이 제기될 때마다 범사회

〈표 5-2〉 신유학적 세계관의 구체적 표현 양태

시각 구분	내　　　용
진리관	정사지변 ──→ 숭정학·벽이단
문명관	화이지변 ──→ 존화·양이
경세관	왕패지변 ──→ 존왕·천패
인식론적 기초: 선후본말론	의리지변 ──→중의경리 군자소인지변 ──→ 진군자붕·퇴소인당

　* 출처: 강광식 2000, 283.

적으로 민감하게 표출되었던 일련의 시대정신, 예컨대 호란을 계기로 한 시대를 풍미하였던 배청숭명론(排淸崇明論)을 비롯하여 서세동점기에 있어서의 척사위정론(斥邪衛正論)도 신유학적 세계관의 중핵을 이루고 있는 이른바 춘추대의(春秋大義)의 도통(道統) 의식을 드러낸 것에 다름 아니었다. 이 글에서는 바로 이러한 맥락에 유의하여 시대적 변천에 따른 유교적 세계관의 변용 양상을 우선 그 연속성의 맥락에 주목하여 고찰해 보려고 한다.

　그러나 한편 여기에서 다시 주목할 필요가 있는 것은 조선조 후기의 제반 위기적 상황에 대한 전통사회의 반응 양상이 그 주조에 있어서는 언제나 신유학적 입장을 반영하는 것이었을지라도 그것이 전부는 아니었다는 사실이다. 호란기에 있어서의 주화론(主和論)과 척화론(斥和論)의 병존 양상에서 보여주듯이, 각 시대의 실제적 표현 양태에는 정통주의적 가치정향의 이면에 현실적인 효용을 강조하는 가치정향이 언제나 존재하였던 점을 주목할 필요가 있다. 더구나 새로운 시대적 도전과 더불어 새로운 문물과 사조가 외부세계로부터 유입됨에 따라 기존의 가치정향이 갖는 한계에서 벗어나려는 지적 욕구가 지식사회 내부에서 끊임없이 자생하고 있었던 점을 주목할 필요가 있다. 앞에서도 언급되었듯이 17세기에 이미 지식사회 안에서 주리(主理)·주기(主氣)의 인식론적 분화 양상이 제기되고 있었음은 주지의 사실이거니와, 그 연장선상에서 당시 지식사회 일각에서는 정통 이념과 변화하는 현실사이의 괴리를 자각, 현실문제의 해결을 위한 방법을 정통 이념 밖에서 찾으려는 새로운 지적 욕구가 실학을 비롯한 양명학·서학 등의 관심으로 대두되고, 급기야는 그것을 폭넓게 수용하는 양상을 보여주게 되었던 것은 이러한 관련에서 매우 중요한 의미를 갖는 것이었다. 그중에서도 특히 주목되는 것은 기존의 신유학적 가치정향의 테두리 안에서 출발하여 탈신유학적인 성향을 보여주게 된 실학적 가치정향으로서, 그것은 극도의 파탄지경에 이르게 된 당시의 사회적 현실을 개선하는 데 완전히 무기력했던 정통 이념에 하나의 대안적 정향을 모색하는 데 중추적 역할을 하게 되었다는 점에서 매우 중요한 의미를 가지고 있었다. 도학정치 문화가 배타적인 권위를 가지고 있었던 당시의 사정에 비추어 거기에 도전하거나 대립하는 것은 물론 용이한 일이 아니었지만, 그럼에도 불구하고 실학파 지식인들은 도학파의 중심적 관심사인 예설이나 의리론의 규범적 해석에서 벗어나 현실의 경제·제도·산업문제에 관심을 기울이기 시작하였고, 마침내는 그 연장선상에서 경험적이고 실용적인 인식론을 안출하여 도학적 인식체계로부터 이탈하는 새로운 가치정향을 보여 주었다.

그리고 여기서 주목되는 것은 실학파 지식인들이 새로운 가치 정향을 도출해 내는 과정에서 새로운 문물과 사조에 개방적인 자세를 취할 수 있었다는 점이다. 그들은 도학파가 극단적으로 배척하고 있었던 양명학이나 서학과 같은 새로운 사조에 대하여 수용·배척 이전에 우선 관심을 보이는 개방성을 보여 주었을 뿐 아니라, 나아가 정통 이념과의 조화를 주요 과제로 설정하여 급기야는 이질적 사조의 근본입장에 대한 인식과 수용에로 급속한 진전을 보여주게 되었다. 그리고 그 연장선상에서 실학은 전통적인 세계관의 굴레에서 벗어나 독자적인 세계관을 형성시킬 수 있는 기반을 갖추게 되었다. 전통적 세계관의 기초를 이루고 있던 음양오행설(陰陽五行說)이나 천원지방설(天圓地方說) 등을 극복하고 급기야는 중화적 세계관에서 완전히 벗어날 수 있었던 북학파 지식인들의 새로운 인식도 서양의 천문·역학·지리 등에 관한 관심과 수용에서 비롯된 것이었으며, 그리고 "이용(利用)을 이룬 다음에 후생(厚生)을 할 수 있고, 후생을 이룬 다음에야 정덕(正德)을 이룰 수 있다"는 그들 특유의 새로운 경세론도 따지고 보면 동도서기(東道西器)의 개방적 인식태도에서 비롯된 것이었다고 할 수 있다. 그리고 이러한 가치정향이 개항기로 그 명맥이 계승되어 개화론으로 표출되게 되었음은 두말할 나위가 없다. 이 글에서는 바로 이와 같은 맥락에 유의하여 조선 후기 유교적 세계관의 변용양상을 그 변이 과정의 맥락에 주목하여 별도로 고찰해 보려고 한다(강광식 2009, 219-263).

2. 신유학사상의 연속성 맥락에서 본 유교적 세계관의 변용 양상

앞에서도 언급되었듯이 조선조시대의 신유학은 정(程)·주(朱)의 성리학을 인식론적 기반으로 삼고 가치규범으로서 의리론과 행동양식으로서 예설을 그 기본구조로 내포하고 전개된 특징을 가지고 있거니와, 따라서 이러한 신유학의 전통이 학리적 및 현실적으로 확립되어 있었던 17세기 이후에 있어서는 새로이 제기되는 시대적 도전을 비롯한 현실의 제반 문제에 신유학적 사유체계에 의거한 인식론·가치규범·행동양식 등의 가치정향이 밀접히 결부되어 표현되는 독특한 양상을 보여주게 마련이었다.

먼저 신유학적 세계관이 지배하는 조선조 후기에 있어서는 무엇보다도 성리학의 인식론적 입장 여하에 따라 현실문제에 대하는 기본적 태도가 달리 나타나게 마련이었다. 16세기 말 퇴계·율곡을 거치면서 지식사회 안에서 주리·주기의 인식론적 분화 양상이 제기되었음은 주지의 사실이거니와, 이러한 인식론적 입장의 차이는 곧 현실문제와 관련한 경세론의 차이로 연계되어 나타나게 마련이었다.[1] 즉 퇴계학파로 대표되는 주리론적 입장에서

---

1) 이에 관한 상세한 고찰은 강광식(1992, 19-21) 참조.

는 정치주체의 내면적 심성 계발이라는 수기적 측면에 우선적인 역점을 두는 바탕 위에서 그것의 사회적 확산을 뜻하는 치인(治人)의 문제도 교화에 우선적인 비중을 두는 경세관을 선호하게 마련이었고, 따라서 이들은 현실정치에의 직접적 참여를 기피하는 경향을 보여주며, 설령 참여하더라도 도학적 순정성을 옹호·고수하려는 경향을 보여주게 마련이었다. 이에 반하여 율곡학파로 대표되는 주기론적 입장에서는 정치주체의 수기(修己)와 더불어 치인(治人)의 실천을 보다 강조하되 특히 객관적 상황성을 중시하여 교화(敎化)와 더불어 양민(養民)을 강조하고 또 상황 변화에 따른 체제 변통의 필요성을 강조하는 경세관을 선호하게 마련이었다. 그리고 이러한 상황주의적 입장은 그 후 실학파를 거쳐 개항기의 개화파 지식인들에게로 그 명맥이 계승되어 구한말 위정척사론의 가치정향과 대칭적 양상을 보여주게 되었다.

그런데 여기서 특별히 유의될 필요가 있는 것은 도학이념의 정통성과 순정성을 고수하려는 주리론적 입장이 정통적 권위를 확보하게 됨에 따라서 객관적 상황 요소를 중시하는 주기론적 입장은 조선조 후기의 실제적 정치과정에서 응분의 영향력을 발휘하지 못하게 되었다는 점이다. 예컨대 17~18세기에 대두한 실학 계열의 사류가 현실주의적 문제의식에서 체제개혁(경세치용학파의 경우)과 물산진흥(이용후생학파의 경우)의 필요성을 줄기차게 제기하였지만 주자학적 종본주의(崇本主義)의 배타성에 밀려 한낱 사상적 요소로서만 잔존할 수밖에 없었다.

다음으로 신유학사상의 도학적 세계관이 지배하던 조선조사회에서는 성리학적 인식과 더불어 거기에서 도출된 기본적 가치규범으로서 의리의 실천이 현실정치의 중심 과제로 제기되게 마련이었다(강광식 1992, 22-24). 조선조 개창기에 이미 유자들 간에 의리의 실천문제를 둘러싸고 이른바 혁명론파와 강상론파로 대립된 양상을 보여준 바 있음은 주지의 사실이거니와, 그 후 강상론적 의리의 전통을 계승한 사림세력이 연속된 사화의 파란을 딛고 사회・정치적 헤게모니를 장악하게 됨에 따라 의리사상이 체제운영 전반을 지배하는 정통 사상으로 부동의 권위를 확보하게 되었다. 그리하여 17세기 이후 사림세력이 주도하는 붕당정치에서 의리지변 내지 그것을 인격적 양상에 적용한 군자소인지변의 가치규범을 실현하는 문제가 현실정치의 핵심적인 쟁점을 이루게 마련이었으며, 그리고 왜란과 호란 이후 연속적으로 밀어닥치게 된 외국의 침략과 이질적 문물의 침습에 직면하여 화이지변 내지 정사지변의 논거에 따라 대의를 지키려는 의리정신이 시대정신으로 고양되게 된 것도 이러한 정치문화의 소산이었다. 그리고 이러한 도학적 세계관의 특성에 비추어 예(禮)의 형식규범이 현실 속에서 특별히 강조되는 것도 전혀 우연한 일이 아니었다. 신유학에서의 예설이란 성리학적 논구를 통해 그 철학적 근거가 밝혀진 것을 구체적 현실에 반영하는 행동양식을 학리적으로 논변하는 것을 지칭하거니와, 따라서 여기서 말하는 예란 단순한 형식규범이 아니라 도학적 명분의 적합성 내지 의리의 정당성을 판가름하는 실천적인 문제인 동시에 도학이념을 구체적인 현실상황에 적용하여 객관화시키는 매우 중요한 의미를 갖게 마련이었다(강광식 1992, 25-29). 그리하여 예의 형식규범이 의리에 따라 설정될 경우 거기에 확고한 옹호적 태도가 확립되어 비타협적이고 폐쇄적인 대결 자세가 심화되게 마련이었다. 현종·숙종년간의 이른바 예송정국에서 복제문제가 현실정치의 심각한 쟁점으로 부각되었던 것은 효종의 북벌정책 이래 배청숭명의 춘추의리가 시대정신으로 고양되고 있었던 당시의 정치문화적 풍토에 비추어 오히려 당연한 시대적 추세를 반영하는 것이었다고 할 수 있다. 그리고 이러한 양상은 서세동점의 시대적 도전에 대한 전통사회의 반응에서도 발견될 수 있는바, 서학의 전래 이래 150여 년 동안 학리적 차원의 비판과 수용이라는 비교적 객관적 자세를 견지해 오던 전통사회의 반응 양상이 이른바 진산사건(珍山事件: 1791년)을 계기로 천주교 의례가 유교 의례와 정면으로 충돌하는 양상이 사회적으로 표면화됨에 따라 서학 그 자체를 총체적으로 배격하는 방향으로 일변하게 되었다. 이후부터 서학은 이른바 멸륜난상(蔑倫亂常)의 사도(邪道)로 규정되어 총체적인 배척과 금압의 대상으로 전락하게 되었다.

  이상에서 신유학사상의 도학적 세계관의 구조적 속성과 관련하여 그것의 시대적 및 사회·정치적 표현 양태에 대해 개괄적으로 살펴보았거니와, 그 구체적 양상은 물론 시대에 따라 초점이 각기 달랐지만, 도학이념의 정통성과 순정성을 옹호·강화하려는 성향에 있어서는 조선 후기의 전 과정에 걸쳐 일관된 전통을 보여주었다고 할 수 있다. 특히 왜란과 호란을 거친 이후 대내외적 위기상황이 급박하게 제기될수록 이러한 경향은 더욱 고조되어 엄격한 도통의식과 정통주의의 입장에서 현실에 대처하려는 양상을 보여주게 되었다. 서세동점의 세기적 조류가 걷잡을 수 없이 밀어닥치고 있을 때 매우 강경한 배척과 저항의 입장을 일관하여 보여주게 된 것도 이러한 가치정향의 발로였음은 두말할 나위가 없다.

이하에서는 바로 이상의 맥락에 유의하여, 먼저 시대적 도전에 대한 전통사회의 반응 양상으로서 문명론적 세계관의 변용 양상을 살펴보고, 이어서 그러한 시대적 대응논리의 전제 하에 전개된 경세론적 세계관의 변용 양상을 구체적으로 살펴보기로 한다.

1) '화이지변'의 문명론적 도통의식과 그 시대적 변용 양상

조선시대의 이념적 전통인 신유학사상에서는 매우 엄격한 도통의식과 정통주의의 신념을 확립하고 있었다. 곧 어떠한 이질적인 입장에 대해서도 이단 또는 사설(邪說)로 규정하여 엄중하게 배척하는 전통을 수립하고 있었다. 따라서 조선조사회는 후반기에 들어오면서 외국으로부터 군사적 침략이나 문화적 침투가 잇달아 밀어닥치자, 매우 강경한 배척과 저항의 입장을 취하였다. 이러한 저항의식은 조선 후기에 하나의 시대적 특징을 이루었다.

조선 후기에 있어서 외래적 침략에 직면하여 이에 대한 반응으로 나타난 정치문화적 양상은 크게 네 단계로 구분하여 고찰해 볼 수 있다. 그 첫 단계는 임진왜란의 경우이다. 조헌(趙憲)을 위시한 당시의 사림은 의병활동을 전개하여 이른바 춘추의리(春秋

義理)로써 일본을 배척하였고 그 침략에 항거하는 양상을 보였다. 이러한 항일 의리정신은 조선조 후반기의 전 과정을 통하여 지속적인 관심 속에 추앙의 대상이 되었다. 두 번째 단계는 병자호란의 경우이다. 이 경우 역시 침략을 물리치기 위한 현실적인 방법론에 앞서 존화양이의 춘추의리를 근거로 하여 존명배청을 표방함으로써 청국에 강한 저항의식으로 표현되었다. 세 번째 단계는 서학에 대한 배척이다. 17세기 초에 서학이 전래되고 18세기 후반에 이르러 천주교 신앙이 유포되기 시작하자 신유학사상의 정통의식은 벽이단(闢異端) 내지 척사론(斥邪論)의 형식으로 천주교와 서양문물을 이단으로 배척하는 양상을 보였다. 네 번째 단계는 서양과 일본의 제국주의적 침략이 제기되었을 때이다. 조선조에 문호개방을 요구하고 군사적·경제적·문화적 침략을 강화해 가자 한말 도학자들은 단순한 이념론적 배격에 그치지 않고 척사위정론을 내세우면서 이를 배격하는 운동을 전개하였다.

이상에서 보면, 조선조에 있어서는 지배적 가치정향으로 정통성을 확보하고 있었던 신유학적 세계관은 시대에 따라 이단 또는 사설로서 다양한 대상을 지목하여 왔음을 확인할 수 있다. 이하에서는 그 구체적 양상을 살펴보기로 한다.

먼저 임진왜란의 경우에서 보면, 당시의 사림정신이 이른바 사생취의(捨生取義)라는 의리정신의 원론적 양상을 보여주고 있었음을 확인할 수 있다. 예컨대 조헌은 칠백 의사와 함께 금산에서 왜병과 싸우다가 장렬하게 전사한 인물이거니와, 그는 의병을 모집하여 선서하면서 "오직 의(義)라는 한 글자를 끝까지 마음에 두라"고 강조하였고, 금산에서 의병들에게 마지막 훈시를 할 때에도 "오늘은 다만 한 번 죽음이 있을 뿐이다. 죽고 삶과 나아가고 물러섬을 의라는 글자에 부끄럽지 않게 하라"고 언명하였다(『중봉선생연보』). 이처럼 의는 국가존망의 위난에 처했을 때, 생명을 버리면서 투쟁하는 용기의 원천이요 정당성의 근거가 되고 있음을 확인할 수 있다. 이순신(李舜臣)의 전공을 칭송할 때에도 그가 단지 지모나 용맹이 뛰어난 무장이 아니라 의리에 바탕을 둔 확고한 사생관(死生觀)에서 발휘되었던 의용(義勇)을 구현한 선비정신의 소유자였음을 인식할 필요가 있다. 그는 장계(狀啓)에서 "원컨대 한 번 죽기를 기약하여 적진을 곧바로 두들겨 요망한 기운을 쓸어버리고 나라의 치욕을 만분의 일이라도 씻고자 하고, 그 성공과 실패가 잘 되고 못 되는 것은 신이 미리 헤아릴 수 있는 것이 아닙니다"라고 언급하고 있다(『충무공전서』 권2). 전쟁을 지휘하는 사령관도 결과로서의 성패보다 동기로서의 불의에 대한 의분과 생사를 넘어선 의용을 강조하고 있는 사실도 의리사상의 기준이요 근거로서 확립되고 있음을 보여주고 있다.

이러한 사정은 그 후 병자호란의 경우에도 그대로 계승되어 나타나고 있음을 볼 수 있다. 당시 대청 강화를 둘러싸고 조정을 비롯한 사림사회가 주화파와 척화파로 대립된 의견을 표출하고 있었지만 명(明)에 대한 은혜와 의리를 생각하는 입장에 있어서는 양 파가 별다른 차이를 나타내지 않았고, 다만 현실의 상황적 대처 방안에서 입장을 달리하고 있었을 뿐이다. 김상헌(金尙憲), 정온(鄭蘊) 등으로 대표되는 척화파 인사들은 임진란 시 명의 이른바 '재조번방(再造藩邦)의 은위(恩威)'를 들어 명에 대한 의리를 지킨다는 것은 개인의 생사, 국가의 존망을 초월한 불변적 질서로서, 이 불변적 질서에 거역할 수 없다는 점을 강조하고 있다. 따라서 군주 일신의 안전을 위해 대청 강화를 주장하는 주화파의 충의는 '부사의 충'으로서 진정한 충의가 아니라고 비판하고 있다(현상윤 1971, 88-90). 이러한 척화파의 의리론적 주장에 대하여 인조를 비롯한 주화파의 입장 역시 심정적으로는 다름이 없었으나, 다만 힘에 굴복하여 본의와 다르게 청에 가신의 예를 취하게 되었다. 그리하여 김상헌은 이에 6일간 단식을 하고 자결을 기도했으나 실패하고, 그 후 청(淸)의 강요로 심양(瀋陽)에 압송되어 명나라가 멸망한 후에나 귀환하게 되었으며, 그 밖에 홍익한(洪翼漢)·윤집(尹集)·오달제(吳達濟) 등의 삼학사는 반청척화를 주장하다가 청국에 압송되어 회유를 받았지만 "몸을 굴하는 것이 죽음보다 더 큰 고통이라는 것을 너희 놈들이 어찌 알겠는가"라고 외치다가 처형을 받게 되었다(『우암선생문집』 권156, <삼학사전>). 그리고 이러한 시대풍조 속에서 백이·숙제의 아류로 자처하는 척청론자들이 속출하여 조정에 출사하기를 거부하는 사림이 특히 김상헌의 출신지와 가까운 삼남지방에서 상당한 분포를 보여주게 되었다(박충석·유근호 1982, 130).

그런데 여기서 다시 주목할 필요가 있는 것은 이러한 숭명반청의 시대풍조가 이때까지만 하더라도 대체로 심정·윤리적 성격에서 크게 벗어나지 않은 것이었다는 점이다. 그러던 것이 효종의 북벌정책을 계기로 체제 이데올로기화됨으로써 신유학적 사유체계와 밀착된 세계관의 중핵을 이루게 되었고, 이후에는 이것이 한말에 이르기까지 새로운 시대적 도전에 대한 세계관적 대응 논리의 기축을 이루게 되었던 것이다.

효종의 북벌정책 표방과 더불어 그것을 이념적으로 뒷받침하는 데 있어서 당시의 산림계 사림을 대표하던 송시열이 중요한 역할을 담당하게 되었음은 주지의 사실이다. 여기에서 그는 퇴계와 율곡에 의해 체계화된 도학사상을 바탕으로 숭명반청론을 체제 이데올로기화하는 작업을 수행하였다. 그는 "공자가『춘추』를 지어 대일통의 의를 천하에 밝힌 이래 존화양이로서 정사(正邪)를 행함이 불변의 진리가 되었다"고 전제하고, 명(明)은 조선조와 동시에 창업하여 자소(字小)의 은(恩), 충의의 절(節)로서 군신의 의(義)를 정한 나라이며 청은 이 예의지방(禮儀之邦)을 도습한 천한 호로로 규정, 명과의 관계를 군신의 도덕 관계로 보고 청을 군부(君父)의 원수이며 문화적으로 열등한 호로로 멸시하는 논리를 전개하였다(「송자대전」 권5, <봉사>). 그리고 여기에서 그는 임진왜란 당시 명의 신종(神宗)이 멸망해 가는 조선을 도와 다시 생명을 얻게 한 '재조(再造)의 은(恩)'이 조선 사람은 물론 자연에까지 삼투되어 있다고 함으로써, 이(理)가 물(物)에 내재하여 그 존재양식을 규정한다는 성리학적 발상법을 적용하여 정당화하고 있다. 따라서 그는 이러한 논리의 연장선상에서 원명군의 투항을 계획한 광해군의 반도덕성을 비판하는 한편 조선조 집권층 내부의 사상적 통일 작업에 의한 위기 극복의 필요성을 강력하게 제기하였다.

그러나 송시열로 대표되는 이러한 정통 도학파의 중화주의적 지향은 순수하게 이념적이었던 만큼, 현실의 객관적 상황과 괴리될수록 더욱 교조화되는 경향을 보여주게 되었다. 즉 도학적 세계관의 문화이념적 지향과는 상관없이 현실에 있어서는 청조의 안정 기반이 장기화됨에 따라 본래 중화 관념에 내포되어 있는 보편적 세계관은 일층 현실과 괴리되는 모순을 드러내게 되었고, 이에 상응하여 그것은 극히 관념적이고 자기완결적인 소중화(小中華)사상으로 변용되는 양상을 보여주게 되었다. 조선이야말로 중화문명의 정통적 계승자이며, 따라서 조선은 세계의 문화 중심이라는 인식이 정통 도학파의 지배적인 가치정향으로 정착되어 교조화되는 양상을 보여주게 되었다.

이상에서 병자호란 이후 배청숭명론이 효종대의 북벌정책을 계기로 체제 이데올로기화되어 소중화사상으로 관념화·교조화되게 된 경위에 대해 살펴보았거니와, 서학은 바로 이와 같은 정치문화적 상황 하에서 전래되었기 때문에 이에 대한 조선조사회의 반응은 그만큼 특이한 양상을 보여주게 마련이었다. 즉 서학은 그것의 수용·배척에 앞서 벽이단론적 준거에 의하여 엄격한 비판을 가하는 양상으로 전개되었다.

그러나 여기서 특별히 유의될 필요가 있는 것은 서학의 내용 요소와 전파 양상 여하에 따라 전통적 지식사회의 구체적 반응 양상이 달랐다는 점이다(강광식 1986, 43-70). 우선 서학은 그 내용 면에서 서양의 과학기술을 중심으로 하는 문물 요소와 천주교 신앙을 중심으로 하는 종교·윤리 요소로 대별되는 복합적 성격을 가지고 있었다. 따라서 서학에 대한 반응 양상 역시 어떠한 요소에 주된 관심을 두느냐에 따라 달리 나타나게 마련이었다. 천주교 사상은 본래 유교사상과 일치될 수 없는 이질성을 지니고 있었기 때문에 당초부터 벽위론적 비판의 대상으로 지목되었던 것은 두 말할 나위가 없지만, 서양문물에 대해서는 특히 실학적 가치정향을 가지고 있었던 지식인들에게 상당한 친화력을 갖게 마련이었으며, 나아가 서양문물의 객관적 사실성과 실용성에 대한 긍정적 이해가 이루어지게 되었을 때에는 천주교 교리에 대해서도 관대하거나 또는 적대적인 거부 자세의 완화 양상을 보여주게 되었다.

다음으로 서학에 대한 반응 양상은 전파 양상의 변천에 따라 단계적으로 변용되는 경향을 보여주었다. 서학의 전래는 이른바 부연행사행로(赴燕使行路)를 통해 도입된 한역서학서(漢譯西學書)에 의해 이루어졌거니와, 따라서 그것이 당초 이질적 내용을 담고 있었음에도 불구하고 보유론(補儒論)적으로2) 전파되고 있는 동안에는 수용·배척 이전에 전통적 유교 지식인들 간에 학문적 탐구의 대상이 될 수 있었다. 그 결과 비교적 객관적인 서학관이 형성될 수 있었다. 그리하여 예컨대 서학의 자연과학적 측면에 적극적인 수용 자세를 보인 북학론(北學論) 등의 실학사상으로 연결되었을 뿐 아니라 전통사회 안에서 천주교 신앙 활동이 자생적으로

---

2) 여기서 말하는 보유론적 성격이란 천주교의 동양 전파를 담당한 초기 예수회 선교사들이 마테오리치의 『천주실의』(天主實義)에서 보는 것처럼, 교리서를 한문으로 저술하여 유교 전통과 상충되지 않도록 세심하게 고려함으로써 전통사회와의 적응을 모색하던 전교 양상을 지칭한다. 이에 대한 상세한 고찰은 금장태(1978, 8-17); 강광식(1986, 46-50) 참조.

일어나기까지 하였다. 그러나 북경 교단 측의 동양 전교정책(傳敎政策)의 변화와 더불어 국내 신앙 활동이 외부와 연결됨과 동시에 그것의 반유교적·반사회적 성격이 표면에 드러나게 되자 전통 사회의 반응 양상 또한 일변하게 되었다.

여기서 말하는 천주교 전파 양상의 반유교적·반사회적 성격이란, 예컨대 1791년의 진산(珍山)사건과 1801년의 황사영백서(黃嗣永帛書)사건을 계기로 표면에 드러나게 된 유교 의례 거부 현상 및 외세 연계 현상을 지칭하거니와, 그 경위를 살펴보면 다음과 같다.

먼저 진산사건의 경우는 진산의 선비 윤지충(尹持忠)이 모친상의 상례를 갖추지 않고, 그의 친척인 권상연(權尙然)이 신주를 불태우고 제사를 폐지한 행태가 사회적으로 쟁점화되어 물의를 일으키게 된 사건으로서, 그것은 유교 의례를 금하기로 한 북경 교단의 전교정책의 변화를 반영한 것이었다. 즉 이승훈(李承薰) 등 이른바 신서파(信西派) 사류가 1786~87년에 이미 가성직(假聖職)을 조직하여 천주교 교리 연구활동을 해 오다가 1790년에 사제권(司祭權)과 제사문제에 대하여 북경 교단에 문의한 바 있었는데, 북경 교단은 초기 예수회의 보유론적 전교정책에서 반유교적 전교정책으로 전환되어 있었던 당시의 사정을 반영하여 가성직을 폐하고 조상 제사를 금지하라는 답신을 보내오게 됨에 따라, 그 결과가 진산사건으로 표면화되었다. 이러한 사정은 당시 서학 신봉자들의 활동이 이미 외부와 연결됨과 동시에 그들의 신앙 활동이 전통적 유교 의례를 거부할 정도로 심화되었음을 반영한 것이었다. 예컨대 진산사건 심문과정에서의 윤지충의 공술에 의하면, "사대부의 신주(神主)와 제향(祭享)은 천주교에서 금하는 것이니 사대부에게 죄를 지을지언정 천주에 죄를 얻고자 하지 않는다"고 선언함으로써(『척사윤음』, 벽위편 권7) 전통적 유교규범의 실천과 천주교 신앙생활 사이의 타협할 수 없는 경계선을 분명히 하고 있음을 확인할 수 있다. 그리하여 이와 같이 서학 신봉자들의 반유교적 성향이 구체적으로 표면화되게 되자 당시 사림사회는 서학 자체를 총체적으로 사학(邪學)으로 규정함과 동시에 이를 배척하는 비판이 범사회적으로 비등하게 되었다.

당시에 제기된 서학 비판의 논점을 간추리면 다음과 같다. ① 서학은 군신·부자·부부의 올바른 관계를 밝히는 인륜을 무시하고 파괴하는 멸륜난상(蔑倫亂常)의 사도(邪道)이며, ② 죽은 다음에 영혼이 가는 당옥(堂獄)의 실재를 믿어 제사에 귀신이 흠향함을 부인하여 제사를 폐지하고 예속을 어지럽히는 사설(邪說)이며, ③ 따라서 서학도는 살기를 싫어하고 죽기를 좋아하여 죽음을 영광으로 알기 때문에 형정으로 이끌어 갈 수 없는 흉도라는 것이었다(금장태 1982, 269). 이러한 비판점을 바탕으로 전통사회의 반응은 조정의 금교정책과 더불어 서학 자체를 총체적으로 배격하는 벽위론적 척사운동으로 나타나게 되었으며, 따라서 이후에는 사대부계층의 신앙활동은 엄격히 배격되고 그 중심 세력이 사회의 하층인 중인 이하로 옮겨가게 되었다.

다음으로 황사영백서사건은 이른바 신유사옥(辛酉邪獄)으로 지칭되는 조정의 대대적인 천주교 금압조치에 대한 반응으로 도피

중에 있던 황사영 등이 북경 교단에 천주교도 박해 사실과 더불어 중국인 신부 주문모(周文謨)의 처형 사실 및 몇 가지 대책을 건의하는 백서를 전달하려고 기도, 이것이 사전에 발각되어 압수됨으로써 사회적으로 물의를 빚게 된 사건을 지칭하거니와, 이 백서에는 다음과 같은 내용이 담겨 있었다. 즉 ① 청의 황제를 통하여 선교의 자유를 허용하도록 조선 국왕에 압력을 가할 것, ② 청조가 친왕을 조선에 파견하고 조선 국왕을 청국 공주와 결혼시켜 청국 영토로 병합할 것, ③ 서양에 요청하여 무력으로 위협해서라도 선교사를 받아들이도록 조선에 압력을 가할 것 등이었다. 이에 조정에서는 주문모 처형 사실과 관련된 청국과의 외교문제를 해결하기 위하여 '토사진문'(討邪奏文)으로 사건 무마에 힘쓰는 한편 대내적으로는 '토역교문'(討逆敎文)을 전국에 반포하여 사후수습을 위한 조치를 취하게 되었다. 그러나 외국인 선교사의 국내 잠입에 따르는 서양 세력과 국내 천주교도의 연계 가능성이 이를 계기로 확인되었기 때문에 서학과 그것을 신봉하는 집단 자체가 새로운 위협적 요소로 부각되어 범사회적 금압 배척의 대상으로 지목되게 되었다.

이상에서 서학과 그것을 신봉하는 집단이 반유교적·반사회적 요소로 부각되게 된 경위에 대해 살펴보았거니와, 그 결과 종교·문물의 이원적 요소로서 비교적 객관적으로 인식되던 종래의 서학관은 경직된 척사론 속에 매몰되어 버리게 되었다. 그리하여 서학은 조정의 금압정책과 더불어 이단적 사학·사설로 규정되어 총체적 배격의 대상이 되었다. 그렇다 하더라도 19세기 후반에 접어들기 이전까지는 서양 세력의 위협이 직접적으로 의식되지는 않았다. 그러던 것이 일본의 개항(1854)에 이어 '태평천국의 난'(1864)에 대한 소식이 국내에 전해지는 한편 서양 세력의 직접적인 내습을 받게 됨에 따라 조선조사회의 반응은 극도의 위기의식으로 나타나게 되었다.

서양 세력이 직접적인 위협요소로 대두되기 시작한 것은 19세기 중엽부터라고 할 수 있다. 1846년 세실(Cécile)이 거느린 불 함대 3척이 충청 앞바다에 나타나 기해사옥(己亥邪獄, 1839) 시 불인 신부를 살해한 데 항의하는 공한을 남기고 간 바 있고, 뒤이어 고종(高宗)대에는 병인사옥(丙寅邪獄, 1866)을 계기로 청국 주둔 불 함대 사령관 로즈(Roze)에 의한 병인양요(丙寅洋擾)가 있었으며, 같은 해 독일계 모험상인 오페르트(E. Opert)에 의한 통상 요구와 잇따른 굴총(堀塚) 사건이 일어나게 되었다. 그리고 1871년에는 미국 함선 제너럴셔먼호(The General Sherman)가 대동강을 거슬러 올라와 평양 근교에까지 침입하였다. 이와 같은 군사적 위협과 더불어 1860년대 이후에는 서양 상품이 이미 부산의 왜관이나 의주의 회시, 그리고 이양선(夷洋船)에 의한 연안 밀무역을 통하여 국내에 침투하기 시작하였다. 그리고 이러한 상황 하에서 접하게 된 청·일의 개항 소식은 그것이 전통적 동양사회의 굴복을 뜻하는 것으로 인식되어 조선조사회에 위기의식을 가중시키는 요인으로 작용하게 되었다. 이에 대원군(大院君) 집권 하의 조선 조정은 우선 쇄국과 척화로 대처하는 양상을 보이게 되었고, 재야에서는 이항로(李恒老)·기정진(奇正鎭) 등 이른바 위정척사파의 사림이 중심이 되어 화이론적 세계관에 입각한 위정척사운동을 전개하게 되었다.

이상에서 서학의 충격 양상이 19세기 중엽에 이르러 군사적 및 경제적 침략 형태로 전개됨에 따라 이에 대한 전통사회의 반응 양상이 위정척사운동으로 나타나게 된 경위를 살펴보았다. 그것은 전통적 가치정향의 또 다른 변용 양상을 나타낸 것이라고 할 수 있다. 즉 19세기 중엽 이전에는 대체로 벽위론의 테두리 안에서 서학을 배척하고 있었기 때문에 그 근거 역시 '화이지변' 내지 '금수지별'(禽獸之別)의 이질성에 초점을 둔 문화적·이념적 폐해에 있었고, 그것이 심화될 때도 예컨대 "종사를 위해 심히 우려되는 것"(爲宗社之深憂長慮)으로밖에 표현되지 않았지만, 새로운 도전 앞에서는, 예컨대 이항로 등의 위정척사론에서 보는 바와 같이 그 폐해가 이른바 '통화통색지폐'와 더불어 국가 존망의 문제가 걸려 있는 극도의 위기의식으로 나타나게 되었다(『승정원일기』, 고종 3년 병인 9월 10일조, <화서 이항로의 상소문>). 그리고 이러한 위기의식은 개항기를 전후해서 극도에 달하게 되었고, 여기에서 전통적 조선조사회는 그 구체적인 대응방안을 둘러싸고 개화자강론과 위정척사론으로 대별되는 심각한 갈등 양상을 드러내게 되었지만 재야 사림사회를 대표하는 도학파의 지식인들은 위정척사의 순의정신을 광범하게 공유하고 있었다.[3]

---

[3] 재야사림이 보인 순의정신의 발현 양태는 유파별로 다양한 편차를 보였다. 그 첫째는 의병을 일으켜 외부의 침략자와 내부의 역적을 쓸어내는 '거의소청'(擧義掃淸)이며(화서학파·노사학파의 경우), 둘째는 더

그러면 도학파 사림의 이와 같은 의식 성향은 구체적으로 어떤 근거에서 위정척사의 순의정신으로 표출되게 되었던가?

당시 도학파를 대표하던 화서 이항로의 경우에서 보면, 그는 정학의 도통을 요·순·주·공·맹·정·주로 이어져 온 것으로 규정하고 학통에 있어서는 공자·맹자·주자·우암으로 정통이 계승되고 있는 것으로 보고 있거니와(이항로, 『화서집』 권12, <성현>), 그가 이처럼 조선조에 있어서의 소중화(小中華)사상을 완성시킨 우암에게서 '도통의 전'을 재확인하고 있는 것은 위정척사파의 사상적 계보와 의식 성향의 논거를 단적으로 나타낸 것이라고 할 수 있다. 즉 그들은 우선 인식론적으로 도리의 상호 불가분성이라는 전제 하에 도리가 천하의 공물로서 지대지중하며 형기는 일기의 사물이므로 지소지경하다고 하는 이른바 '형기(形氣)에 대한 도리(道理)의 우월성'을 확신하는 입장에서 서학과 서양 세력을 인식·평가하는 세계관을 견지하고 있었다(이항로, 『화서집』 권25, <도기설>). 그 구체적인 인식논리를 살펴보면 다음과 같다.

화서에 의하면, 유교에서 사천(事天)의 대상인 천(天: 상제)은 태극(太極)의 도(道)를 지칭하는 것으로서, 존심·양성을 통하여 사천이 이루어지는 데 비하여 서학의 배천·기복을 통한 사천은 '천'을 단지 형기·인욕으로 파악하고 있는 것으로 비하된다. 그

럽혀진 땅을 떠나 옛 법도를 지키는 '거지수구'(去之守舊)이며(간제학파의 경우), 셋째는 죽음으로 자신의 지조를 이루는 '치명수지'(致命遂志)이며(연제학파의 경우), 넷째는 은둔생활로 여생을 마치는 '입산자정'(入山自靜)이다(영남학파 일반). 금장태(1984, 3-10) 참조.

리고 서학의 과학기술 역시 같은 논리에 근거하여 단지 형기적인 것에 지나지 않는 것으로서 도의 근원성을 결여한 저속한 것으로 평가된다(이항로, 『화서집』 권25, <벽사록변>). 여기서 특히 주목되는 것은 서양의 과학기술이 우수하다 하더라도 그 우수성은 어디까지나 '기기음교'(奇技淫巧)에 지나지 않을 뿐, 거기에 도리의 근본이 배제됨으로써 형기의 인욕에 좌우되는 속성으로 인하여 도에 오히려 유해한 것이라고 비판하고 있는 점이다. 요컨대 위정척사론의 가치정향에서는 도기불상리(道器不相離)라는 도통사상의 인식 기반 위에서 서학과 서양문물의 반윤리적 성격이 확인되어 사설·말지에 지나지 않은 것으로 비판·배격되고 있다. 따라서 서양의 '기량'(技倆)이나 '술업'(術業)이 아무리 우수하다 하더라도 문명으로 받아들여질 수 없는 것이었으며, 그러한 기량과 술업에 의해 생산된 서양문물은 오히려 인간성과 자연을 황폐화시키는 작용을 할 뿐이므로 배격되어야 마땅하다는 것이었다. 그리고 이러한 전통은 그 후 일본의 도전이 제기되었을 때 척왜의 논리로 계승되어 면암 최익현(勉菴 崔益鉉)의 주장에서 볼 수 있는 바와 같은 왜양일체론(倭洋一體論)으로 나타나게 되었던 것이다. 즉 면암에 의하면, 일본이 서양의 복장, 화포, 선박 등을 사용하는 것을 보면 그 나라가 서양화한 것이 틀림이 없고, 따라서 "옛날의 왜(倭)는 인국이었으나 오늘의 왜는 적적(寂賊)이다. 인국과는 화할 수 있어도 적적과는 화할 수 없다"고 하여 왜양일체론에 의한 척왜의 논리를 전개하였다(최익현, 『면암집』 권3, <지부복궐척화소>).

그러나 조선조 사림사회를 풍미하던 이러한 의식 성향은 그 후 개항이 불가항력적인 기정사실로 드러나게 된 1880년대 중엽 이후 그 구체적인 대응 방안을 놓고 심각한 갈등 양상을 나타내게 되었다. 집권 관인들을 중심으로 한 개항명분론 내지 개화자강론과, 위정척사파를 중심으로 한 재야사림의 내수외양론 사이의 갈등·대립이 바로 그것이었다. 그러나 여기서 다시 주목되는 것은 양론 간의 첨예한 대립 양상에도 불구하고 그 인식론적 기반에 있어서는 화이관념의 기본적 틀을 공유하고 있었다는 점에서 도학적 세계관의 연속성을 확인할 수 있다. 개항 이후 일련의 개화정책을 추진하여 서양문물의 적극적 수용 양상을 보였던 개화자강론자들도 그 기본적인 의식 성향은 유교적 본말론(또는 체용론)에 근거한 이른바 '동도서기론'의 테두리 안에 있었기 때문이다. 이러한 현상은 같은 시기에 청국이나 일본의 개화론과 구별되는 조선조 특유의 사상적 특성을 나타낸 것이라고 할 수 있다.

2) '의리지변' 및 '군자소인지변'의 경세의식과 그 시대적 변용 양상

조선조 후기는 스스로 도학이념 집단을 표방하는 사림세력이 사회·정치적 헤게모니를 장악하여 집단적으로 정치에 참여하는 붕당정치의 개시와 더불어 시작되었다. 따라서 그들이 제기하는 당론 또는 공론 형식의 집단의사는 이념적으로는 물론 현실적으로 매우 중요한 의미를 갖는 것이었다. 사림세력은 그들의 집단의사를 지방의 서원이나 문벌을 매개로 공론화하는 한편 3사나 경연제도와 같은 붕당정치의 주요 기제를 통하여 군왕에게 직접 영향력을 행사함으로써 사회적 권위와 더불어 정치적 주도권을 확보할 수 있었기 때문이다. 물론 그들이 제기하는 당론 형식의 집단의사가 사림세력 내부의 연속적인 분열로 인하여 유파별로 다양한 갈등적 양상을 보여주게 되었고, 또 숙종대 이후 붕당정치가 극도의 난맥상을 보이게 됨에 따라 중앙정계의 당론이 재야사림사회의 공론과 유리되어 가는 양상을 보여주게 되었지만 사림세력이 유파별로 제기하는 집단의사는 각 시대마다 그들 나름대로의 경세관을 대표하는 중요한 의미를 갖는 것이었다.

왕도정치의 이상을 실현하고자 하는 것은 조선조 개창 이래 일관하여 추구되어 온 경세론의 기본적 지향에 해당한다. 여기에는 '왕패지변'의 도학적 가치규범이 전제된 것이었다. 따라서 도학정치를 표방한 조선 후기의 붕당정치에서 이러한 지향이 강조되는 것은 당연한 귀결이었다. 그러나 그러한 지향을 구현하는 방법론에 있어서는 유파별로 편차를 보였다. 서두에서도 언급되었듯이 퇴계학파로 대표되는 남인 등 주리론적 성향의 사림 집단은 대체로 내면적 심성 계발이라는 수기적 측면을 중시하여 현실정치에의 직접적 참여를 기피하는 경향을 보여주거나 참여하는 경우에도 도학이념에 충실하려는 순정주의적 경향을 보여주었고, 이에 비하여 율곡학파의 학맥을 잇는 주기론적 성향의 사림집단은 서인의 경우에서 보는 바와 같이 수신과 더불어 치인의 실천을 강조하여 현실정치에 적극 참여하는 경향을 나타내게 되었다. 그 중에서도 특히 소론과 같은 실학 계열의 사림은 현실의 상황적 요소를 강조하여 왕도정치 실현을 위한 객관적 여건 조성의 필요성에 주목하는 경세관을 보여주게 되었다.

그런데 여기서 특별히 주목할 필요가 있는 것은, 사림세력이 사회·정치적 주도권을 장악하는 과정에서부터 도학이념에 충실하려는 이념논쟁이 치열하게 전개되어 그 결과 주자학적 숭본주의의 추세가 계속됨에 따라 객관적 상황 여건을 중시하는 경세론이 응분의 자리를 확보할 수 있는 계기를 갖지 못하게 되었다는 점이다. 사림세력이 훈척세력과 주도권 경쟁을 벌이는 과정에서 이른바 '군자소인지변'의 논거에 의한 이념적 수단의 확보가 핵심적 과제였음은 주지의 사실이거니와, 이러한 전통은 그들 상호 간의 붕당정치 과정에도 그대로 계승되어 사림세력 내부의 연속적인 분렬·분파의 원인으로 작용하게 되었고, 그러한 이념론적 쟁패의 경향은 특히 병자호란 이후 효종대의 북벌정책을 계기로 더욱 고조되어 주자학적 숭본주의가 사림사회 전반을 풍미하는 경향을 고착시키게 되었다. 그리하여 이러한 사상적 풍토 하에서는 예컨대 '중의경리'(重義經利)의 의리지변과 이것을 인격적 양상에 적용한 '진군자붕·퇴소인당'이라는 군자소인지변의 이념적 순정성을 지키려는 경세론 이외에 어떠한 경세론도 전개될 수 없었다.

그러면 이와 같은 사상풍토 하에서 전개된 경세론의 내용은 구체적으로 어떤 것이었나?

임진왜란과 병자호란을 겪은 이후 연속되는 위기적 상황에 직면하여 이에 대처하는 방안으로 제기된 사림사회의 경세론은 크게 세 단계로 대별하여 고찰할 수 있다. 그 첫 단계는 왜란과 호란을 겪은 이후 사회적으로 고조된 배청숭명론적 분위기 하에서 전개된 경세론이며, 두 번째 단계는 서학의 전래와 더불어 천주교의 신앙활동이 전통적 유교 의례와 마찰을 빚게 된 이후 사회적으로 고조된 벽위론적 분위기 하에서 전개된 경세론이며, 세 번째 단계는 개항이 불가항력적인 기정사실로 확인되게 된 1880년대 중엽 이후에 있어서의 이른바 동도서기론적 분위기 하에서 전개된 경세론이 그것이다.

먼저 배청숭명론이 풍미하던 시대적 조류 속에서 제기된 사림사회의 경세론은 송시열의 경우에서 잘 집약되고 있듯이 천리(天理)와 인욕(人慾)을 차등적으로 분별해 보는 인성론에 기초하여 이른바 '존심'의 문제에 초점을 두고 있다. 그리고 그것을 드러내기 위한 방법으로 '주경'(主敬)과 '강학'(講學)을 강조하고 있다. 즉 송시열에 의하면, 주경은 계(戒) · 신(愼) · 공(恐) · 구(懼) 등 경계(敬戒)의 염(念)을 주된 내용으로 하는 것으로서, 그것은 인욕이 인간성의 내면에 침입하여 도사리고 있는 적으로 보고 이의 퇴치를 위해 본연지성으로서의 천리를 존양하기 위해 인욕에 대한 경계태세를 갖추는 것을 지칭한다. 이러한 주경의 효과는 사람을 엄숙하게 만들어 객관적 상황의 영향으로부터 경원시켜 전적으로 내면적 심성 계발에 힘쓰는 데서 비롯된다는 것이다.[4] 그리고 이러한 주경의 효과를 범사회적으로 확산시키기 위해서는 군왕을

---

4) 송시열, 『송자대전』 권5, <봉사>: "戒愼恐懼者愈嚴愈肅, 以至於無一毫之偏倚者. 此主敬之效, 而所以存天理之本."

비롯한 위정자의 강학이 중요하다는 것인데, 즉 중국에서 범람하는 속학은 먼저 군왕의 마음을 타락시켜 마음의 질서를 어지럽힌 연후에 나라를 멸망시키는 작용을 하므로, 정학의 강학에 의한 군왕의 일심이 천하조민의 안정에 요법이 된다는 것이다. 그리하여 그는 이러한 맥락에서 붕당정치에서의 이른바 '진군자붕·퇴소인당'(進君子朋·退小人黨)의 논리를 강조하게 되었다.

그러나 이와 같이 주경과 강학에 의한 자기확립 과정을 강조하는 경세론에서는 규범적 관념의 세계만이 중시되게 마련이므로 거기서는 상황적 객관세계를 문제 삼는 경세론의 전개는 원초적으로 차단될 수밖에 없었다. 따라서 당시 소론계 사림을 대표하던 윤증은 이러한 경세론의 특징을 '허명'(虛名)과 '이행'(利行)의 표상으로 지목하여 다음과 같이 비판하고 있다.

> 평생 수립한 것이 실제로 대의를 창명함에 있다고 하겠으나, 소위 대의라고 하는 것은 언어로 취해진 것이 아니라 연락을 반드시 지키는 데서 취해진 것이다. 그가 처음에는 진실로 인심을 환기시키고 이목을 감동시킨 효력도 있었으나 조금 오래 되자 계속 실상이 없었다. 이러 까닭에 내수외양과 안강복설을 도모하는 것에서 탁연하게 실상을 거둔 일이라고는 없었고, 가히 볼 만한 것은 다만 록위(祿位)가 융중(隆重)해지고 명성이 넘쳐 흐른다는 것뿐이었다 (윤증,『명제연보』권1, 숭정 54년 신유 6월조).

이상에서 살펴본 주정적이며 내성적인 경세론은 그 후 한말의 벽위론 내지 위정척사론적 경세론으로 계승되어 서세동점에 대처하는 시대정신을 대표하게 되었다. 즉 한말 재야사림을 대표하던 화서 이항로(華西 李恒老) 등의 도학파 사림은 스스로 우암 송시열(尤菴 宋時烈)의 도통을 계승한 것으로 자처하고 있었거니와, 그들의 경세론은 이른바 내수외양론으로 집약되어 전개되고 있음을 확인할 수 있다. 1866년 병인양요를 계기로 제기된 이항로의 일련의 상소문에서 보면, 내수외양론의 요지는 ① 군왕의 극기정심(克己正心), ② 양화(洋貨)의 배척과 양물(洋物)의 금단, ③ 주보정벌(誅補征伐) 등 세 가지 사항으로 집약되고 있었거니와(『승정원일기』, 고종 3년 병인 9월 및 10월조;『위정신서』권1, <이화서집>, 44장), 이 중에서 주보정벌과 같은 군사적 대응책은 크게 중요시되지 않았고 양화·양물의 배척과 금단이 당면한 양화(洋禍)를 방지하기 위한 주요 과제로 중시되었다. 그러나 좀 더 따지고 보면 양화·양물의 배척도 근본 문제는 아니었고 어디까지나 수신과 극기정심을 행동으로 나타내는 것에 지나지 않았다. 내수는 외양보다 근본을 이루며, 내수의 기본은 금욕적 수신에 있고 그 중에서도 군왕을 비롯한 사대부계층의 극기정심이 문제해결의 관건으로 강조되고 있었다. 요컨대 서세동점의 위기적 상황에 대처하는 경세론의 핵심은 군왕을 비롯한 정치주체의 '극기정심'과 이에 바탕을 둔 '결인심'(結人心)[5])에 초점을 두고 있었다. 따라서 한말 도학파의 경세론에서는 의리론적 이념의 수호에만 집착하면서 더구나 방어적 수호 의지에 정열을 기울인 나머지 시세의 변화를 무

---

5) 내수외양론의 테두리 안에서 내수의 요체를 '결인심'에 있다고 보는 견해는 노사 기정진에게서도 확인할 수 있다. 기정진,『노사집』권2, <병인소>;『일성록』, 이태왕 병인 9월 15일조 참조

시하는 폐쇄주의로 맹목화되었다.

그러나 재야 사림사회가 광범하게 공유하고 있었던 이러한 경세론도 1876년 서세동점의 외세에 밀려 정부가 개항하고 조정 안에 개혁론이 구체적으로 대두하게 됨에 따라 다시 분화·변용되지 않을 수 없게 되었다. 정통 도학파의 위정척사론이 더욱 소극적으로 수구론을 주장하는 한편 그들 본연의 절의론적 신념에 따라 의병운동을 일으키거나 이른바 '치명수지'(<致命遂志)하거나 '거지수구'(去之守舊)하는 행동 양상을 보여주게 되었으며, 집권 관인을 비롯한 사림사회의 일각에서는 개항의 불가피성을 인식하게 되어 이른바 변법자강론과 같은 동도서기론적 경세론을 전개하게 되었다.

변법자강론으로 집약되는 변용된 경세론에서는 유교적 신념을 지키면서도 보수적 도학의 형식에서 벗어나 상당한 수준에서 서양문물을 받아들여 자강을 꾀하자는 현실적 타협책을 제시하고 있다. 그것은 전통이념을 기반으로 하면서 서양문물의 수용을 통한 자강론이라는 점에서 채서(採西)사상이라고 할 수 있고, 또 이 채서사상은 서양문물을 수용하지만 도(道)는 전통의 유교이념을 계승하고 있다는 점에서 체용론적 구조에 따라 동도서기론이라고 지적되기도 한다. 예컨대 "배와 수레, 병기, 농기계로써 백성에 편하고 나라에 이로운 것은 외형적인 것이다. 내가 고치고자 하는 것은 도구요 도리가 아니다"라는 윤선학(尹善學)의 주장에서 볼 수 있듯이(『일성록』, 고종 19年 12월 22일조), 그것은 본체 내지 원리의 근원적인 가치는 전통을 계승하면서 그 도구적이고 용(用)적인 수단은 서양문물에서 받아들인다는 도기론(道器論)의 기본적 논리 형식에 의거하고 있는 것이다. 이러한 경세관은 당시 도학 계열의 사림으로서 온건 개화사상에로의 전향을 보였던 대표적인 인물인 신기선(申箕善)·김윤식(金允植) 등에게서도 확인될 수 있다. 신기선은 그의 저서『유학경위』(1896)에서 이기, 천하, 지구 구형설 등 당시 서양문물에 관한 지식을 소개하는 한편 "공자의 도는 인도"라고 확인하면서 동시에 기독교에 대해 하늘을 속이고 인륜을 어지럽히는 풍속이요 오랑캐의 비루한 습속이라고 비판하는 입장을 분명히 밝히고 있다(신기선 1981, 475-477). 갑오경장 시 관인으로 참여하여 개혁정책을 주도하기도 했던 김윤식은 그의 저서『교화론』에서, "공자의 도가 지극히 크고 무한한데 한 나라의 교(敎)로써만 한정하는 것은 너무 작게 여기는 것이 아니냐"라고 하여 공교(孔敎)의 보편성에 대한 확고한 신념을 밝히는 한편(김윤식 1980, 623-625) '신학육예설'(新學六藝說)에서는 새로운 문물의 학문세계인 신학이 유교 고전의 육예와 연관된다는 전제 하에 정치·법률·경제가 예에 해당하고 기차·화선 등의 교통수단이 어(御)에 해당하며 외국어가 서(書)에 해당한다고 비유하여 전통과 신학문의 연속적 이해를 촉구하고 있다(김윤식 1980b, 24-27). 그리하여 그는 이러한 기본적 인식 하에 이른바 입약과 통상을 종교로부터 분리하여 이용후생에 도움이 되는 농상·의약·갑병·주차 등의 서양문물을 적극 수용하는 경세론을 전개하게 되었다(김윤식,『운양집』권9, <윤음포유>).

3. 신유학사상 변이의 맥락에서 본 유교적 세계관의 변용 양상

17세기 접어들면서 조선조 후기 사회는 임진왜란의 후유증을 극복하고 새로운 질서의 정착을 모색하고 있었다. 여기에서 사림세력은 조선조 전기를 통하여 정착된 신유학의 유교이념에 입각하여 그것을 행동양식으로 체계화하는 예학의 변석에 몰두하는 양상을 보였다. 요컨대 그들은 전란으로 동요된 사회·정치질서를 안정시키기 위한 방법으로 도학적 행동규범의 체계적 형식을 제공하는 데 부심함으로써 도덕적 규범의 강조와 정통적 이념의 옹호라는 권위적이고 이념적인 방법을 고착시키는 데 부심하게 되었다.

그러나 다른 한편 사림사회 일각에서는 이러한 이념론적 노선과 상반되는 새로운 의식 성향이 대두되기 시작하였다. 왜란과 호란으로 피폐된 사회의 제반 문제점을 해결하기 위해서는 도학의 권위적 이념만으로는 불가능하다는 한계 의식이 싹트게 되고, 그것은 다시 때마침 전래된 양명학이나 청조의 고증학, 그리고 서학에 대한 개방적 관심과 결부되어 이른바 실학으로 발전을 보게 되었다. 그리하여 17세기 이후에는 정통적인 도학적 가치정향에 상대시켜 실학이라는 새로운 시각에서 문제점을 이해하고 또 대처하려는 입장이 사림사회 안에서 형성되게 되었다. 도학파의 가치정향에서는 정통이념을 어떻게 구현하느냐의 문제가 관심의 초점을 이룬다면, 실학파의 경우에는 현실의 객관세계에서 문제점이 무엇이고 어떻게 해결해 나갈 것인가를 주목하는 양상을 보였다. 시간적으로도 도학파는 과거의 기존 이념으로 어떻게 현실을 규제할 것인가에 관심을 집중하였던 데 비하여, 실학파는 현실의 문제를 미래에 해소시키기 위한 방법을 어떻게 발견할 것인가에 주목하는 양상을 보이게 되었다(금장태 1989, 99).

여기서 유의할 필요가 있는 것은 실학파의 가치정향이 처음부터 도학파와 대립된 것이 아니라, 당초 신유학적 사유체계의 기본적 테두리 안에서 출발하여 현실의 상황적 요소를 포괄하려는 입장을 심화시켜 가면서 18세기 후반부터는 상당히 대립된 양상을 보여주게 되었다는 점이다. 초기의 실학파들은 16세기 말엽에 도학파의 일부에서 제기한 문제를 계승하고 심화시키는 양상을 보여준 바 있거니와, 예컨대 율곡의 시무론 내지 경장론은 반계 유형원(磻溪 柳馨遠)이나 성호 이익(星湖 李瀷)에 계승되고 중봉 조헌(重峯 趙憲)의 학풍은 북학파의 초정 박제가(楚亭 朴齊家)에 의해 존중되는 양상을 나타내게 되었지만, 실학파는 도학의 정통적이고 권위적인 규범체계 속에서 현실의 객관적인 문제 상황을 해결하는 방법에 관심으로 집중하면서 새로운 세계관의 체계를 모색하게 되었다. 요컨대 실학파는 사회의 현실문제 해결을 위한 지속적인 관심과 개방적 태도에서 당시에 전래된 다양한 사조를 흡수하는 과정에서 탈도학적 성향을 갖게 되었으며,[6] 그 결과 18세기 후반부터는 담헌 홍대용(湛軒 洪大容) 등의 북학파에게서 확인할 수 있듯이 도학의 인식론적 전제의 연역이 아니라 현실 의식과 실용적 요구에 따라 끊임없이 반성하고 실험하여 경험적이고 구체적인 현실을 파악하려고 하는 독특한 가치정향과 세계관을 보여주게 되었다.

이하에서는 바로 이와 같은 실학적 가치정향의 맥락에 주목하여 조선 후기 유교적 세계관의 변이 양상을 문명론적 세계관과 경세론으로 대별하여 고찰해 보기로 한다.

1) 화이관의 내적 변이와 그 구체적 전개 양상

병자호란 직후의 배청숭명론에서 발전한 정통 도학파의 소중화사상은 18세기에 접어들면서 밖으로부터의 새로운 도전을 받으면서 동요하게 되었다. 종래 '호로'라고 멸시하였던 청조가 강희(康熙)·옹정(雍正)의 시대를 거치면서 정치적 안정 기반을 구축하는 한편 문화적으로도 여러 가지 문물제도를 발전시켜 미증유의 대제국을 건설하게 되었던 것인데, 이러한 사실이 전통적인 문화도관인 연행사절(燕行使節)을 통해 조선조 사림사회에 지속적으로 전파되었기 때문이다. 그리고 연행사(燕行使) 또는 그 수행원으로 청조를 다녀 온 사람들은 당시 중국에 와 있던 서양인

---

6) 실학사상의 학문적 배경을 도학·양명학·고증학·서학 등과의 관련에서 체계적으로 집약하고 있는 예로는 금장태(1989, 16-19) 참조.

선교사와 직접 만나 필담을 나누고, 서양의 역학·산학·의학 및 천주교 교리서 등 많은 서학서를 가지고 돌아와 조선조 사림사회에 유포시킴으로써 이를 통하여 서학에 대한 관심이 상당한 수준으로 확산되고 있었기 때문이다.[7] 그리하여 이러한 시대조류 속에서 사림사회 일각에 청조 긍정론이 점차 대두하게 되었으며, 그 연장선상에서 정통 도학파의 화이관에서 벗어나려는 새로운 세계관이 형성되게 되었다.

전통적인 사림사회 안에서 서양을 비롯한 외부세계에 대한 지적 호기심의 단계를 넘어 하나의 학문적 유파가 형성된 것은 서학 전래 이후 1세기가 경과한 후인 성호 이익(星湖 李瀷, 1681~1763)에 이르러서였다. 이익은 서학을 자연과학적 지식과 천주교 교리의 이원적인 것으로 이해한 최초의 인물로 평가되거니와,[8] 그의 문하에서 비교적 체계적인 서학관이 형성되게 되었다. 그는 「천문략」(天問略)·「방성도」(方星圖)·「시헌력」(時憲曆)·「주제군징」(主制群徵)·「직방외기」(職方外紀) 등의 문헌을 통해 서양의 천문학·지리학·역학 등에 관한 지식을 적극적으로 평가하여 수용하였다. 그러나 천주교 교리에 대해서는 도학적 입장에서 엄

---

7) 이수광의 『지봉유설』(芝峰類說)에 의하면, 서학서는 이미 선조 말에 이름 있는 벼슬아치며 학자들 사이에 보급되어 있었던 것으로 전해진다. 그들은 이것을 제자·도교·불교와 같은 것으로 보고 서당에 비치해 두었을 정도로 상당한 관심을 보이고 있었던 것이다. 이수광, 『지봉유설』 권2, <제국부> 참조.

8) 이익의 서학관에 관한 상론은 이원순(1977, 3-39) 참조..

격히 비판을 가하였다. 즉 그는 『천주실의』(天主實義)・『칠극』(七克) 등을 소개하면서 천주교 교리의 윤리적 요소가 유교와 공통되는 교화적 요소를 담고 있음을 긍정하면서도 예컨대 당옥설・영혼설 등의 신앙적 요소에 대해서는 그것이 불교의 윤회설과 같이 실증될 수 없는 미신이라고 신랄하게 비판하였다.

이와 같은 성호의 이원적 서학관은 그의 문하에 그대로 계승되어 비판・수용의 두 갈래로 분화되어 나타나게 되었다. 먼저 천주교의 신앙 요소에 대한 그의 비판적 자세는 신후담(愼後聃)・안정복(安鼎福) 등에 계승되어 벽위론으로 발전되었고,[9] 그것은 다시 18세기 후반 화서 이항로 등에 의한 위정척사론으로 맥락이 이어지게 되었다. 다음으로 서학의 자연과학적 지식에 대한 성호의 긍정적 태도는 권철신(權哲身)・이가환(李家煥)・이기양(李基讓) 등의 문하생에게 전수되어 자연과학적 지식에 대한 심취를 넘어 천주교 교리를 신봉하는 데까지 나아가게 되었고, 그것은 다시 18세기 후반 홍대용(洪大容)・박지원(朴趾源)・박제가(朴齊家) 등으로 대표되는 이용후생학파의 북학론과 밀접히 연결되어 부분적 채서론(採西論으)로 나타나게 되었다.

이상에서 부연사 행로를 통해 전래된 한역서학서를 매개로 조선조 사림사회에 서학관이 형성되어 분화 양상을 나타내게 된 경위를 이익의 학맥을 중심으로 개관하여 보았거니와, 그는 이러한

---

9) 신후담・안정복의 서학관에 관한 상론은 최동희(1974); 금장태(1978) 참조.

서학관을 바탕으로 전통적 화이관에서 벗어나는 단서를 열게 되었다. 그는 우선 조선조를 소중화로 규정하는 당시의 관념적 가치 정향에 강한 의문을 제기하면서 조선조의 현실이 결코 중화가 될 수 없다고 주장하였다. 즉 그는 종래의 중화주의자들과 마찬가지로 요·순·공·맹·정·주로 이어지는 중국의 정통 문화를 이상형으로 인정하면서도 그러한 이상을 실현하는 일이 극기정심(克己正心)과 같은 도덕적 수양만으로 가능한 것이 아니라 제도개혁을 통해 생재(生財)·기용(器用)을 발전시켜 부국·안민을 실현한 연후에야 가능한 것이라고 전제, 중국화되어 가고 있는 청조를 중화와 구별하지 않고 중국의 일부로 보아야 한다는 견해를 피력하였다(『성호사설유선』 권9, 하). 따라서 그에게는 종래의 문화주의적 화이관에 의한 대청 멸시감은 현저하게 후퇴하고 있었음을 알 수 있다. 그리하여 이러한 그의 청조 긍정론은 그 후 북학파에게 계승되어 보다 본격적으로 전개되게 되었다.

그러면 북학파의 경우 청조 긍정론은 구체적으로 어떤 양상으로 발전되어 전개되고 있었던가?

먼저 초정 박제가(楚亭 朴齊家, 1750~1805)의 경우를 보면, 그는 북학론에서 청나라가 오랑캐의 나라이지만 그 문명은 중국을 계승하고 있음을 강조하고 있다. 이러한 전제하에서 그는 오랑캐가 중국 문명의 이로움을 알고 빼앗아 가졌는데 우리는 빼앗은 자가 오랑캐임을 알 뿐 그들이 빼앗아 가진 것이 중국 문명임을 알지 못한다고 비판하고 있다. 따라서 그는 "진실로 백성에게 이로운 것이라면 그 법이 오랑캐에서 나왔다고 하더라도 성인은 취할 것인데, 하물며 중국의 문명에 있어서랴"라고 하여 일종의 이이제이론(以夷制夷論)적 발상을 구사하여 청조 문물을 적극적으로 수용해야 한다는 당위성을 역설하고 있는 것이다(박제가 1971). 이와 같은 이이제이론적 발상으로 청조 긍정론을 제기하고 있는 예는 박지원에게서도 확인될 수 있는데, 그것은 당시의 사상적 풍토에 비추어 이단으로 지목되지 않기 위한 신중한 배려의 소산이었다.

북학파의 사림이 전개한 이용후생론의 구체적인 논거에 대해서는 뒤에 경세의식의 변용 양상을 고찰할 때 상론하게 되겠지만, 전통적 화이관을 보다 적극적으로 극복하여 '화이일야'(華夷一也)라는 새로운 세계관의 단서를 연 경우는 담헌 홍대용(湛軒 洪大容, 1731~1783)에게서 확인할 수 있다. 그는 여섯 차례나 중국에 가 많은 학자 및 서양인 선교사들과 천문・의학・지리・의학・미술 등에 관하여 의견을 교환하였다고 하는데, 그간에 종래 중화사상의 지리적 기초를 이루던 지구중심설이나 천원지방설을 부인하게 되고, 우주공간에는 중심이 있을 수 없을 뿐더러 지구는 구체(球體)이며 스스로 회전한고 있음을 이해하게 되었다. 그리하여 그는 이러한 과학적 이해의 바탕 위에서 중국 중심의 화이론에서 벗어나는 이른바 역외춘추론(域外春秋論)을 전개하게 되었던 것이다. 즉 그에 의하면, "『춘추』에서는 '화'(華)를 안으로 '이'(夷)를 밖으로 하지만 하늘에서 보면 안팎의 구별이 없는 것이며, 각각 제 나라 사람을 친하고 제 임금을 높이며 제 풍속을 좋게 여기는 것은 중국이나 오랑캐가 마찬가지이다. 따라서 공자가 주나라에 살지 않고 구이(九夷)에 살았다면 구이를 높이는 역외춘추를 지었을 것이다"고 선언되고 있다(홍대용,『담헌서』내집, 권4, <의산문답>).

그런데 여기서 다시 주목되는 것은 서학의 이해를 통한 그의 과학적 지식은 비단 여기에 그치지 않고 있다는 점이다. 그의 과학적 지식은 이른바 도리와 물리를 천리라는 개념 속에 일체화시켜 자연현상을 인륜현상에 직결시켜 보던 전통적 인식론을 극복하는 단계에까지 이르게 되었다. 즉 그는 "음양에 구애되고 이의(理義)에 빠져 천도를 바로 보지 못한 것은 선유의 과오"라고 지적하고, 일식과 월식이 지구·일·월의 위치상 관계에서 일어나는 현상임을 밝힘으로써 음양오행설·도참설·풍수설과 같은 미신을 부정하고 자연현상(물리)을 인륜현상(도리)과 분리해서 이해할 필요가 있음을 역설하고 있다(홍대용,『담헌집』내집, 권4 <의산문답>). 그리하여 이러한 인식론적 입장의 근본적 전환은 한편으로 이용후생론적 경세관을 뒷받침하는 확고한 기반이 되었으며, 다른 한편으로 그것은 이른바 '도기불상리'(道器不相離)의 인식론에 바탕을 둔 전통적 화이관에서 벗어날 수 있는 실체적 기반이 되었다고 할 수 있다. 그리고 이러한 인식 성향은 한 세기가 지난 개항기에 이르러 집권 사대파 사림이 견지한 세계관의 기초가 되었다.

19세기 후반에 이르러 개항이 불가피해지게 된 시대상황 하에서는 중화관념과 청조에 대한 사대관념은 별로 모순 없이 공존할 수 있었다. 따라서 집권 사대파에게 있어서는 재야의 위정척사파 사림이 견지하고 있던 문화주의적 화이관념은 자취를 감추고, 도리어 청조의 현실적 힘에 의지하여 전통적 국제질서를 고수하려는 경향을 보여주게 되었다. 그러던 것이 1870년대에 접어들어 서양 세력과 일본이 중국에 진출하여 대등한 조약을 체결하였다는 사실이 전해지면서[10] 집권 사대파의 대외 인식도 다시 변천되게 되었다. 더우기 운양호사건(1875)에 대한 청조의 태도가 한·일 간의 분쟁에 말려들지 않으려는 우려로 나타나게 되고,[11] 또 강화도조약(1876) 이후 일본을 방문한 수신사 일행의 일본 사정에 대한 보고에 접하게 되면서 집권 사대파의 대외관은 일대 전기를 맞게 되었다. 이 단계에 이르러 조선조는 처음으로 청조와의 전통적 사대관계의 기반에서 벗어나 국제사회에서 독자적인 진로를 모색하는 방향을 취하게 되었다. 통리기무아문(統理機務衙門)의 설치(1880. 12), 신사유람단의 파일(1881. 1), 유학생의 천진(天津) 기기국 파견(1881. 8), 군제의 개혁(1881. 12), 한성순보의 발간(1883. 5) 등 부국강병을 지향한 일련의 정책은 청조나 일본의 권유를 받으면서 조선조 스스로가 전환을 모색한 최초의 실천적 행동이었다. 이러한 양상은 종래의 대일관이나 서양관의 급격한 전환을 나타

---

10) 1871년 7월에 조인된 청·일 수호조약에 일본이 청국과 대등한 입장에서 교섭 타결이 이루어졌다는 사실이 부산 왜관에 근무하던 통역을 통하여 조선의 훈도에게 알려지고, 다음 해 5월 회환동지정사 민치양(閔致庠)이 직접 청국에 가 본 결과 일본이 청국에 대하여 신으로서가 아니라 대등한 예로 대하고 있다는 사실을 확인하고 조정에 보고한 사실이 있다. 『일성록』, 고종편 9, 임신 4월 4일조 참조.

11) 1875년 12월 주청사 이유원의 귀국 보고 내용 『이문충공전집』 권4, <복조선사신 이유원> 참조.

내는 것이었을 뿐 아니라 재야의 위정척사파 사림이 견지하고 있던 세계관과 근본적으로 상위되는 것이었다. 그리하여 이러한 가치정향은 이른바 입약·통상을 종교로부터 분리하여 자강책을 모색한다는 동도서기론을 거쳐 1880년대 후반에는 개화파 사림의 적극적 채서론(採西論)으로 나타나게 되었다. 김윤식(金允植)·어윤중(魚允中)·김홍집(金弘集) 등 이른바 개량적 개화파는 청국과의 전통적 관계를 유지하는 바탕 위에서 전제군주제 하의 자강책을 도모하려는 정치의식 성향을 보여주었고, 김옥균(金玉均)·박영효(朴泳孝)·홍영식(洪英植)·서광범(徐光範) 등 이른바 변법적(급진적) 개화파는 청국과의 종속관계를 단절하여 독립을 모색하는 한편 군왕권을 제한하고 민권을 신장하는 것이 자강책의 첩경이라고 생각하는 대조적인 정치의식 성향을 보여주게 되었다.12) 그러나 양파 간의 갈등 양상은 변법적 개화파가 주도한 갑신정변(1884)에서는 물론 개량적 개화파가 주도한 갑오경장(1894~1896)에서도 끝내 융화점을 찾지 못하게 되었다. 그리하여 조선조 사림사회는 극도로 유리된 정통 도학파의 위정척사론과 더불어 집권 관인의 개화론도 심각한 갈등 양상을 나타내게 됨에 따라 서세동점의 세기적 도전에 효과적으로 대처할 수 있는 통합적 세계관의 형성에 실패하고 말았다.

---

12) 개화파 내부의 갈등적 가치정향과 그 연원에 대한 비교 고찰은 강광식 (1986, 67-68) 참조

2) 경세관의 내적 변이와 그 구체적 전개 양상

이상에서 신유학적 세계관의 근간을 이루고 있던 조선조 사림의 화이관이 임병 양란 이후 외부세계의 연속적인 도전에 직면하여 변이되게 된 경위와 그 양상에 대해 살펴보았거니와, 그것은 대체로 객관적 상황요소를 중시하는 실학적 가치정향의 층차적인 발로였다고 할 수 있다. 따라서 이러한 화이론적 세계관의 변이는 그것이 단순히 시대상황이나 외부세계를 보는 관점의 변이에 그치지 않고 거기에 구체적으로 대처하기 위한 경세관의 변이를 수반하게 마련이었다. 이러한 맥락에서 이하에서는 화이관의 변이와 더불어 제기된 경세관의 변이 양상을 살펴보기로 한다.

임진왜란을 전후한 시기에 사림사회가 동·서 분당에 따른 의리지변·군자소인지변의 이념논쟁에 몰두하고 있을 때, 율곡 이이가 시무책(時務策)에 관심을 돌릴 것을 여러 차례 강조한 바 있음은 주지의 사실이거니와, 그는 여기에서 이념적 의리와 현실적 이해가 괴리되는 현상을 반성하여 양자의 조화를 역설하였다. 즉 율곡에 의하면, 이해에만 급급하면 제사지의(制事之義)에 어긋나게 되고 시비만을 생각하면 현실의 응변지권(應變之權)에 어긋나게 된다는 것이며, 따라서 알맞으면서도 마땅하다면(得中而合宜) 이(利)와 시(是)가 동시에 갖춰지는 것이라고 하여 이념(義理)과 현실(利害)의 일치와 조화를 강조하고 있다(『율곡전서』, 십유 권5, <시폐칠조책>). 그러나 이러한 그의 실학적 문제의식은 붕당 간의 이념노선 경쟁에 매몰되어 공론화의 계기를 갖지 못하게 되었다.

그러나 현실의 객관적 상황 요소에 주목하는 율곡의 경세관은 그 후 17세기 후반에 유형원(柳馨遠)·박세당(朴世堂) 등의 실학파 사림에 계승되어 제도개혁론으로 전개되게 되었다. 이들 초기 실학파 사림은 병자호란 이후 배청숭명론이 고조되어 있던 시대적 상황 속에서 사림사회의 일반적 관심이 예학과 의리론에 집중되고 있을 때, 현실의 경제적 내지 사회제도적 문제에 관심을 집중하는 경향을 보여주고 있었다.

예컨대 반계 유형원(磻溪 柳馨遠, 1622-1673)의 경우 당시 사림사회의 주류가 의리론에 입각한 도덕의식의 회복을 강조하는 데 몰두하고 있을 때, 그는 그 시대의 현실문제를 해결하기 위한 방법으로 도덕적 근본문제로부터 구체적이고 실천적인 문제로 관심을 돌리고 있었으며, 그러한 관심의 전환을 이론적으로 체계화하고 그 바탕 위에서 혁신적인 개혁안을 제시하였다. 그는 『대학』에서 말하는 본말론을 토지제도와 같은 실사에 구체적으로 적용하여 현실과 유리된 관념론적 경세론의 방향전환을 모색하였다. 즉 그는 『반계수록』 서두에서 "토지는 천하의 대본"이라 전제하고, 전제가 바로잡히면 모든 제도가 바로잡힐 수 있음을 역설하고 있다(『반계수록』 권1, <전제> 상). 정전법의 정신에 따라 토지의 경계가 한 번 바로 잡혀지면 백성의 산업이 항구하게 확립되고, 병정을 수색하여 모으는 폐단이 없어지고, 귀천·상하의 모든 백성이 각기 직분을 얻게 되고 인심이 안정되며 풍속이 돈후해진다는 것이다. 따라서 정치와 교화의 근본은 토지제도에서 추구해야 한다는 것이며, 토지제도를 떠나 인정(仁政)을 베풀고자 하는 것은 허언에 지나지 않는다는 것이다(『반계수록』 권4, <전제후록>). 그리하여 그는 유교적 본말론을 적용함에 있어 재(財)를 말에 두는 것이 아니라 실사로 파악하고 재의 기본 형태인 전(田)에서 본을 발견, 실학적 인식의 기반을 실사에서 확립하고 있다.

그러나 그의 가치정향이 인간의 가치나 도덕성을 외면하는 것은 아니었다. 그의 실학적 가치정향은 제도와 도덕의 조화를 추구하는 데 초점을 두고 있었기 때문이다. 그는 법제가 스스로 실행될 수 없는 것임을 인식하고, 그 법제를 운영하는 인간존재의 역할을 지적하였다. 곧 임금이 현신의 보필을 받고 인재를 모든 직위에 배열한 다음에야 법제가 올바로 시행될 수 있다는 것이다. 그리고 대신을 선택하는 근본을 일심의 덕에서 찾고, 성학은 마음을 밝히는 요령이라고 언급하기도 한다(『반계수록』 권14, <전제후록 하>). 여기서 토지제도의 법이 명심의 덕과 분리되기만 하는 것이 아니라, 본말 선후를 분석하기 이전에 근원적으로 서로를 요구하는 대칭적 관계에 놓여 있는 것이라 할 수 있고, 또한 도기불상리의 체용론적 관계구조를 실사에서의 본말론과 병행하여 파악하고 있다(금장태 1989, 31).

이상에서 전제에서 정치와 교화의 근본을 추구한 반계의 특징적 경세론에 대해서 살펴보았거니와, 그것은 전통적인 본말론의 적용 영역을 전면적으로 전환시키는 경세관의 중대한 변용이었다. 이에 비하여 박세당(1629~1703)의 경우는 경전에 대한 주석을 통하여 성리학에서 벗어나는 경학 체계의 재구성을 시도하였다는 점에서 또 다른 양상의 변용을 보여주었다. 그는 윤휴가 주자의 성리학적 입장에 이의를 제기하여 사문난적으로 공격받던 극도의 주자 존숭 시대에 주자학의 경학 체계에 이의를 제기함으로써 탈주자학적 경세철학의 체계화에 진력하였다. 즉 그는 자신의 경전 주석을 다룬 『사변록』에서 사물에 성(性)이 있음을 부인하지 않지만, 그 성이 인간의 성과는 유가 다르다는 것을 강조하면서 오상의 덕은 사물에 적용시킬 수 없음을 지적함으로써, 사람과 사물을 동체로 파악하는 주자학적 입장에서 벗어나 사람과 사물이 이류라는 사실을 강조하고 있다. 그리고 그는 이러한 전제 위에서 인간존재에 있어서의 기본적 실체는 성(性)이 아니라 심(心)으로 인식하게 된다. 그리고 '성'은 인간의 '심'에서 밝혀진 이(理)이기 때문에 보편적 천리와 구별되어야 한다고 제시함으로써 구체적인 개체성을 중시하는 인식론적 입장을 분명히 밝히고 있다(박세당, 『서계전서』 하권, <사변록 :중용>). 그리하여 그는 이러한 인식론적 입장을 기반으로 하여 명과 실, 문과 질을 분별하는 것을 전제로 실·질에 우선적 가치를 부여하는 실학적 가치정향을 보여줌으로써 형식적인 명분에 빠져 실질을 무시하는 명분주의를 배격하였던 것이다. 즉 그는 효종(孝宗) 사후의 기해예송 시 자의대비의 복제에 대해 기년설과 삼년설로 대립하고 있는 데 대하여, 복제의 융살이 종통을 밝히고 못 밝히는 것에 관계되지 않음을 지적함으로써 명분주의를 배격하는 입장을 실증적으로 보여주었다(박세당, 『서계전집』 상권, <예송변>). 그리고 그는 같은 논거에서 멸망한 명나라의 '숭정'(崇禎) 연호를 사용하는 것을 중단하고 현실적으로 중원을 지배하고 있는 청나라의 '강희'(康熙) 연호를 사용할 것을 주장하면서 그것이 사직의 보존을 위한 사대의 현실적 필요에 부응하는 것임을 강조하였다(박세당,『서계전집』상권, <답화숙서>).

이상에서 17세기 후반에 제기된 초기 실학파의 경세론을 반계와 서계의 경우를 중심으로 살펴보았거니와, 이러한 문제의식은 18세기에 접어들어 성호학파와 북학파에게 전수되어 보다 본격적으로 체계화되게 되었다.

18세기에 나타난 실학파의 두 조류는 전반기에 출현한 성호학파와 후반기에 출현한 북학파로 대별해 볼 수 있거니와, 전자가 기호 남인을 중심으로 형성되었다면 후자는 노론의 일부 지식인으로 청나라를 왕래하면서 그 문물의 영향을 받아 실학적 문제의식을 갖게 된 인사들을 중심으로 형성되었다는 특징이 있다. 따라서 이들이 보여주게 된 경세관은 실사를 중시하는 기본적 가치정향에 있어서는 양 파가 공유된 입장을 견지하고 있었지만, 인식론적 입장과 구체적인 방법론적 지향에 있어서는 서로 대조되는 양상을 나타내게 되었다. 예컨대 성호 이익의 경우 그는 이기론과 예학에 대한 상당히 정밀한 지식을 바탕으로 한역서학서를 통해 서양문물을 수용하는 자세를 갖게 되었으므로,[13] 그의 경세론이

---

13) 성호학파의 서학에 대한 관심은 신후담·안정복 등의 공서(攻西)적 입장과 권철신·이가환 등 신서(信西)적 입장으로 분열되는 양상을 보여주었지만, 서학이 이들에게 중요한 문제로 제기되었던 것은 사실이다. 18세기 후반의 신서파 중에서 다산 정약용(茶山 丁若鏞)은 성호를 사숙

형이상학적 논변 위에 전개되는 특징을 가지고 있고, 또 그 중심적 내용에서도 반계의 경세론을 계승하여 토지 및 행정기구 등 사회제도 개선에 치중하는 경향을 보여주게 되었다. 이런 뜻에서 성호학파는 경세치용학파라 지칭하기도 한다. 이에 비하여 홍대용·박지원·박제가 등 북학파의 경우는 청조 문물에 대한 실제적 견문과 관찰을 통해 실학적 문제의식을 갖게 되었기 때문에 형이상학적 논구의 귀결이 아니라 경험적 인식에 바탕을 두고 있었으며, 따라서 그들은 상공업의 유통과 일반 기술의 발전을 추구하는 경향을 보여주게 되었던 것이며, 이런 뜻에서 이용후생학파라 지칭되기도 한다.

 그러면 이들 18세기의 실학파 사람들이 보여 준 경세관은 구체적으로 어떤 양상으로 전개되었던가?

 먼저 성호학파를 대표하는 이익의 경세론을 보면, 그는 도학의 전통과 성리학적 인식에 있어서는 퇴계를 계승하고 있으면서 경세론에 있어서는 율곡과 반계의 문제의식을 이어받고 있음을 엿볼 수 있다. 즉 그는 율곡이 경장론을 통하여 사회적 폐단을 개혁하려 했던 것을 명쾌하고 절실한 것이라 지적하고, 율곡을 조선왕조가 세워진 이래 시무를 인식하는 데 가장 뛰어난 인물이라고 인정하였다. 반계에 대해서도 율곡을 이어 경장의 철저한 실천방안을 제시하였던 것은 후세에도 반드시 법을 삼고 영원히 스승으

 하여 그 실학사상을 계승, 19세기 초에 실학파의 철학적 입장을 정립하기에 이르렀다.

로 삼아야 한다고 주장하였다(『성호선생전집』 권46, <논경장>). 그리하여 그는 관제·전제·세제·병제 등 사회제도 전반에 걸친 기본 형식을 검토하는 데 주목하여 당시의 현실적 모순과 개혁의 조건을 객관적으로 인식하는 개혁방안을 제시하게 되었다.

이러한 이익의 경세론은 우선 의리지변의 도학적 경세인식으로부터 이(理)의 근원적 정당성을 확립하는 데서부터 출발하고 있다. 그는 『맹자』 양혜왕조에 보이는 인의의 문제에 대하여, 의를 뒤로 미루고 이를 앞세우는 것이 욕망에 빠져 이와 의의 조화를 잃게 됨을 비판하는 것일 뿐, 이를 추구하지 말아야 한다는 주장이 아니라고 전제하고, "이란 천지간에 원래 이 도리가 있는 것"이라 설파하고 있다.14) 따라서 전제론을 비롯한 그의 제도개혁방안은 고전적 민본 원리의 현실적 재확인이라는 성격을 저변에 깔고 있었다.15) 그는 또한 당시의 붕당 현상을 비판하면서 그 원인이 한정된 관직을 둘러싼 다수 선비들 간의 이권쟁탈에 있다고 전제하고, 과거제도의 개혁과 더불어 천거제도를 병행시키는 이른바 과천합일(科薦合一)의 인재선발 방법을 제시하였다(이익, 『성호선생전집』 권45, <논붕당>). 동시에 그는 선비계층이 관료로만 진출하려는 폐단을 개혁하기 위하여 선비도 농업생산에 종사할 것을 요구하는 사농합일(士農合一)의 원칙을 제시하였다(한우근 1980, 129-137). 이상에서 중의경리적 가치정향을 부정하고 의리 조화를

---

14) 이익, 『孟子疾書』, <양혜왕 상편>.
15) 이익의 전제개혁론의 구체적인 내용은 이익, 『성호선생전집』 권45, <論田制論均田·論括田> 참조.

강조한 성호의 경세관에 대해서 살펴보았거니와, 이러한 문제의식은 북학파에 계승되어 이용후생의 공리적 경세론으로 더욱 구체화되어 전개되었다.

담헌 홍대용(湛軒 洪大容, 1731~1783)은 앞 절에서 살펴보았듯이, 한역서학서을 통하여 심화된 그의 이른바 이천관물(以天觀物)의 과학정신을 바탕으로 유교적 도덕규범에 근거한 자연관네서 벗어나 자연을 그 자체의 법칙에서 객관적 이해를 가능하게 하는 근거를 정립하였고, 그 연장선상에서 이른바 역외춘추론을 제기하였다. 그리고 그는 이러한 화이론적 세계관의 극복을 바탕으로 청조 긍정론을 제시, 청나라에 수용된 서양문물의 적극적 수용을 주장하였다.

홍대용이 이천관물의 투철한 과학정신을 바탕으로 화이론적 세계관을 극복할 수 있는 길을 실증적으로 열어 주는 데 크게 기여했다면, 연암 박지원(燕巖 朴趾源, 1737~1805)은 『양반전』·『허생전』과 같은 문학적 창작을 통하여 현실의 사회적 모순을 비판하는 한편 청조 문물에 대한 광범한 견문을 통하여 이용후생의 필요성과 그 구체적 소재를 확인, 이용후생의 경세론적 근거를 제시하였다는 점에서 매우 중요한 기여를 하였다.

우선 그는 청제의 하계별궁이 있는 열하까지 다녀오는 동안 청조 문물에 대한 견문을 넓히고 청조인과의 담론을 통하여 북학파의 경세관을 폭넓게 제시해 주었다. 즉 그는 『열하일기』(熱河日記)에서 조선인이 청조 문물을 관찰하는 데 있어서 그들을 경멸하려는 주관적이고 감정적인 선입관에 사로잡혀 현실을 객관적으로 인식할 수 있는 지각을 스스로 막아 버리고 있는 사실을 '오망'(五妄)으로 지적하고,16) 자신은 "기와 조각이나 거름 더미에도 중국의 장관을 볼 수 있다"고 하여 청조 문물의 이용을 높일 것을 주장하는 한편 백성에 이롭고 나라에 도움이 된다면 오랑캐에게서 나온 법일지라도 취하여 본받으려고 할 것임을 지적하여 이용의 법도를 받아들일 것을 주장하고 있다(『연암집』권12, <일신수필>). 그리하여 그는 이와 같은 청조 문물에 대한 관찰을 통해서 확인하게 된 실용적 견문을 바탕으로, "이용을 이룬 다음에야 후생을 할 수 있고, 후생을 이룬 다음에야 정덕을 이룰 수 있다"는 유명한 이용후생론의 공리적 명제를 도출하게 되었다(『연암집』권11, <열하일기>).

여기서 말하는 '이용·후생·정덕'의 삼사는 『서경』에서 우임금이 나라를 다스리는 데 기본이 되는 것으로 지적한 것으로, 원래 정덕을 근본으로 파악하고 이용과 후생을 말지로 파악하여 경시되는 것이지만, 그는 근본인 정덕에 앞서 말지인 이용·후생을 선행시킴으로써 현실적 사무와 효과를 중시하는 이용 존중의 입장을 분명히 제시하였다. 따라서 재화와 이용을 선행적인 것으로 제시한 그의 경세론은 근본으로서의 도덕을 밝히면 말단으로서의 사회안정은 저절로 이루어진다는 도학파의 본말론을 정면으로 전도시키는 것으로서, 그것은 인격적 수양이나 도덕만으로 사회의 안정이 자동적으로 이루어질 수 없다는 새로운 가치정향을

---

16) 『연암집』권12, <馹迅隨筆>.

명쾌하게 제시한 것이라고 할 수 있다. 재화와 식물이 넉넉한 것이 교화의 원천이며, 근본에 힘써 공을 이룩하는 것이 백성을 양육하는 방법이라는 전제 하에 천시·지리·인사를 경(經)으로 하고 수리·토의·농기를 위(緯)로 하는 생업 진흥책을 제시하게 된 것도[17] 이러한 가치정향의 당연한 귀결이었다. 그에게 있어서는 농업기술을 발전시키고 상업의 유통을 원활하게 하며 공장의 혜택을 이루어 주는 실용의 개발이야말로 군주를 비롯한 사대부계층의 핵심적 과제로 인식되고 있었다.

초정 박제가(楚亭 朴齊家, 1750~1805)는 홍대용과 박지원 등의 학풍을 계승하여 그들의 기본적 관심인 청조 긍정론과 더불어 이용후생론을 정밀하게 제시함으로써 북학파의 경세론을 체계화하는 데 기여하였다.

우선 그는『북학의』(北學義)라는 저술을 통하여 청나라가 오랑캐의 나라이지만 그 문명은 중국을 계승하고 있다는 사실을 강조하고, "진실로 백성에게 이롭다면 비록 그 법이 오랑캐에게서 나왔다고 하더라도 성인은 취할 것인데, 하물며 중국의 옛 문명에 있어서랴"고 하여 청조 문물의 적극적 수용을 강조하는 개방적 진취성을 보여주었다(박제가,『북학의』, <존주론>).

그는 또 당시 사회의 모순과 불합리를 '사기삼폐'(四欺三弊)로 집약하여 비판하면서 이것이 개혁되지 않으면 부국안민이 불가능하다고 주장하였다(박제가,『북학의』, 병오 1월 22일 조참시, 박제가

---

17)『연암집』권16, <열하일기,> 課農小抄.

소회). 여기서 그가 말하는 '사기'란 인재양성과 재용개발에 날이 갈수록 백성이 가난해지게 되는 '국가의 자기,' 지위가 높을수록 사무를 천시하여 아랫사람에게 맡겨 버리는 '사대부의 자기,' 경전해석이나 과거시험을 위한 문장에 정신을 소모하면서 천하의 서적을 묶어 놓고 볼 것이 없다고 하는 '공령(科文)의 자기,' 아버지를 아버지라 부르지 못하고, 한 집안의 친척이면서 노예로 대하며, 연소자가 어른을 꾸짖으면서도 천하를 오랑캐로 보며 스스로 예의의 중화니 하는 '습속의 자기' 등을 지칭하며, 그리고 '삼폐'란 사대부에게는 국법을 적용시키지 않는 폐단, 과거로 인재를 등용하지 않는 인사상의 폐단, 숭유 목적의 서원이 병역기피자, 범법자의 소굴이 되고 있는 폐단을 지칭하거니와, 이러한 모순과 불합리를 개혁해야 한다는 현실인식에서 그는 무엇보다도 경제적 부강을 이루어야 할 것을 주장하는 한편, 그 구체적인 방법으로 선진 기술과 제도의 적극적 도입을 강조하게 되었다.

그는 또한 "이용과 후생이 한 가지라도 정비되어 있지 않으면 위로 정덕을 해치게 된다"고 전제하고,[18] 놀고먹는 유자의 도태를 강조하는 '태유론'(汰儒論)과 더불어[19] 중국의 농업기술과 관개제도의 도입을 통한 농업생산의 개량을 주장하는 한편(<농잠총론>) 수레와 선박·도로·교량제도의 도입을 통한 상업진흥책과 더불어 중국을 비롯한 세계 각국과의 무역을 강조하였다.[20]

---

18) 박제가, <북학의서>, "夫利用厚生, 一有不修, 則上侵於正德."
19) 박제가, 『북학의』, <應旨進北學議疏>.
20) 위의 책, <通江南浙江商舶議>.

여기서 주목되는 것은 상업이 전통적으로 도덕에 상반된 이익 추구에 빠지는 경향이 있다 하여 천시되고 있었던 데 반하여, 그에게 있어서는 빈곤에서 벗어나 부강을 실현하는 수단으로서 오히려 그 중요성이 강조되고 있다는 점이며, 그리고 국내에서 사방의 재화가 교역되어 백성의 의식을 풍족하게 하는 후생의 실현도 중요하지만, 나아가 외국과 교역함으로써 국가의 부강을 도모할 뿐 아니라 세상 돌아가는 사정에 대한 안목을 넓히는 데도 그 효과가 중요한 것임을 지적하고 있다는 점이다. 여기에서 보면 그의 경세론은 북학파 공유의 기술적 이용후생론의 테두리에서 벗어나는 개방적 세계관의 면모를 부여주고 있으며, 나아가 전통적인 의리와 도덕에 얽매인 당시의 신분적 사회질서를 생산과 능률 중심의 사회제도로 전환하는 것을 모색하려는 일종의 근대적 가치 정향의 일단을 보여주고 있었다.

이상에서 18세기 북학파의 경세관에 대해 살펴보았거니와, 그것은 실사구시의 실학적 문제의식에서 출발하여 전통적인 기존 제도에 대한 비판적 개혁론에 관심의 초점을 두는 양상을 보였다고 할 수 있다. 이러한 문제의식에 바탕을 둔 실학적 경세관은 19세기 초 정약용에 의하여 이론적으로 체계화되게 되었다.

다신 정약용(茶山 丁若鏞, 1762~1836)은 자신의 학문체계를 요약해 "육경사서로 수기하고 일표이서(『經世遺表』·『牧民心書』·『欽欽新書』)로 천하 국가를 위하니, 본말을 갖추었다"고 밝힌 바 있거니와(『여유당전서』 제1집 제16권, <자찬묘지명 집중본>), 그만큼 그는 경학과 경세학 두 영역을 통일적으로 포괄하는 이론체계를 형성했다고 할 수 있다. 실학파의 경세론이 18세기 후반에 이르러 도학파에서 벗어나는 경향을 뚜렷하게 나타낸 것은 사실이지만, 다산에 이르러 경전 주석의 전면적인 새로운 체계가 수립되면서 이론적 기반에서도 도학파로부터 완전히 독립하게 되었다(금장태 1989, 65).

그러면 다산의 경세관은 구체적으로 어떠한 것이었던가?

다산은 그의 경학체계 속에서 인(仁)을 두 사람의 일이라 하여 부자·군신·부부 등의 인간관계에서 직분을 다하는 것이라고 파악하고 있다(『여유당전서』 제2집 제12권, <논어고금주>). 그리고 수기치인에서의 치인이나 이인치인에서의 치인이 권력에 의해 백성을 다스리는 것이 아니라, 인간이 인간을 섬기는 방법이라 하여 부모나 임금을 섬기는 것도 치인이라고 해명하고 있다(『여유당전서』 제2집 제4권, <中庸講義補>). 그의 경세론을 망라하고 있는 이른바 '일표이서'는 바로 이러한 치인의 이념에 바탕을 둔 것이라고 할 수 있다.

그는 목민의 개념을 위민과 민본의 이념에 비추어 규정하고 있다. 즉 민(民)이 목(牧)을 위해 존재하는 것이 아니라 목이 민을 위해 존재한다는 것이다(『여유당전서』 제1집 제11권, <원목>). 따라서 이러한 민본 이념에 비추어 목민관을 비롯한 통치자는 아래에서 위로 뽑아 올리는 것이 본래의 순서였으나, 왕위 세습제 이후 그 순서가 오히려 역으로 규정되었다고 지적하고 있다(『여유당전서』 제1집 제10권, <蕩論>). 그리고 그는 목민의 위민 이념에 주목하여 "재산을 고르게 하여 다 함께 살리는 자는 임금과 수령 노릇을 하는 자이지만, 그렇게 못하면 그 임무를 저 버린 것이다" 하여 임금과 수령의 기본적 임무가 권력에 의한 지배권의 행사에 앞서 양민과 손부익빈(損富益貧)에 의한 안민에 있음을 강조하고 있다 (『여유당전서』 제1집 제11권, <전론>). 그리고 이러한 맥락의 연장선상에서 그는 목민관의 자리에 있지 않은 사족이 놀고먹는 현상을 비판하고 사족도 농공상의 생산활동에 종사할 수 있어야 한다고 주장하는 한편, 양반이 세습 신분화하여 사회가 계층적으로 유리되어 고착되는 현실적 모순에 대해서도 비판하고 있다.

이상에서 다산 경세관의 기본적 지향에 대해 살펴보았거니와, 그의 『목민심서』는 애민의 정신으로 백성의 삶을 구제하는 구체적 방법과 제도를 체계적으로 제시한 것이고, 『경세유표』도 국가의 정치제도를 이러한 이념적 지향에 비추어 개혁하는 방안을 제시한 것이라고 할 수 있다. 그리고 『흠흠신서』는 애민의 도덕적 원리를 현실의 옥사(獄事)제도에 적용하여 백성의 고통을 덜어 주려는 데 취지를 둔 실용적인 구상이었다.

이상에서 19세기 초엽에 이르기까지 조선 후기 사림사회에 있어서 경세관의 변이 양상을 특히 실학적 문제의식의 발전 양상에 주목하여 고찰해 보았거니와, 이와 같은 정신사적 추세는 19세기 후반 서세동점의 시대적 대세에 밀려 개항이 불가피해지게 된 상황 변화에 직면하여 종래의 학파적 연원과 상관없이 대국적인 변이 양상을 보여주게 되었다. 개항과 더불어 서양을 비롯한 일본의 근대문물에 직접 접촉하는 빈도가 높아짐에 따라 근대의 입헌제도와 공화제·평등사상·국제법·자연과학 등의 문제에 대한 관심이 사림사회에 확대되어 그것이 이른바 개화사상으로 지칭되는 새로운 가치정향으로 나타나게 되었다.

19세기 후반에 새로운 시대적 사상풍조로 대두하게 된 개화사상은 전통사회의 기존 학맥에서 다양하게 제기되었다.[21] 실학파의 학맥에서 자생적으로 성장하여 급진개화론(박지원 가계의 박규수에게 영향 받은 김옥균·박영효·홍영식·유길준 등)이나 또는 온건개화론(신관호·어윤중·이기 등 정약용의 학맥에 영향을 받은 인사)의 가치정향을 보여준 경우가 있는가 하면, 양명학적 배경에서도 개화사상에 경도되어 20세기 초에 애국계몽운동에 적극 참여하는 양상을 보여준 경우도 있으며(이건창·김택영·박은식 등), 그리고 도학파의 연원에서도 개화사상가들이 출현하여 개량적 개화론을 제기하는 한편 조정의 개화정책 실현에 상당한 기여를 하게 되었다(김윤식·민태호·민규호, 이항로 문하에서 사숙한 박은식·사미헌 문하의 장지연, 신기선 문하의 신채호 등). 따라서 개화사상은 당초 '실사구시'(實事求是)의 실학적 문제의식이 개항을 전후한 시기의 시대적 상황에 직면하여 질적 전환을 보여주게 된 새로운 가치정향이라고 할 수 있는 것이었지만, 그 후 시대적 추이에 따라 그러한 풍조가 사림사회에 확산됨으로써 1890년대 후반기에 이르러서는 그것이 개화파[22]만의 것으로 머물지 않게 되었다. 그리하여 개화

---

21) 개화사상가들의 학파적 연원에 대한 상세한 고찰은 금장태(1990, 40-43) 참조.

22) 여기서 말하는 개화파란 '개국→개화'의 당위론을 강조하는 사회·정치적 가치정향을 보여준 박규수 이래의 초기 개화파 인사들을 지칭한다.

사상에 바탕을 둔 이른바 '개물성무'(開物成務)와 '화민성속'(化民成俗)의 가치정향23)은 20세기에 접어들 무렵에는 내수외양의 위정척사론적 가치정향과 대칭관계를 이루고 있었던 사림사회의 대표적인 의식 성향 중 하나였다.

그러면 이러한 개화사상의 가치정향에서는 구체적으로 어떠한 경세론적 특징을 보여주고 있었던가?

먼저 개화사상의 단서를 연 헌제 박규수(瓛齊 朴珪壽, 1807~1877)의 경우를 보면, 그는 우선 외부세계를 보는 관점에서 '예' 질서에 의한 계서적 세계관을 타파하고 '이'(夷)의 세계에 대하여 열려진 국제관을 보여주었다. 즉 그는 개항 시 도학파의 사림이 이른바 왜양일체론에 의거 개항 반대운동에 몰두하고 있을 때, "무릇 강약의 세는 단지 사리의 옳고 그름에 있을 따름입니다. 우리의 처사가 남을 대접함에 예가 있고 이(理)가 옳으면 비록 약하더라도 반드시 강해지고, 우리의 처사가 남을 대접함에 예가 없고 이가 그르면 비록 강하더라도 반드시 약해집니다"라고 전제하면서, 일본과의 수호뿐 아니라 서양에 대한 개국까지도 국세 유지상 필요한 일이라고 주장하고 있다(박규수,『헌제집』권11, <답상대원군>). 그리고 그는 이러한 세계관을 바탕으로 대내적으로는 이른바 '서기'(西器)의 도입에 의한 자강책을 강조하였다. 즉 그는 1872년의 연행보고에서

---

23) 남궁억은『황성신문』사설에서 당시 개화에 대한 사회적 통념을 규정하여 물적 개화를 지칭하는 <개물성무>(開物成務)와 인적 교화를 지칭하는 <화민성속>(化民成俗)으로 집약한 바 있다.『황성신문』, 광무 2년 (1898) 9월 23일자 사설 참조.

중국이 서양의 기술을 습득하여 자주 생산하고 드디어는 외국 상품을 구축하는 양무운동에 대해 소개하면서, 양물(洋物)은 배척해야만 할 것이 아니라 그것을 수용하여 그 제조법을 습득함으로써 자주 생산의 길을 개척하고 통상을 내실화하는 첩경임을 강조하고 있다(『일성록』 고종편 9, 고종 9년 12월 26일 <소현회환별사우자경전>). 요컨대 그의 경세론은 구체제의 변혁을 위한 변법사상에까지는 이르지 않았지만, 이른바 '동도서기론적 양무론'의 기본적 지향을 분명히 하고 있었다.24) 이러한 박규수의 경세론은 그 후 초기 개화파 인사들에게 전수되어 갑신정변(1884)과 갑오개혁(1894~96)의 형태로 현실화되는 계기를 갖게 되었지만, 양자는 개화의 내용과 방법 면에서 서로 대비되는 특징적 양상을 보여주게 되었다. 전자가 변법적 개화사상의 반영이라면, 후자는 개량적 개화사상의 반영이라는 대조적 양상을 나타냈기 때문이다.25) 김옥균·박영효·홍영식·서광범 등으로 대표되는 변법적 개화파와 김홍집·김윤식·어윤중 등으로 대표되는 개량적 개화파에게서 발견되는 경세론상의 주요 대조점을 간추려 보면 다음과 같다(강재언 1981, 210-211).

첫째, 전자는 청국과의 봉건적 사대관계에 대결하여 완전한 자주권 확립을 지향하고 일본의 명치유신을 개혁의 모델로 하였음

---

24) 박규수의 개화론적 경세관에 대한 상세한 고찰은 강재언(1981, 176-191). 참조.

25) 이러한 대비적 관점은 강재언의 견해에 의거한 것이다. 강재언(1973, 141) 참조.

에 반하여, 후자는 청국과의 전통적인 관계를 존중하면서 청국의 양무운동을 개량의 모델로 하였다.

둘째, 전자는 집권층으로서의 수구파와 대결하여 군왕권을 완전히 그 손안에 장악함으로써 급진적인 변법, 즉 군권변법을 생각하였음에 반하여, 후자는 수구파와의 대결을 피하고 타협하면서 점진적인 개량을 쌓아 올리려고 하였다.

셋째, 전통 유교에 대한 자세에서 후자는 대체로 '동교서법'(東教西法) 또는 '동도서기'(東道西器)적이어서 동교 또는 동도에 상당히 강한 집착을 가지고 있었음에 반하여, 전자는 '도'(道)와 '기'(器)의 문제보다 조선유학에 있어서 '허'(虛)와 '실'(實)의 문제를 중시함으로써 그 연장선상에서 유교 자체의 내재적인 부정으로 발전할 수 있는 성향을 보였다.

이상에서 초기 개화파 인사들이 보여준 경세관의 특징적 양상에 대해 살펴보았거니와, 그것은 청일전쟁(1894~05)과 노일전쟁(1904~05)을 거치는 동안 이른바 '애국계몽운동'을 통하여 사림사회에 광범한 공감대를 형성하게 됨으로써 다양한 학파적 연원을 두루 포괄하는 합일점을 형성하게 되었다. 그리하여 20세기 벽두 국권상실의 위기적 상황에 직면하게 되었을 때, 조선조 사림사회가 보여주게 된 국권회복운동은 도학파의 의병운동과 더불어 개화론적 경세관에 바탕을 둔 애국계몽운동이 양대 지주를 이루게 되었다.

4. 맺는말

　이상에서 유교 전통의 조선조 사림사회가 왜란·호란 이후 서세동점의 세기적 도전을 연속적으로 받는 과정에서보여 주게 된 세계관의 변용 양상을 문명론적 세계관과 경세관으로 대별하여 고찰해 보았거니와, 여기서 우리는 몇 가지 중요한 사실을 확인할 수 있다.

　우선 유교 전통의 사림사회가 조선 후기에 접어들어 정치문화상의 변용을 가져오게 된 데는 객관적 상황의 변화라는 환경적 요인과 더불어 사상 풍토의 다변화라는 사림사회 자체의 지적 요인이 계기적으로 작용하였음을 주목할 필요가 있다. 17세기 이후의 조선조사회는 거듭된 전란으로 국내의 사회적 모순과 국외의 압력이 점증하는 극도의 위기적 상황을 드러내고 있었거니와, 이에 대처하는 전통적인 방법론이 사림사회 주류에 있어서는 정통적인 신유학 본연의 관념론에 집착하는 경향을 나타냄으로써 현실의 객관적 상황으로부터 더욱 괴리되는 결과를 가져오게 되었다. 그리고 이러한 시대적 상황 하에서 정통의 신유학과 구별되는 양명학·서학·고증학 등의 새로운 학풍이 17세기를 전후한 시기에 때마침 전래됨에 따라 현실 타개의 방법을 정통 이념 밖에서 찾으려는 가치정향이 사림사회의 일각에서 형성되기 시작하였고, 이를 계기로 도학적 세계관과 구별되는 새로운 세계관이 대두하게 되었다. 그리하여 그것은 실학파의 가치정향에서 보여주고 있듯이 당초 도학적 가치정향에서 분화된 것이긴 하지만 그것의 현실적 한계를 자각하는 데서 출발하여 양명학·서학 등의 새로운 학풍을 긍정적으로 수용하는 한편 현실의 경제, 제도, 산업 문제에 관심을 돌리기 시작함으로써 급기야는 이기심성론(理氣心性論)과 같은 신유학적 사유의 테두리에서 벗어나는 세계관의 변이를 가져오게 되었다. 도학파가 왜란·호란 이후 개화기를 거쳐 국권 상실기에 이르기까지 조선조 후기 전 과정을 정통주의적 입장에서 외국의 문물과 도전에 대하여 철저하게 비판·배척하는 의식 성향을 일관하여 보여주었던 데 비하여, 실학파의 학맥을 잇는 사림사회에서는 비록 정치적·사회적 주도세력으로 부상할 수 있는 계기를 갖지 못하게 되었지만 개혁주의적 입장에서 외부 세계와 그 문물을 객관적으로 비판·수용하여 이른바 동도서기론과 같은 도학파와 대칭되는 새로운 세계관을 보여주게 되었다.

그런데 여기서 다시 주목되는 것은 이와 같은 대칭적 세계관이 유교 전통의 기존 정치문화와의 일정한 연관 속에서 이루어지게 되었다는 점이다. 17세기를 전후한 시기에 조선조 사림사회가 퇴계·율곡을 거치면서 성리학적인 인식론의 분화 양상을 보여주게 되었음은 주지의 사실이다. 이러한 사림사회 내부의 지적 조건이 객관적 환경조건의 변화에 촉발되어 정통적 가치정향을 고수하려는 입장과 그것에서 벗어나려는 입장으로 나타나게 되었다. 전자가 도기불상리(道器不相離)의 주리론적 입장에서 당시의 시대상황을 인식함으로써 위기에 대처하는 대응책에서도 이른바 '수신제가이국정'(身修齊家而國正)이라 하여 외양(外攘)의 전제로 내수(內修), 특히 군왕을 비롯한 정치주체의 수기 실천을 강조하였던 데 비하여, 후자는 수기론적 입장에서 상황적 요인을 중시하는 한편 도리(道理)와 물리(物理)를 분별적으로 인식하는 새로운 가치정향을 갖게 됨으로써 이른바 '입약'과 '통상'을 '종교'와 분리하여 '서기'(西器) 내지 '서법'(西法)의 채택을 통해 자강책(自强策)을 모색하는 개화론적 경세관을 보여주었다.

물론 여기에서 특히 후자의 경우 북학파나 개화파의 경세관이 성리학적 인식론에 대한 사변적 논구의 바탕 위에서 형성된 것이 아니라 그것이 현실의 객관적 상황에 대한 경험적 관찰의 소산이었다는 특징을 가지고 있는 것이 사실이나, 그럼에도 불구하고 그들의 새로운 경세관이 사림사회의 기본적 상식으로 되어 있었던 유교적 사유에 의해 묵시적으로 뒷받침되고 있었다는 점에 있어서는 이론의 여지가 없다. 다산에 의해 집대성되고 있는 실학사상 체계가 방법적으로 경전 주석에 근거하여 이루어지고 있음은 주지의 사실이거니와, 19세기 막바지에 『황성신문』(皇城新聞)에 게재된 이른바 '개물성무'(開物成務) · '화민성속'(化民成俗)이라는 개화 개념의 전거가 『역경』(계사전)과 『예기』(학기 제1장)에서 각기 유래된 것이라는 점을 감안하면, 이러한 사실은 오히려 자명한 논리의 귀결이라고 할 수 있다. 이러한 맥락에서 볼 때 유교적 세계관의 변이 양상으로 나타난 구한말의 개화론은 결코 '동도'(東道)라는 기본적 궤도에서 벗어난 것이 아니었으며, 그것은 다만 정통 도학파의 폐쇄적 동도론에서 탈피하여 개방적 동도론을 지향하고 있었을 뿐이다.

이런 맥락에서 볼 때 서세동점의 위기적 상황에 직면해서 전통사회가 보여준 유교적 담론의 개혁 구상은 동도(東道)에 내재하는 '도리'의 신념에 의해 지탱되고 있었다고 할 수 있다.. 담론의 유형에 따라 '도리'의 내용이나 추구의 방식은 달랐지만 그 신념은 자주권 상실의 위기에 직면해서도 견지되고 있었다. 위정척사론자들은 유교적 '도리'에 대한 절대적 신념을 현실세계에 그대로 투사시켰고, 동도서기론자들은 현실세계에 적응하면서도 '도리'의 우월성을 계속 인정하였으며, 유교개신론자들은 유교적 가치의 혁신을 통해 '도리'의 본원적 모습을 재구축하려고 하였다. 이러한 신념은 유교적 우주론과 세계관의 단순한 현실 적용이라는 양상을 나타내기도 하였고(위정척사론), 때로는 현실세계와 근대세계에 대한 적절한 인식 위에서 영위되기도 하였다(동도서기론, 유교개신론)(장인성 1998, 222-224).

〈참고문헌〉

강광식. 1986. "서학의 충격과 전통적 정치문화의 반응."『사회구조와 사회사상』. 서울: 인곡황성모교수화갑논문집간행위원회.

강광식. 1992. "조선조 유교정치문화의 구조와 기능."『한국의 정치와 경제』, 제1집. 성남: 한국정신문화연구원.

강광식. 2000.『신유학사상과 조선조 유교정치문화』. 서울: 집문당.

강광식. 2009.『유교정치사상의 한국적 변용』. 서울: 백산서당.
강재언. 1973.『근대조선의 사상』.
강재언. 1981. "박규수의 사상과 개화문제."『한국의 개화사상』. 서울: 비봉출판사.
금장태. 1978. "안정복의 서학비판."『한국학』제19집. 서울: 영신아카데미 한국학연구소
금장태. 1982. "기독교 전래와 조선조 유교사회와의 갈등."『한국유교의 재조명』. 서울: 전망사.
금장태. 1984.,『유학근백년』. 서울: 박영사.
금장태. 1989.,『한국실학사상연구』. 서울: 집문당.
김윤식. 1980a. "교화론."『김윤식전집』권2. 서울: 아세아문화사.
김윤식. 1980b. "신학육예설.'『김윤식전집』하(영인본). 서울: 아세아문화사.
박제가. 1971.『정유집 부북학의』, <존주론>. 서울: 탐구당.
신기선. 1981. "유학경위."『신기선전집』하. 서울: 아세아문화사.
이수광.『지봉유설』.
이원순. 1977. "성호 이익의 서학세계."『교회사연구』. 서울: 한국교회사연구소
이항로,『화서집』.
장인성. 1998. "체제해체기의 개혁사상: 서세동점에 따른 유교적 담론의 변용양상과 그 개혁사상적 함의."『조선시대 개혁사상 연구: 정치적 담론분석을 중심으로』. 성남: 한국정신문화연구원. 177-225.
최익현.,『면암집』.
최동희. 1974. "신후담의 서학변에 관한 연구."『실학사상의 연구』.
한우근. 1980.『성호 이익 연구』.
현상윤. 1971.『조선유학사』. 서울: 민중서관.
홍대용.『담헌서』내집 권4, <의산문답>.

참고문헌

1. 사서(史書)·법전(法典)

경국대전(經國大典).
대전통편(大典通編).
대전회통(大典會通).
비변사등록(備邊司謄錄).
속대전(續大典).
승정원일기(承政院日記).
의정부등록(議政府謄錄).
일성록(日省錄).
조선왕조실록(朝鮮王朝實錄).

2. 문집류(文集類)

기대승, 고봉전집(高峯全集).
기정진, 노사집(蘆沙集).
김옥균, 김사계선생전서(沙溪先生全書).
김평묵, 중암집(重菴集).
박규수, 박규수전서(朴珪壽全書).
박세당, 서계집(西溪集).
박세채(편), 동유사우록(東儒師友錄).
박제가, 초정전서(楚亭全書).

박지원, 연암집(燕巖集).
성혼, 우계집(牛溪集).
송시열, 송자대전(宋子大全).
안정복, 순암총서(順菴叢書).
유길준, 유길준전서(兪吉濬全書).
유인석, 의암집(毅菴集).
이수광, 지봉유설(芝峯類說).
이언적, 회재전서(晦齋全書).
이이, 율곡전서(栗谷全書).
이항로, 화서집(華西集), 화서아언(華西雅言).
유형원, 반계수록(磻溪隧錄).
이황, 퇴계전서(退溪全書).
정도전, 삼봉집(三峰集).
정약용, 여유당전서(與猶堂全書).
조광조, 정암집(靜菴集).
조식, 남명집(南冥集).
최익현, 면암집(勉菴集).
홍대용, 담헌서(湛軒書).

3. 단행본(單行本)

강광식. 2000.『신유학사상과 조선조 유교정치문화』(서울: 집문당).
강광식. 2009.『유교정치사상의 한국적 변용』(서울: 백산서당).
강광식 외. 1998.『조선시대 개혁사상 연구: 정치적 담론분석을 중심으로』(성남: 한국정신문화연구원).
_____. 2005.『한국정치사상사 문헌자료연구』1(조선 전기편)(서울: 집문당).
_____. 2006.『한국정치사상사 문헌자료연구』2(조선 중·후기편)(성남: 한

　　　　　국학중앙연구원).

_____. 2007.『한국정치사상사 문헌자료연구』3(조선 개항기편)(성남: 한국학중앙연구원).

강재언. 1986.『근대한국사상사연구』(서울: 미래사).

_____. 1990.『조선의 서학사』(서울: 민음사).

강주진. 1971.『이조당쟁사연구』(서울: 서울대출판부).

금장태. 1984.『동서교섭과 근대한국사상』(서울: 성균관대출판부).

_____·고광직. 1984.『유학근백년』(서울: 박영사).

_____. 1989.『한국실학사상연구』(서울: 집문당).

_____. 1990.『유교사상의 문제들』(서울: 여강출판사).

김영수. 2006.『건국의 정치: 여말선초, 혁명과 문명 전환』(서울: 이학사).

김용걸. 1989.『성호 이익의 철학사상연구』(서울: 성대 대동문화연구원).

김운태. 1977.『조선왕조 행정사: 근세편』(서울: 박영사).

김형효. 1990.『맹자와 순자의 철학사상: 철학적 사유의 두 원류』(서울: 삼지사).

_____. 1999.『한국사상의 비교철학적 해석: 원효에서 다산까지』(성남: 청계출판사).

_____ 외. 1995.『율곡사상과 그 현대적 의미』(성남: 한국정신문화연구원).

_____ 외. 1997.『퇴계의 사상과 그 현대적 의미』(성남: 한국정신문화연구원).

_____ 외 1998.『다산의 사상과 그 현대적 의미』(성남: 한국정신문화연구원).

박충석. 1982.『한국정치사상사』(서울: 삼영사).

성낙훈. 1979.『한국당쟁사』(서울: 동화출판사).

이상익. 1997.『서구의 충격과 근대한국사상』(서울: 도서출판 한울).

이원순. 1989.『조선서학사연구』(서울: 일지사).

이재호. 1995.『조선정치제도연구』(서울: 일조각).

이태진. 1985.『조선시대 정치사의 재조명: 사화·당쟁편』(서울: 범조사).

_____. 1990.『조선유교사회사론』(서울: 지식산업사).
장숙필. 1992.『율곡 이이의 성학 연구』(서울: 고대 민족문화연구소).
장인성. 2002.『장소의 국제정치사상: 동아시아질서 변동기의 요코이쇼난과 김윤식』(서울: 서울대출판부).
전락희. 1992.『동양정치사상연구』(서울: 단국대출판부).
정두희. 1983.『조선초기 정치지배세력연구』(서울: 일조각).
정만조. 1997.『조선시대서원연구』(서울: 집문당).
정석종. 1983.『조선후기 사회변동연구』(서울: 일조각).
정용화. 2004.『문명의 정치사상: 유길준과 근대한국』(서울: 문학과지성사).
주재용. 1970.『한국카돌릭사의 옹위』(서울: 한국천주교중앙협의회).
진덕규 외. 1982.『19세기 한국전통사회의 변모와 민중의식』(서울: 고대 민조문화연구소).
최이돈. 1994.『조선전기 사림정치구조연구』(서울: 일조각).
최상용·박홍규. 2007.『정치가 정도전』(서울: 까치).
한국·동양정치사상사학회. 2005.『한국정치사상사: 단군에서 해방까지』(서울: 백산서당).
한영우. 1963.『조선전기 사회사상연구』(서울: 지식산업사).
_____. 1989.『정도전사상연구』(서울: 서울대출판부).
_____. 1999.『왕조의 설계자 정도전』(서울: 지식산업사).
한우근. 1980.『성호이익연구: 인간 성호와 그의 정치사상』(서울: 서울대출판부).
현상윤. 1971.『조선유학사』(서울: 민중서관).
홍이섭. 1959.『정약용의 정치경제사상연구』(서울: 한국연구도서관).

4. 논문(論文)

강광식. 1988. "서학의 충격과 전통적 정치문화상의 반응: 지배계층의 정치의식성향을 중심으로,"『유교사상연구』, 제3집(도원유승국교수정

　　　　　년기념특집)(서울: 유교학회): 77-108.

_____. 1992. "조선조 유교정치문화의 구조와 기능,"『한국의 정치와 경제』, 제1집(조선조 유교정치사상과 유교정치문화)(성남: 한국정신문화연구원): 1-44.

_____. 1992. "조선조 당쟁의 정치문화적 배경,"『조선후기 당쟁의 종합적 검토』(성남: 한국정신문화연구원): 427-443.

_____. 1993. "조선후기 유교정치문화의 변용양상,"『한국의 정치와 경제』, 제4집(한국의 정치문화와 행정문화)(성남: 한국정신문화연구원): 79-129.

_____. 1994. "조선조 유교정치체제의 지배연합에 관한 연구,"『한국의 정치와 경제』, 제5집(성남: 한국정신문화연구원): 289-341.

_____. 1994. "(조선조)체제정비·난숙기의 개혁사상: 성리학적 담론의 체제적 확산과 왕정운영의 도학화,"『조선조 개혁사상 연구』(성남: 한국정신문화연구원): 71-123.

_____. 1997. "율곡사상의 정치적 담론구조 분석: 한국정치사상사연구방법 시론,"『한국의 정치와 경제』, 제10집(한국정치연구의 이론과 방법 시론) 성남: 한국정신문화연구원): 41-101.

_____. 2002. "정치사상사 연구의 대상과 방법: 한국정치사상사의 정체성 모색을 위한 시론,"『동양정치사상사』, 제1권2호(서울: 한국·동양정치사상사학회): 7-15.

_____. 2009. "붕당정치와 조선조 유교정치체제의 지배구조 변동양상: 지배연합의 변동양상 분석을 중심으로,"『OUGHTOPIA: The Journal of Social Paradigm Studies』, Vol.24, No.1(서울: 경희대 인류사회재건연구원): 101-136.

강재언. 1981. "박규수의 사상과 개화문제,"『한국의 개화사상』(서울: 비봉출판사).

금장태. 1981. "북학파의 실학사상,"『정신문화』, 통권 제10호(성남: 한국정신문화연구원).

_____. 1990. "개화파의 애국계몽사상의 학통과 학풍,"『한국근대의 유교사상』(서울: 서울대출판부).

김석근. 2008. "조선의 건국과 정치체제 구상에 김영호. 1986. "실학의 개신유학적 구조,"『한국사상의 심층연구』(서울: 우선).

김운태. 1973. "한국의 전통적 관인지배체제의 성격,"『공삼민병태송수논총』(서울: 민병태박사화갑기념논총편집위원회).

김준석. 1992. "조선후기 당쟁과 왕권론의 추이."『조선후기 당쟁의 종합적 검토』(성남: 한국정신문화연구원): 397-421.

김형효. 1995. "율르곡적 사유의 이중성과 현상학적 비젼," 김형효 외,『율곡의사상과 그 현대적 의미』(성남: 한국정신문화연구원): 3-141.

_____. 1998. "다산실학의 독법과 양면성 이해," 김형효 외,『다산의 사상과 그 현대적 의미』(성남: 한국정신문화연구원): 1-96.

김흥수. 1985. "세도정치연구: 그 용례의 검토와 의미의 구명,"『변태섭박사화갑기념논총』(서울: 삼영사): 217-237.

남지대. 1992. "조선후기 당쟁과 청요직,"『조선후기 당쟁의 종합적 검토』(성남: 한국정신문화연구원): 447-466.

도현철. 2005. "여말선초 유학계의 동향과 성리학의 전개,"『한국유학사상대계』2(서울: 한국국학진흥원).

문철영. 1984. "조선전기의 신유학수용과 그 성격,"『한국학보』, 제36집(서울: 일지사).

박광용. 1985. "탕평론의 전개와 정국의 변화,"『조선조 정치사의 재조명』(서울: 범조사): 289-377.

_____. 1992. "조선후기 당쟁과 정국의 변화,"『조선후기 당쟁의 종합적 검토』(성남: 한국정신문화연구원): 505-527.

박병련. 1991. "조선조 유교관료제의 성격에 관한 연구,"(서울: 서울대박사학위논문).

박충석. 1982. "사상사학과 사상사연구,"『한국정치사상사』(서울: 삼영사): 256-386.

_____. 2005. "한국정치사상사연구의 범위와 방법," 『한국정치사상사』(서울: 백산서당): 15-23.

박현모. 2000. "정조의 탕평정치연구: 성왕론의 이념과 gksrO," 『한국정치학회보』, 제34집1호(서울: 한국정치학회) 45-62.

_____. 2007. "세도정치기의 정국운영과 언론 연구," 『동양정치사상사』, 제6권1호(서울: 한국·동양정치사학회): 163-187.

박홍규. 2007. "정도전과 도통," 『동양정치사상사』, 제6권2호(서울: 한국·동양정치사상사학회): 133-152.

박홍규·부남철. 2005. "조선건국의 정치사상: 정도전," 『한국정치사상사』(서울: 백산서당): 17-238.

배병삼. 1993. "정다산의 '정치'에 대한 인식," 『한국정치학회보』, 27집1호(서울: 한국정치학회): 1331-1350.

_____. 1995. "율곡사상의 정치학적 해석," 김형효 외, 『율곡의 사상과 그 현대적 의미』(성남: 한국정신문화연구원): 307-393.

손문호. 1990. "고려말 신흥사대부들의 정치사상연구: 유교적 국가이상주의를 중심으로,"(서울: 서울대박사학위논문).

_____. 1997. "퇴계 이황의 정치사상," 김형효 외, 『퇴계의 사상과 그 현대적 의미』(성남: 한국정신문화연구원): 299-346.

손문호·김영수. 2005. "고려말 성리학의 정치사상," 『한국정치사상사』(서울: 백산서당): 193-214.

송찬식. 1978. "조선조 사림정치의 권력구조: 전랑과 삼사를 중심으로," 『경제사학』, 제2호(서울: 경제사학회): 120-140.

오문환. 2031. "동학사상이 보는 통치의 정당성문제: 유가와의 연속성과 단절성," 『동양정치사상사』, 제2권1호(서울: 한국·동양정치사상사학회): 117-143.

유근호. 2005. "숭명반청사상," 『한국정치사상사』(서울: 백산서당): 387-401.

유정동. 1978. "예론의 제학파와 그 논쟁," 『한국철학연구』, 중권(서울: 동명사).

유종선. 1996. "정치사상사: 역사인가 철학인가: Skinner와 Pocock의 역사적 방법에 대한 비판적 고찰,"『사회과학논집』, 제3권3호(울산: 울산대학교).

_____. 1998. "(조선조)체제동요기의 개혁사상," 강광식 외,『조선시대 개혁사상 연구』(성남: 한국정신문화연구원): 125-175.

이상백. 1977. "조선왕조의 정치적 경제적 구조,"『한국사: 근세전기편』(서울: 을유문화사).

이상익. 2007. "도학사상과 소통의 정치: 정암 조광조를 중심으로,"『정치사상ㅅ연구』, 제13집2호(서울: 한국사상학회): 7-30.

이영춘. 1992. "예송의 당쟁적 성격에 대한 재검토,"『조선후기 당쟁의 종합적 검토』(성남: 한국정신문화연구원): 471-500.

이옥순. 1990. "조선조 사화기의 권력구조에 관한 연구,"(서울: 이와여대박사학위논문).

이원순. 1977. "성호이익의 서학세계,"『교회사연구』, 제1집(서울: 한국교회사연구소).

이재석. 2002. "척사위정론자의 정치사상," 이재석 외,『한국정치사상사』서울: 집문당).

이태진. 1993. "조선왕조 유교정치와 왕권,"『동아사상과 왕권』(서울: 한울)..

이택휘・이재석. 2005. "위정척사의 정치사상,"『한국정치사상사』(서울: 백산서당): 177-225.

장인성. 1998. "(조선조)체제해체기의 개혁사상," 강광식 외,『조선시대 개혁사상연구』(성남: 한국정신문화연구원): 177-225.

전락희. 1998. "(조선조)체제개창기의 개혁사상: 여말・선초 성리학적 담론의 형성과 그 개혁 사상적 함의," 강광식 외,『조선시대 개혁사상연구』(성남: 한국정신문화연구원): 13-69.

전정희. 2000. "율곡의 개혁사상과 사상사적 의의,"『한국정치학회보』, 34집1호(서울: 한국정치학회): 27-43.

정만조. 1992. "조선후기 당쟁의 정치이론,"『조선후기 당쟁의 종합적 검토』

(성남: 한국정신문화연구원): 341-366.
정옥자. 1981. "규장각 초계문신,"『규장각』(서울: 서울대 규장각).
조좌호. 1859. "아시아적 관인지배의 한국적 전통,"『사상계』, 74(서울: 사상
　　　계사).
최연식. 2000. "정도전의 정치현실주의와 성리학: 창업의 정치학,"『정치사
　　　상연구』, 제3집(서울: 한국사상학회): 1-20.
홍이섭. 1964 "조선행정연구의 문헌과 자료,"『법률행정논집』, 제6집(서울:
　　　고려대 행정문제연구소).

찾아보기

(ㄱ)

가례(家禮) 25, 205, 207
가부장제(家父長制) 133
가산관료제(家産官僚制) 132, 133, 134, 137
가산제(家産制) 132,134, 135, 136, 137, 140, 144
가산제국가(家産制國家) 132, 134, 137, 140
가통(家統) 101, 206, 208
간쟁(諫諍) 31, 41, 70, 71, 84, 105, 211
갑술환국(甲戌換局) 180
갑인예송(甲寅禮訟) 101
갑오개혁(甲午改革)/갑오경장(甲午更張) 147, 247, 274
갑자사화(甲子士禍) 37, 42, 79, 170, 171, 173, 200
강상론(綱常論) 26, 27
강상의리파(綱常義理派) 32
개물성무(開物成務) 273, 278
개량적 개화파(改良的 開化派) 257, 274
개화사상(開化思想) 247, 271, 272, 273, 274
개화자강론(開化自强論) 237, 239, 240
개화파(開化派) 223, 257, 272, 274,275, 278
경세론(經世論) 196, 202, 216, 218, 221,222, 226, 241, 242, 243, 244, 245, 246, 247, 250, 260, 262, 263, 264, 265, 266, 267, 268, 269, 274
경세유표(經世遺表) 271
경세치용학파(經世致用學派) 180, 198, 223, 262
경신환국(庚申換局) 207
경연제도(經筵制度) 57, 60 71, 104, 105, 117, 122, 125, 131, 135, 149, 181, 182, 240
경장(更張) 30, 49, 50, 59, 70, 71, 100, 108, 114, 120, 122, 214, 248, 262, 263, 264
경재소(京在所) 35, 37, 78, 79
경제문감(經濟文鑑) 20, 23, 24
경제문감별집(經濟文鑑別集) 24
경제육전(經濟六典) 21, 23, 24
공론(公論) 240, 241, 259,
공맹사상(孔孟思想) 202, 209
공신(功臣) 22, 61, 91, 154, 157, 159, 164, 165, 171, 172, 177, 173, 185, 186, 211

과전법(科田法) 137
관인국가(론)　　133, 137, 138, 140, 141, 142, 143, 144
구양수(歐陽脩)　　15, 41, 42, 43, 46, 49, 52, 53, 67, 85, 86, 180, 199, 210
군경민중론(君輕民重論)　20
군도(君道)　123, 124, 129, 136, 155, 156
군신공치주의(君臣共治主義)　14, 50, 69, 108, 117, 118, 124, 136, 145
군자소인지변(君子小人之辨)　30, 42, 43, 44, 45, 47, 52, 53, 54, 55, 85, 86, 87, 88,91, 93, 111, 112, 114, 155, 174, 199, 217, 219, 224, 240, 242, 258
군자유붕론(君子有朋論)　15, 42, 44, 46, 49, 67, 72, 85, 86, 88, 89, 90, 107, 124, 209
권귀화(權貴化)　15, 33, 74, 76, 168, 169, 171, 172
권신(權臣)　26,63, 163, 164, 172, 173, 174, 186
기년설(朞年說)　101, 178, 206, 261
기대승　195
기묘사화(己卯士禍)　39, 42, 81, 91, 170, 171
기발이승일도설(氣發理乘一途說) 179
기사환국(己巳換局)　179
기해사옥(己亥邪獄)　239
기해예송(己亥禮訟)　101, 179, 261

김굉필　83
김옥균　257, 272, 261
김윤식　247, 257, 272, 274
김종직(일파)　29, 30, 33, 34, 35, 36, 41, 44, 75, 76, 77, 78, 83, 85, 87, 169, 170, 171

(ㄴ)

남명(南冥　조식)　96, 98, 176
내성외왕(內聖外王)　31
내수외양론(內修外攘論)　149, 240, 245
노사(기정진)　245

(ㄷ)

다산(茶山) 정약용　254, 262, 269, 272
담헌(湛軒) 홍대용　250, 252, 254, 255, 263, 265, 267
당우삼대(唐虞三代)　19, 61
대간(臺諫)　22, 91, 101, 135, 141, 157, 158, 170, 179
대명률 간당조(大明律 奸黨條)　58, 86, 119
대전통편(大典通編)　147
대전회통(大典會通)　147
도평의사사(都評議使司)　27, 135, 148, 166
도학정치(道學政治)　15, 31, 37, 38, 47, 49, 65, 66, 67, 68, 69, 79, 80,

84, 92, 100, 108, 123, 124, 130, 143, 150, 178, 194, 197, 199, 204, 211, 215, 220, 241
도학파(道學派)　149, 220, 221, 224, 230, 237, 245, 266, 273, 277
동도서기론(東道西器論)　240, 243, 246, 257, 274, 278, 279

(ㅁ)

마테오리치　232
막스 웨버　183
면암(勉庵) 최익현　239
목민심서(牧民心書)　271
무오사화(戊午士禍)　36, 37, 42, 78, 79, 171
문례(文禮)　205

(ㅂ)

박규수　272, 273, 274
박세당　100, 179, 257, 260, 261, 262
박세채　59, 100, 121, 180
박영효　257, 272, 274
반계(磻溪) 유형원　259
반계수록(磻溪隧錄)　259, 260
배청숭명론(排淸崇明論)　200, 219, 231, 243, 250, 259
벽위론(闢衛論)/벽이단론(闢異端論)　232, 234, 257, 243, 244, 252
변법자강론(變法自疆論)　246
변법적 개화파(變法的 開化派)　259, 274
변별론적 조제책(調劑策)　72
봉건제(封建制)　133
북학의(北學議)　267, 268
북학파(北學派)　221, 249, 250, 254, 262, 263, 265, 267, 269, 278
붕당론(朋黨論)　43, 50, 51, 52, 53, 54, 55, 56, 57, 59, 66, 67, 69, 90, 92, 109, 110, 111, 112, 113, 115, 116, 118, 120, 121, 124, 200
붕당불충론(朋黨不忠論)　15, 43, 44, 86, 87, 90
비변사(備邊司)　135, 148

(ㅅ)

사대교린(事大交隣)　212
사대부례(士大夫禮)　205
4대 사화(士禍)　14, 15, 31, 33, 34, 61, 62, 66, 124, 162, 185, 189
사림세력(士林勢力)　15, 16, 30, 32, 34, 36, 37, 38, 41, 43, 50, 52, 61, 65, 69, 75, 76, 77, 80, 83, 91, 95, 96, 109, 112, 125, 130, 137, 144, 162, 169, 170, 172, 174, 182, 185, 195, 197, 200, 208, 213, 224, 240, 242, 248
사림파(士林派)　20, 33, 34, 39, 75, 81, 171, 173
사문관계(師門關係)　96, 159, 176, 186
사변록(思辨錄)　261
사신(士臣)　62, 157, 159, 160, 161,

163, 169, 170, 173, 174, 175, 176, 185, 186, 187, 256
사족연합(士族聯合) 164
산림(山林) 56, 58, 59, 62, 63, 99, 100, 117, 118, 119, 120, 135, 143, 160, 163, 178, 186, 187, 230
삼강행실도(三綱行實圖) 25, 28
삼년설(三年說) 261
삼봉(三峯 정도전) 17, 18, 20, 21, 22, 23, 24, 25, 28, 68, 146, 147, 138, 164, 166, 198, 199
삼사제도(三司制度) 57, 60, 117, 122, 125, 131, 182
서사권(署事權) 148
서원설립운동(書院設立運動) 40, 41, 82, 172,
서학(西學) 215, 220, 221, 225, 227, 231, 232, 233, 234, 235, 237, 238, 239, 243, 248, 250, 251, 252, 253, 262, 264, 276, 277
선후본말론(先後本末論) 217, 219
성군현상(론) 218
성리학 48, 68, 78, 107, 192, 193, 194, 195, 196, 197, 198, 203, 214, 215, 216, 217, 222, 224, 231, 260, 261, 263, 277, 278
성명론(性命論) 29, 192
성학십도(聖學十道) 50, 108, 149
성학집요(聖學輯要) 40, 52, 53, 108, 111, 149
성호(星湖) 이익 249, 251, 252, 253, 262, 263, 264, 265

성호학파 262, 263
성혼 96, 115, 176, 196
세도정치(勢道政治) 60, 118, 125, 131, 183
세자책봉(世子冊封) 149, 152, 156, 180
소중화사상(小中華思想) 231, 250
송준길 100, 178, 206
수렴청정(垂簾聽政) 149, 152, 155, 168, 170, 172, 183
순암(順菴 안정복) 252, 262
숭명반청론(崇明反淸論) 230
시비판정권(是非判定權) 59, 121, 154, 155
신도(臣道) 123, 124, 129, 136, 149, 155
신유사옥(辛酉史獄) 234
신유의서(辛酉擬書) 208
신유학사상(新儒學思想) 4, 6, 19, 27, 29, 42, 65, 66, 69, 129, 145, 150, 161, 191, 197, 198, 203, 209, 211, 214, 216, 218, 223, 225, 226
실학(實學) 197, 205, 215, 220, 221, 223, 232, 241, 248, 249, 250, 258, 260, 261, 262, 263, 269, 270, 271, 272, 276
실학파(實學派) 220, 221, 223, 248, 249, 259, 262, 263, 269, 272, 276, 277
심성론(心性論) 193
심의겸 54, 94, 95, 113, 115, 172, 175

찾아보기 __ 293

(ㅇ)

양명학(陽明學)　215, 220, 221, 248, 250, 272, 276, 277
양무론(洋務論)/ 양무운동　274, 275
양반관료제(兩班官僚制)　133, 137, 138, 139, 215
역성혁명(易姓革命)　9, 32, 65, 68, 73, 74, 83, 123, 141, 146, 149, 150, 164
연암(燕巖) 박지원　265, 266, 267, 271
열하일기(熱河日記)　265, 266, 267
예기(禮記)　208, 278
예론(禮論)　71, 96, 195, 204, 206, 207, 208, 209, 211, 216
왕도정치(王道政治)　22, 38, 80, 123, 129, 135, 146, 148, 210, 241
왕신(王臣)　157, 159, 161, 163, 174, 185, 186
왕조례(王朝禮)　205, 206
왕통(王統)　101, 206, 207
왕패지변(王覇之辨)　218, 219, 241
왜양일체론(倭洋一體論)　239, 273
용사출척권(用捨黜斥權)　59, 122, 154
우암(尤庵 송시열)　100, 101, 120, 179, 180, 206, 207, 208, 229, 230, 238, 243, 245
원상제(院相制)　149, 157, 168
위정척사론(衛正斥邪論)/척사위정론　201, 219, 223, 228, 237, 239, 244, 246, 252, 257, 270, 279
위정척사파(衛正斥邪派)　238, 240, 255, 257, 336
유길준　272
유덕자군주론(有德者君主論)　149
유성룡　96, 176
유자광　36, 42, 78, 85, 171
유향소복립운동(留鄕所復立運動)　30, 34, 35, 36, 38, 76, 77, 78, 80, 170, 171
육조직계제(六曹職階制)　28
윤두수　54, 96, 112, 176
윤선거　207
윤선도　100, 101, 179, 207
윤증　179, 206, 208, 244
윤휴　207, 208, 261
율곡(栗谷) 이이　31, 50, 52, 53, 54, 55, 58, 59, 95, 96, 98, 99, 106, 108, 110, 111, 112, 113, 114, 115, 116, 119, 121, 149, 176, 177, 178, 193, 197, 214, 222, 223, 230, 241, 249, 258, 259, 263, 279
을사사화(乙巳士禍)　39, 81, 170, 172, 200
의례상정소(儀禮詳定所)　25
의리론(義理論)　26, 27, 29, 71, 1921, 193, 194, 198, 199, 200, 201, 209, 211, 216, 217, 218, 220, 222, 229, 259
의리지변(義利之辨)　47, 93, 155, 174, 199, 217, 219, 234, 240, 242, 258, 264

의정부서사제(議政府署事制)　22, 26, 167
이가환　252, 262
이기호발설(理氣互發說)　196
이방원　21, 22, 28, 166, 167
이승훈　233
이용후생론(利用厚生論)　254, 255, 266, 269
이용후생학파(利用厚生學派)　223, 252, 263
이준경　51, 52, 110
인군위당설(引君爲黨說)　42, 43, 49, 59, 85, 86, 107, 121, 124, 180
임사홍　42, 85, 171

(ㅈ)

재상중심제(宰相中心制)　146
전각제도(殿閣制度)　71, 105, 125, 131, 181
전조 낭관(銓曹 郎官)　71, 94, 211
절대군주제(絶對君主制)　140, 144
정국공신(靖國功臣)　171, 172
정난공신(靖難功臣)　74, 167, 168
정사공신(定社功臣)　166
정사지변(正邪之辨)　218, 219, 224
정인홍　96, 98, 176, 177
정주학(程朱學)　33, 75
정암(靜庵) 조광조　31, 34, 37, 39, 43, 44, 45, 46, 76, 79, 81, 84, 88, 89, 90, 91, 92, 172
조선경국전(朝鮮經國典)　20, 21, 23, 146

조정론(調停論)　51, 56, 57, 59, 72, 110, 115, 116, 117, 118, 122, 125
調劑論(策)　56, 57, 58, 59, 114, 116, 117, 118, 119, 120, 121, 124, 130
調劑保合論　53, 112
調劑收用論　54, 113, 115, 116
조좌호　138, 140, 141
존왕천패(尊王賤霸)　135, 198
존화양이(尊華攘夷)　199, 227, 230
좌명공신(佐命功臣)　22, 166
좌익공신(左翼功臣)　74, 167, 168
주자(朱子)　5, 14, 15, 42, 46, 47, 59, 67, 68, 86, 89, 107, 111, 115, 119, 121, 124, 137, 180, 200, 207, 209, 211, 238, 242, 261
주자가례(朱子家禮)　25
주자학(朱子學)　83, 85, 92, 93, 106, 144, 192, 198, 203, 208, 224, 242
주화론(主和論)　219
중봉(重峯 조헌)　226, 227, 249
지배연합(支配聯合)　18, 130, 132, 150, 151, 152, 155, 157, 159, 160, 163, 166, 173, 175, 180, 185, 186
지봉(芝峯 이수광)　251
직전제(職田制)　74, 137
진붕론(眞朋論)　46, 89

(ㅊ)

채서론(採西論)　252, 257
척신(戚臣)　33, 74, 98, 100, 103, 154, 157, 158, 159, 168, 169, 176, 185,

찾아보기 __ 295

186
척족세도(戚族勢道)　　63, 164, 182, 183, 184, 187
척화론(斥和論)　219
천주실의(天主實義)　232, 252
청조 고증학(淸朝 考證學)　215, 248, 250, 276
초계문신(抄啓文臣)　181, 183
초정(楚亭) 박제가　249, 253, 267
춘추대의(春秋大義)　199, 219
출퇴지의리(出退之義理)　199

(ㅌ)

탕평론(蕩平論)/탕평책　51, 57, 59, 60, 65, 72, 105, 110, 117, 121, 122, 125, 131, 151, 180, 181, 182, 186, 187
퇴계(退溪) 이황　31, 50, 96, 98, 99, 106, 107, 108, 149, 176, 177, 178, 193, 196, 197, 222, 230, 241, 263, 277

(ㅎ)

학통(學統)　178, 196, 208, 238
한역서학서(漢譯西學書)　232, 252, 262, 265
향사례(鄕射禮)　35, 37, 38, 77, 80
향약보급운동(鄕約普及運動):30, 34, 38, 39, 76, 80, 81, 172
향음주례(鄕飮酒禮)　35, 38, 77, 80

허목　100, 179, 180, 207
허적　101, 179, 180
혁명론(革命論)　5, 20, 26, 27, 198, 199, 224
현량과(賢良科)　38, 80, 172,
현철군주론(賢哲君主論)　38, 80, 172
호족연합(豪族聯合)　145, 164
홍국영　183
홍영식　257, 272, 274
화민성속(化民成俗)　273, 278
화서(華西) 이항로　149, 237, 238, 239, 245, 252, 279
화이관(華夷觀)　240, 250, 251, 253, 254, 255, 258
화이지변(華夷之辨)　218, 219, 224, 226, 237
환국(換局)　57, 58, 59, 63, 103, 104, 117, 121, 151, 180, 186, 208
황극탕평론(皇極蕩平論)　59, 121
회니시비(懷尼是非)　208
회천(回天)　47, 94, 175
회퇴변척(晦退辨斥)　98, 178
효행록(孝行錄)　25, 28
훈구세력(勳舊勢力)/훈구파　5, 20, 171, 172, 199, 200
훈신(勳臣)　33, 61, 74, 168, 169
훈척세력(勳戚勢力)　15, 16, 30, 33, 34, 35, 36, 37, 38, 40, 42, 43, 45, 46, 47, 62, 66, 69, 75, 79, 80, 82, 85, 87, 89, 91, 93, 124, 130, 151, 159, 162, 170, 174, 185, 242
흠흠신서(欽欽新書)　271

신유학사상과 조선조 유교정치체제

초판 제1쇄 펴낸날 : 2012. 4. 30

지은이 : 강 광 식
펴낸이 : 김 철 미
펴낸곳 : 백산서당

등록 : 제10-42(1979.12.29)
주소 : 서울 은평구 갈현동 394-27 준빌딩 3층
전화 : 02)2268-0012(代)
팩스 : 02)2268-0048
이메일 : bshj@chol.com

※ 저작권자와의 협의 아래 인지는 생략합니다.

값 16,000원

ⓒ 강광식 2012

ISBN 978-89-7327-477-2 93340